Thomas Strittmatter

Viehjud Levi

und andere Stücke

Diogenes

Sämtliche Bühnen-, Film-, Fernseh-
und Funkrechte liegen beim
Stefani Hunzinger Bühnenverlag, GmbH,
Bad Homburg v. d. H.
Umschlagillustration: Piero della Francesca,
›Die Schlacht zwischen Herakleios und Chosros‹
(Detail aus den Fresken von San Francesco
in Arezzo, um 1452)

30/92/8/1
ISBN 3 257 01894 0

Inhalt

Viehjud Levi

Der jüdische Viehhändler Levi – von den Bauern wird er ›der Viehjud Levi‹ genannt – ist eine authentische Figur. Aus Erzählungen meines Vaters und anderen alten St. Georgenern kenne ich ihn. Aus Erzählfetzen, aus Mosaiksteinchen habe ich eine Geschichte gemacht. Ich wollte herausfinden, und sei es nur in meiner Phantasie, was mit Levi nach der Machtergreifung passiert ist, denn das weiß heute keiner mehr, will niemand mehr wissen. Davon zu erzählen bedeutete für mich eine Annäherung an die Vergangenheit, auch an die Landschaft. Eine Reflexion über meinen Begriff von HEIMAT.

Die aus Fragmenten konstruierte Handlung ist folgende: Die Spuren der Wirtschaftskrise zeichnen sich in der kargen Erde des Horgenhofes ab. Die wirtschaftliche Situation ist bedrohlich für Andreas Horger und seine Frau Kresenz. Levi, der Viehhändler, ist es unter anderem, der den Hof am Leben erhält. Von den Bahnarbeiten, die in dem Sommerauer Tunnel – er mündet nicht weit vom Hof in den Berg – notwendig werden, erhofft sich die Stadt wirtschaftlichen Aufschwung.

Doch die Bahnarbeiter bringen auch die Ideologie des Nationalsozialismus. Sie zerstören die Lebensgrundlage Levis, sie kaufen das Vieh der Bauern als Schlachtvieh zu höheren Preisen ab, als Levi das kann.

Levi wird schikaniert, Andreas Horger wird mehr und mehr dazu gezwungen, sich von ihm zu distanzieren. Im

Gasthaus findet der Konflikt seinen Höhepunkt; Levi wird bedroht, Horger kommt ihm zu Hilfe. Kurz darauf wird Levi erschossen aufgefunden. War es Selbstmord, wie die Lokalzeitung schon im gehässigen Ton der NS-Presse vermeldet? Wurde Levi von einem der Bahnarbeiter ermordet? Oder gar von Horger? Jede der beteiligten Personen hätte ein Motiv, Levi zu töten.

Sowohl Horger als auch seine Frau sterben ebenfalls nach einiger Zeit. Auch die Umstände ihres Todes bleiben mehr oder weniger im dunkeln.

Wer Levi getötet hat, scheint am Ende auch unwesentlich.

Die Aufführung des kurzen Stückes muß von Kargheit bestimmt sein. Kargheit in Sprache und Spiel, Kargheit bei Licht und Bühnenbild.

Die Figuren dürfen nie geschwätzig sein. Lange Pausen sind notwendig, nie aber darf die Spannung der Sprache zusammenbrechen. Geräusche und Dunkelheit spielen eine wichtige Rolle. Ich glaube, daß Menschen in einem dunklen Raum – und was ist das Theater anderes? – eine Intensivierung des Hörens erleben, ähnlich wie jemand, dessen rechter Arm amputiert ist, im linken ungleich mehr Kraft entwickelt als zuvor. Durch eine Beschneidung des Sehens soll das Erleben des Stückes durch das Ohr in den Kopf geführt werden.

Das Stück kann also als Hörspiel ebenso wie als Theaterstück aufgefaßt werden.

›Viehjud Levi‹ ist ein Volkstheaterstück, vielleicht im Sinne Horvaths.

Beide Schlußfassungen haben, je nach Intention eines Regisseurs, ihre Berechtigung.

Stimmen, Personen

HIRSCH LEVI, Viehhändler

ANDREAS HORGER, Horgenbauer

KRESCENCIA HORGER, Horgenbäurin

MARTIES, Knecht

WIRT

STIMMEN (Bahnarbeiter, andere Wirtshausgäste)

1. SPRECHER

2. SPRECHER

3. SPRECHER

ORT: Schwarzwald

ZEIT: Vor dem Zweiten Weltkrieg

1 Kuhstall/Goldenes Kalb?

Dunkelheit, Wärme, Geruch. Eine braun-weiß Gescheckte als Goldenes Kalb. Kettenrasseln, Schwanzwedeln, Furzen, Schnaufen. Grunzen. Endlich: das Aufklatschen eines Fladens auf den Holzboden.

HORGENBAUER Himmelheilandsakrament. Da schind ich mich ab wie ein Hund. Und was tuts Vieh? Scheißt mir einen Jesusfladen draufhin. Leckmichaberaucham Arsch.
Er holt aus, gibt der Kuh einen Tritt in die Flanke. Sie muht erschreckt.

VIEHJUD LEVI Nicht aufrägän, Horgenbauer. Alles Viehzeugs, was der Härrgott hat gegäben a Läben und a Seel, das scheißt. Schau, scheißt net du gar selber, äbenso?

HORGENBAUER Hast schon recht, Levi, scheißen tut ich wohl. Aber nicht auf den frisch putzten Boden.

VIEHJUD LEVI Sigst, Horgenbauer. Du wirst auch ein Einsehen finden mit der lebigen Kreatur. Selig ist, was kreucht, selig ist, was fleucht, denn da hat der Härrgott seine Griffeln im Spiel, no. Sollst ehren dein Vater und Mütterlein, sollst nicht schlagen Kind nicht Vieh. So steht nicht in der Heiligen Bibäl, aber so hats schon mein Vater selig gehalten und so sag ich auch, der Levi, und daderfür tu ich gradstehen. No.

HORGENBAUER Bist mir ein schöner Apostel, Levi. Weißt aus der *ahmt Levi nach* Heiligen Bibäl grad bloß auch nur, was dir in dein Geschäfterl paßt.

Noch gehört die Kuh mir. Und noch kann ich die Kuh in den Arsch treten!

Gib mir, sagen wir, zwohundert Mark, dann kannst du sie auch im Hotel Wehrle einlogieren, wenn du willst, daß sie besser logiert als bei mir im Stall.

VIEHJUD LEVI Hotel Wehrle, hoho, bist mir ein rächter Spaßvogel, Horgenbauer. Könnt ich mir selbst im Leben nie leisten, Hotel Wehrle, Kur- und Sport, hoho.

Beide lachen schulterklopfend.

HORGENBAUER Jeh, Jesus, Levi. *Spöttelnd* Dann bleibst mir du dann gleich zum Vesper. Der Most ist auch gut jetzt. Wenn du so ein armer Mann bist, dann geb ich dir auch ein Pfund Butter und fünf Henneneier mit. Laib Brot und Sack Mehl, hä.

VIEHJUD LEVI *noch immer lachend* Bist ein guter Christenmänsch, Horgenbauer, s'ist bekannt landauf, landab. Sigst, behalt die Henneneier, Seite Speck, Sack Mehl...

HORGENBAUER Ah, der raffinierte Hund!

VIEHJUD LEVI ...Pfund Butter und gib dafür dem Jiddele, dem armen, das dürftig, dürftige räudig Stückerl Vieh für sagenmirmal... Stücker hunderachtzg Mark, no. S'ist ein guter Preis, kannst net klagen.

HORGENBAUER Hunderachtzg. Sagst du: hunderachtzg? Hab ich da recht hören müssen? Also weißt du, was mein Vater selig schon immer gesagt hat: Die Christenjuden sind schlimmer als die rechten Juden. Und wenn du kein Jud wärst, wärst du der schlimmst Christenjud. Ich sag dir, Eier, Mehl, Brot, alles in Liebe, und bei dir wirds Speck seitenweis. Für Hunderachtzg würdst du nicht einmal 's Fell kriegen von diesem Vieh. Na, guck dir einmal das Euter an. Die stämmigen Füß.

Die treuherzigen, lieben Augen, na wie ein Mensch hats Augen, grade wie ein Mensch. *Sie schauen* Und drei Monat trächtig ist sie. *Er tätschelt das Stück Vieh.*

VIEHJUD LEVI Guck, Horgenbauer, was nutzten mir die lieblichsten Äugerlein, wenns Vieh nicht recht Milch gibt, nicht recht kalbt und auch kein rechts Fleisch trägt am Leibe? No, wirst wohl verstehen wenn ich dir geb für jenes dürftige Stückerl Vieh no, sagen mir ... Stükker hunderneunzg Mark.

HORGENBAUER Hunderneunzg? Hm, hm. Na, das tät sich schon besser anhören, hunderneunzg. *Murmelt, schreibt in die Luft und in den Staub* Das sind drei Jahr. Ihr Futter hat sie auch gefressen. Im Jahr so ungefähr, kann man sagen, schreibe vier hole sieben herunter laß drei stehen, das sind so ...

VIEHJUD LEVI *freudig* No schlag ein, Andres, ist ein guts Gschäfterl, kannst gewiß nicht klagen! Ich geb dir auf der Stell ...

HORGENBAUER *unterbricht* ... des sind genau zwohundert! So paßts net, Levi. Gib du mir zehn Mark mehr, und s'Vieh gehört dir.

VIEHJUD LEVI *in gespieltem, feierlichem Ernst* Ah soo! Fängst plötzlich an rechnen! Zwohundert, aha, aha. *Plötzlich laut* Chaje! Profitliche! *Wieder gleichmütiger*
No, Freund, aus dem Gschäft kann nix werden.
Adjöh, behit dich der Härrgott im Himmäl, kann sein,
komm nächsts Jahr nochamal vorbei.
Er geht und singt dabei
Amol is gewen a Jiddele
A Jiddele, a Jiddele
Hot er gehabt a Wajbele
A Wajbele, a Wajbele

Hot er gehabt a Kaddischl
A Kaddischl.

Levi, sein Lied entfernen sich. Der Horgenandres hustet, er kehrt den Boden mit einem Reisigbesen, räuspert sich, spuckt aus, verteilts. Pfeift die Melodie, die Levi gesungen hat. Levi könnte sich auf seinen Wagen geschwungen haben und die Rösser die steile Einfahrt hinauftreiben. Die eisenbeschlagenen Räder knirschen auf den Steinen.

2 *Hühnerhof/Goldene Eier?*

Gackern, Scharren, Gurren, Flattern. Vor dem Hühnerstall. Wenn sich die Schauspieler zutrauen, besser zu sein als Hühner, dann echte Hühner. Schön sind Hühner mit Uhrwerk oder Hühner aus 10 Ventilatoren, an denen Japanpapier flattert. Oder gar keine.

KRESENZ *füttert aus dem Schurz* Komm, put put. Komm put put put put. Ja, kommt zu mir, puut puuut, putput put…

HORGENBAUER *ruft aus dem Off* Kresenz, Kresenz!

KRESENZ Puut, put, put, put, ja puut, put… Herrgott, der Mann, puut, put, put, put.

HORGENBAUER Kresenz! Kresenz! Himmelheilandsakrament, bist du denn ganz und gar taub, Kresenz!

KRESENZ Puut, put, put, put. *Sie ruft jetzt auch mit sehr hoher Stimme* Bei den Hennen! Was willst denn? Put, put, put.

HORGENBAUER *on* Da bist du. Und sagst nix. Der Levi war da.

KRESENZ Hab ihn gesehn. Ist 's Vieh verkauft?

HORGENBAUER So gut wie. Er wird mir, denk ich, zwohundert zahlen, das wär ein guter Preis.

KRESENZ Tät passen.

HORGENBAUER Hunderneunzg hat er geboten. Aber ich denk, er wird mir wohl zwohundert zahlen.

KRESENZ Hunderneunzg wär wohl auch ein guter Preis gewesen.

Daß du auch nicht nachgibst, Andres! Und wenn er jetzt nimmer kommt? Am End ist das Geld beim Teufel, und ein Vieh, bald zwei, sind überstellig.

HORGENBAUER Könnts auch an den Eckenhof verkaufen.

KRESENZ Aber nicht für hunderneunzg.

HORGENBAUER Wirst sehen, spätestens übermorgen steht er wieder da.

KRESENZ Du weißt wohl, daß wir jeden Pfennig brauchen.

HORGENBAUER Das brauchst du mir nicht zu sagen. Aber leben wie ein Hund, das will ich nicht.

KRESENZ Das brauchst du auch nicht, Andres. Sollst dein Tabak und 's ein 's andere Mal ein Glas Wein oder eine Flasch Bier schon haben. Mein halt bloß, man sollt mehr sparen.

HORGENBAUER Sparen, sparen, sparen! Woran sollen wir denn noch sparen? Man frißt ja bloß noch gesottene Erdäpfel, und ein Stück Speck ist grad wie ein Hochzeiteressen und Schwarzbrot alle Tag und brannte Mehlsupp, bäh.

KRESENZ Die Zeit ist herb. Das weißt du auch.

HORGENBAUER Haben wir schon schöne Zeit gehabt. Brannte Mehlsupp, solche Jahr hab ich verlebt.

KRESENZ Wenn die Bahn wiederkommt...

HORGENBAUER *wie auf Stichwort* Bahn. Da wart ich schon vier Jahr drauf. Wo die zum letzten Mal da waren, da hat der Ingenieur die heiligsten Eide geschworen, daß sie im nächsten Jahr wiederkommen. Nichts ist gekommen.

KRESENZ Aber an einem schönen Tag müssen sie wiederkommen. Ins Tunnel. 's zieht Wasser und im Winter gibts Riss. So hats der Ingenieur gesagt.

HORGENBAUER Der Herr Ingenieur hat viel gesagt. Und man kann längst nicht alles glauben, was so Herren sagen. Viel geschwätzt ist gelogen.

KRESENZ Schwarzsehn hilft auch nichts. Willst du nicht langsam auch essen? Hab Speck angeschnitten und Kraut aufgesetzt.

HORGENBAUER Weißt du, daß der Speck noch nicht recht geraucht ist?

KRESENZ Ich koch ihn, dann machts nichts.

Die beiden gehen ins Haus. Die Hühner, echt oder aus Papier, elektrisch oder imaginiert, sie können in diesem Augenblick viel lauter werden.

3 Sau

Levi zieht einen großen Karren, darauf eine stattliche Sau im Koben. Er will sie in den gemieteten Stall im Gasthof Bären bringen und dort ein Bier trinken. Er singt leise.

VIEHJUD LEVI Chazkele, Chazkele, schpil mir a
Kasazkele,

Choscht an orime, abi a chwatzke!
Orim is nit gut, orim is nit gut,
– Grüß Gott, Zinkenmathies! –
Lomir sich nit schemen mit ejgenem blut!
Chazkele, Chazkele, schpil mir an dume,
Un choscht an orime, abi a frume!
– Grüß Gott, Hasenmichel! –
Nit kajn gebetene, alejn gekumen,
Choscht an orimenke, fort a mume!
Chazkele, Chazkele, schpil-sche mir a selmele
Far a drajerl oif Chaskes kremele!
Ho, halt *er stellt den Karren ab.* Öha, Marties, geh, laß das Fegen und hilf mir erst die Sau abladen. Hol noch zwei starke Birscherl, es gibt ein Bier hernach, no!

MARTIES *stellt den Besen weg* Ist gut.

Levi wirtschaftet am Karren herum, im Hintergrund spricht Marties zwei Männer an.

MARTIES Kommt, ihr, helft mal da die Sau abladen. Der Levi zahlt ein Bier.

VIEHJUD LEVI 's könnten auch zwei sein, no. Wollen wir net knausrig handeln.

Die vier Männer laden die Sau in dem hölzernen Käfig ab. Atmen schwer, rufen sich ›Hau ruck‹ zu, fluchen, ächzen, die Sau grunzt und quiekt. Ein fünfter Mann kommt hinzu, um mitzuhelfen.

DER MANN Keine schlechte Sau, muß ick schon sajen. Hau ruck!

VIEHJUD LEVI Zum Stall, zum Stall!

Gepolter und Muhen aus dem Stall. Aufregung unter den Säuen über den Neuling.

VIEHJUD LEVI *zum Fremden* Kriegst auch ein Bier oder zwo, wenn du Durst hast, no.

DER MANN Dankeschön, ick muß ofn Bahnhof, wa. Zug jeht in zehn Minuten, wa. Ick danke. *Läuft weg.*

MARTIES Kennt ihr den?

EIN ANDERER Nein. Glaub, ein Fremder. Vielleicht von der Bahn.

VIEHJUD LEVI Was sagst? Bahnarbeiter?

EIN ANDERER Ja, sie kommen wieder. Vor drei Tag hats einen Schlag getan im Tunnel. Man hats ghört bis zum Räpple. Jetzt tun sie wieder flicken. Jetzt ist es gefährlich, wenn der Zug durchfährt. Die dicksten Klötz können draufstürzen. Auf den Zug.

VIEHJUD LEVI Soso, auf die Bahn. Kommen die Bahnleut wieder, soso. Hat ja mal kommen müssen, die Bahn. Hat kommen müssen.

MARTIES Na, komm, Levi, hab Durst. Wirst wohl zwei Bier zahlen müssen.

DIE ANDEREN Zwo? Vier! Sechs! Acht!

VIEHJUD LEVI Zwo, vier, sechs, acht, zehn Bier zahlt euch der Levi. Was er sagt, das macht er. Ihr sollt ein schöns kühls Bier trinken.
Amol is gewen a Jiddele, a Jiddele, hot er gehabt a Wajbele, a Wajbele...
Die vier gehen ins Wirtshaus.

4 *Feld, Krähen*

Der Horgenandres auf dem Feld. Er hackt angestrengt. Krähen fliegen auf.

KRESENZ *von weitem, off* Andres! Andres!

Der Andres unterbricht seine Arbeit, räuspert sich. Bemerkt die Krähen. Wütend greift er eine Scholle und schleudert sie nach den Vögeln. Die fliegen wieder hoch.

HORGENBAUER Ungeziefer, Drecksvolk, Volks- und Saatschädlinge. Weg! Weg! Weg von meim Feld! Auf nach Frankreich.

KRESENZ *näher* Andres!

HORGENBAUER Kann wieder nicht in Ruh schaffen. *Räuspert sich, spuckt aus, ruft jetzt laut* Was gibts? Versteh kein Wort.

Die Kresenz kommt näher. Sie läuft schon erschöpft, erzählt atemlos im Laufen.

KRESENZ 's Tunnel. Die Bahn. Ingenieur. Sie kommen. Wieder. Ein Riß im Tunnel.

HORGENBAUER Jetzt mach langsam, verschnauf dich, ich versteh kein Wort. Was ist mit dem Tunnel?

KRESENZ Ja, 's ist was passiert. Ein Riß hats gegeben. Es ist zu gefährlich, die Züg können nimmer durchfahren.

HORGENBAUER Nimmer durchfahren?

KRESENZ *hat sich erholt* Ja, es liegen große Steine und Felsen auf dem Gleis. Die Bahnleute sind gekommen. Der Ingenieur ist auch da. Er wartet, unten. Im Hof. In der Stub. Er hat...

HORGENBAUER In der Stub? Sag das doch gleich. Komm!

Sie rennen los. Andres wirft seine Hacke fort und packt die Frau an der Hand. Die Krähen fliegen wieder hoch. Der Andres und seine Frau laufen.

Wieder auf dem Hof. Die Hühner fliegen auseinander.

HORGENBAUER *keuchend* Langsam, mach langsam jetzt. Langsam.

KRESENZ Ja, langsam.

Über knarrende Dielenbretter gehen sie einen Gang entlang, öffnen eine Tür.

HORGENBAUER *bemüht, seine Erschöpfung zu verbergen* Grüß Sie Gott, Herr Ingenieur.

Die Tür wird geschlossen.

5 *Die Sau muß geschlachtet werden*

Levi mit seinem Karren. Aus der nahen Wirtschaft zum Bären hört man martialischen Gesang. Männer zechen, grölen, spielen Ziehorgel. Jedesmal, wenn der Gesang anschwillt, bleibt der Viehjud stehen, geht etwas langsamer, zögert. Kurz bevor er die Wirtschaft betritt, wartet er ab, überbrückt die Zeit mit Pfeife- oder Stumpenanzünden. Er geht eine Treppe hinauf, tritt in die Wirtschaft.

VIEHJUD LEVI Nabend alle miteinander. Nabend.

Einige Stimmen antworten.

VIEHJUD LEVI Bärenwirt, bringst ein Bier.

BÄRENWIRT Bier. Ist recht, Levi.

VIEHJUD LEVI Horgenandres! No, sitzt auch wieder einmal im Wirtshaus!

HORGENBAUER Wer schafft, der braucht ab und zu ein kleins Vergnügen, Levi.

VIEHJUD LEVI Hast recht, Andres. Kannst dir ein kleins Vergnügen leisten. Was du schaffst und dein Weib Kresenz; kannst dirs leisten. Hast auch ein guts Gschäfterl gemacht mit deim Vieh, no.

HORGENBAUER Hast wohl recht, Levi, das hab ich. Geschäft. Gschäfterl. *Er lacht dazu.*

VIEHJUD LEVI Bist fast profitlich wie a Jidd. *Lacht schallend dazu.*

HORGENBAUER *lacht mit ihm, ahmt ihn nach* Wie a Jidd.

ANDERE AM TISCH Habt ihr gehört? Der Andres is profitlich wie der Jud. *Lachen* Bist du vielleicht gar a Jidd, Andres? *Lachen* Wie a Jidd. *Lachen.*

VIEHJUD LEVI *lachend* No, zwohundert, du chaje. Sag top, Hand drauf, Andres. Sag top.

HORGENBAUER Tät dir wohl die Hand geben, Levi, aber die Kuh ist verkauft.

VIEHJUD LEVI *erstaunt* Verkauft?

HORGENBAUER Wohl. Verkauft.

VIEHJUD LEVI Ah so. Verkauft. Wer hat denn das Vieh gekauft?

HORGENBAUER Wohl, verkauft. Als Schlachtvieh.

VIEHJUD LEVI Als Schlachtvieh? *Lacht wieder* No, hast kein guts Gschäfterl gemacht. Sag, bist im Druck? Hast dich leimen lassen, die Kuh, als Schlachtvieh? Bist wohl doch nicht – a Jidd.

ANDERE Andres, bist a Jidd? *Sie lachen.*

HORGENBAUER Nein, Levi. Bin kein – Jidd.

VIEHJUD LEVI *erleichtert* Du Schelm, du Schlemihl. Scherzt mit eim armen Jiddele, und er fällt dir rein. Willst den Preis noch einmal treiben. Bist ein ganz Schlauer.

ANDERE Er ist halt a Jidd. *Lachen.*

HORGENBAUER Nein, Levi. Ich habs Vieh verkauft. Zum Schlachtpreis. Um zweihundertfuffzg Mark. Die Bahn hats kauft, zum Schlachtpreis. Die Bahn kommt wieder, Levi. Hasts noch nicht gehört?

WIRT Dein Bier, Levi *stellt es hin.*

VIEHJUD LEVI Ah so. ’s Bier. No, ich muß jetzt gehn, hab

noch Geschäfte. Da, zahl dir ein Bier. Andres. Weil so tüchtig bist. *Er steht auf, geht.* Gut Nacht, zusammen. Gut Nacht.

STIMME *betrunken, lustig* Gut Nacht, Jud.

DIE ANDEREN Schlaf wohl, Jud.

VIEHJUD LEVI No, werd ich schon schlafen? Hab noch Gschäfterl. Nacht.

Er geht jetzt hinaus. Im Raum ist es ganz ruhig. Er schließt die Tür hinter sich.

JEMAND Nacht *böse* Jud.

Alle lachen. Das Lachen wird sehr laut.

6 *Schlachttag*

Krescencia trägt überschwappende Wassereimer. Dampf, Feuchtigkeit in der Luft. Das Wasser wird in einen größeren Zuber gegossen.

KRESENZ Noch mehr?

HORGENBAUER Bring noch zwei. Aber heißer muß es sein.

Sie geht wieder ins Haus. Ihr Mann mit Schurz zum Schlachten. Er ruft ihr nach Und bring den Pistol.

KRESENZ *von innen* Ist gut.

Andres beginnt das Messer zu schleifen. Kresenz bringt mehr Wasser. Es klatscht in den großen Brühzuber.

HORGENBAUER Ist gut jetzt.

KRESENZ Da ist der Pistol.

HORGENBAUER Mhm. *Wetzend* Daß der Marties noch nicht da ist. Neune war ausgemacht.

KRESENZ Vielleicht hat er noch im Bären zu schaffen gehabt.

HORGENBAUER Kann sein.

Levi nähert sich mit seinem Karren. Die Räder knirschen.

KRESENZ Horch, da kommt er.

HORGENBAUER Mit einem Wagen?

VIEHJUD LEVI *zu sich* Ho halt, Pferdel, steh. *Bringt den Karren zum Stehen, legt einen Stein unter ein Rad.* Grüß Gott, Horgener.

HORGENBAUER Siehst du, der Levi. Kommst uns grade gelegen. Grüß Gott.

VIEHJUD LEVI No, die reichen Leut haben allweil ein Säulein zum Schlachten. Seid ihr bloß zu zweien, hä?

HORGENBAUER Ja, der Marties hat noch kommen wollen. Er hats versprochen. Aber noch ist kein Marties da.

KRESENZ Er ist wohl, wie sag ich, unzuverlässig. Seit die Bahnmenschen da sind.

HORGENBAUER Sag du mir nichts über die Bahnmenschen. Du weißt, was wär, wenn die nicht da wären seit einem Vierteljahr.

VIEHJUD LEVI Ja, was dem einen sein Freid, das ist dem andern sein Leid. Hat schon der Vater selig, der alte Levi, gesgt.

HORGENBAUER Geht das Geschäft so schlecht?

VIEHJUD LEVI No, der Mensch lebt. Das Schicksal ist ein stetigs Auf und Ab.

HORGENBAUER Na, komm, wenn du schon da bist. Hilf mir die Sau raustun.

Sie gehen und holen die Sau aus dem Stall. Ahnungsvolles Quieken. Kresenz ist im On und beobachtet die Männer.

HORGENBAUER Kresenz, gib mir den Pistol! Hast sie fest, Levi.

VIEHJUD LEVI Sicher, wie in Abrahams Schoß.

HORGENBAUER Paß auf, jetzt, den Kopf.

Den Angstlauten der Sau setzt der Pistolenschuß ein Ende.

HORGENBAUER Wo ist das Messer? *Ein Laut angestrengten Zustoßens. Blut fließt.*

KRESENZ Da, schnell, der Eimer.

Das Blut plätschert mit leiser werdendem Geräusch in den Eimer.

VIEHJUD LEVI No, es hat einige üble Burschen bei den Bahnmenschen. Wollt ich nicht übern Weg kommen in der Nacht.

HORGENBAUER So. Wieso denn? Also ich hab da bloß rechte Burschen angetroffen. Rühr, Kresenz, sonst gerinnts. *Kresenz rührt in dem Bluteimer.*

VIEHJUD LEVI Ah so. Und dann warn auch diejenigen anständige Burschen, die mir letzte Nacht vorm Bären aufgelauert haben und mich elendiglich gebleut?

HORGENBAUER Von so Sachen weiß ich nichts. Weiß ich bloß daß ... so Sachen ... nicht recht und nicht gut sind.

KRESENZ So Sachen sind eine Schand. Man sollt sich beschwern beim Ingenieur.

VIEHJUD LEVI No, der Levi ist zwar auf den Kopf gehauen, aber nicht darauf gefallen. Ebendort war er, beim Herrn Ingenieur.

HORGENBAUER Und?

VIEHJUD LEVI Nichts und. Rein gar nichts, und. Hat gemeint, seine Leute täten solche Sachen nicht. Der Herr Ingenieur.

KRESENZ Und wenn welche aus der Stadt ...

LEVI Sag, Kresenz, bin ich nicht wohlgelitten gewesen, hab ich Feind? Wohlgelitten bis ...

HORGENBAUER Bis?

LEVI Bis die Bahnmenschen gekommen sind. Hab ich nicht immer schöne Preis gemacht? Hab ich euch beschissen? No, ich bin mein Lebtag ein ehrlicher Mensch gewesen, mein Lebtag grundehrlich. Hat mir schon mein Vater selig so gesagt, und der Sohn hat sich daran gehalten.

HORGENBAUER Über deine Preise kann ich nicht klagen.

VIEHJUD LEVI Grad du wirst es wissen, Andres, grad du. Hab ich net geholfen, wo Not am Mann war, wos gegangen is, no? Sag!

KRESENZ Das hat er schon, Andres.

ANDRES Komm, pack an.

Sie heben die Sau über den Zuber, um die Borsten abzuschaben.

LEVI Ja, da leidens net, die Viecher, wenn einer hat ein Pistol. Verreckens auf der Stell. Sag Andres, wo hast denn du den schönen Pistol her?

HORGENBAUER Den Pistol? Geliehen. Gehört nicht mir.

VIEHJUD LEVI Ah so, geliehen. No, ein schöner Pistol. Eine gute Waff. Könnt wohl auch so einen Pistol brauchen. Gefährliche Zeiten. Na, wenigstens leiden sie nicht dabei, die Viecher. Aber ... ihr kommt jetzt allein zurecht, no. Der Marties, die chaje, wird nimmer kommen. Muß jetzt gehn, auf Gschäftorl. Adjö, Horgener. Schöns Schlachtfesterl wünscht euch der Levi. Adjö.

Er nimmt den Stein unter dem Rad weg, pfeift sein Lied vom Jiddele. Langsam entfernt er sich mit seinem Karren.

7 *Küche/Sachzwänge*

Andres kommt aus der Stadt. Kresenz kocht, klappert mit Töpfen und Pfannen, schürt das Feuer. Andres schließt die Tür hinter sich.

KRESENZ Das Essen ist gleich soweit. Hab dir Blut- und Leberwurst im Kraut gemacht.

ANDRES *sagt nichts*

Sie stellt Teller auf den Tisch, nimmt die Töpfe vom Feuer und legt Besteck auf.

KRESENZ Einen Most hab ich dir auch schon raufgeholt. Da. *Sie schenkt ihm ein* Sag, Andres, keinen Hunger? *Sie schöpft* Langts? Und 's Kraut? *Sie tut ihm noch Kraut auf* Genug?

Sie ißt Sag, Andres, ist dir was zuwider gekommen? Was passiert? Andres, red doch. Was ist passiert.

ANDRES Passiert? Nichts ist passiert. *Zögernd* Ich war bei der Bahn.

KRESENZ Bei den Bahnmenschen, wie jede Woch. Und?

ANDRES Ich hab Butter angeboten. Würst. Speck. Schmalz. Milch. Erdäpfel, Rüben, Bohnen, wenig, dies Jahr. Ich hab soviel angeboten wie jede Woch.

KRESENZ Und die Bahnmenschen haben die War jede Woch vollständig abgenommen. Bis jetzt. Haben die am End nicht alle War genommen?

ANDRES Nichts. Überhaupt nichts haben sie genommen. Kein Gramm Butter hat die Bahn genommen. Die ganze War retour. Auch der Viehhandel, rückgängig gemacht.

KRESENZ Der Viehhandel? Aber es war doch alles abghandelt, 's war doch alles ...

ANDRES Ja, ja. War alles abg'handelt. »Wir haben genug

andere Lieferanten, Herr Horger«, hat er gesagt, der Herr Ingenieur.

War was nicht recht mit der War, Herr Ingenieur? Hab ich gefragt. Kann ich was wiedergutmachen, Herr Ingenieur? Hab ich gesagt. Was war denn nicht recht, es tät mir leid, ich hätts übersehen. Hab ich gesagt zum Herr Ingenieur.

»Wissen Sie, Herr Horger, es war ja nicht gerade schlecht. Aber so einen Beigeschmack hats gehabt. Nicht, Männer?«

Und dann haben sie alle geschrien: »Jawohl, Herr Ingenieur, einen Beigeschmack!«

Ja, was für einen Beigeschmack hat es denn gehabt, Herr Ingenieur? hab ich gefragt.

Und da haben sie wieder alle gelacht. Und der Herr Ingenieur hat gesagt: »Sollen wirs ihm sagen, Männer?«

»Ja, ja, Herr Ingenieur, sagen Sies ihm!« haben sie dann alle geschrien.

Dann hat der Ingenieur gesagt: »Wissen Sie, Herr Horger, wir haben eine feine Nase. Wenn da etwas nicht ganz ganz koscher ist, dann schmecken wir das sofort. Nach was hats denn geschmeckt, Männer?«

Weißt du, was die dann alle geschrien haben, Kresenz? Nach Jud, nach Jud, nach Jud. Wir sollten nicht so einen Umgang pflegen, hat der Herr Ingenieur gesagt. Umgang mit Juden, hat er gemeint, ist nicht gut, fürs Gschäft.

KRESENZ ... ist nicht gut fürs Gschäft.

Levi mit seinem Karren. Erschöpft. Aus der Wirtschaft Stimmen von Betrunkenen. Levi zögert wieder, länger. Zündet lange die Pfeife an. Drin singen sie verschwommen. Levi stellt den Karren ab, geht die Treppen hinauf, ein Blutgerüst erklimmt er. Er geht rein, es wird still.

LEVI 'n Abend, alle miteinander. 'n Abend.
Stille
LEVI Bärenwirt, bringst mir ein Bier.
Der Wirt schaut Levi an wie ein Kalb.
LEVI Na, ein Bier.
WIRT Bier. Ist gut.
Levi setzt sich. In der Wirtschaft wird es wieder lebhaft. Der Wirt bringt das Bier.
WIRT Da Levi, 's Bier. *Leise* Trinks und geh wieder. Das ist besser. Für dich.
LEVI Bin ich ein Hund, den du verjagst?
WIRT *stellt das Bier ab.* Da, wohl bekomms.
Einige beginnen wieder zu singen. Böse Lieder. Der Wirt geht zur Theke und holt das Radiogerät.
WIRT *laut* Horcht mal her. Das hab ich heut erst gekauft. Volksempfänger. Die haben mir gesagt, man hört die Leut reden bis nach Berlin. Und weiter. Wünschen die Herrschaften vielleicht Musik?
Er stellt das Gerät an. Vorkriegsschlager. ›Ein Student geht vorbei‹. Einige summen mit. Jetzt steht einer auf.
Die Bahnmenschen kommen!
Eine Gruppe von Männern kommt rein. Sie unterhalten sich laut, lachen viel.
WIRT Was darf ich den Herrschaften bringen?

BAHNMENSCHEN Mir ein Bier, Bier, mir auch, eins zwei drei neun Bier!

Der Wirt geht zapfen. Die Bahnarbeiter unterhalten sich. Der Schlager ist zu Ende. Ein anderer wird angekündigt. Der Wirt bringt das Bier.

WIRT Zehn Bier, die Herrschaften, wohl bekomms.

BAHNMENSCHEN Wieso zehn?

ANDERER Lage, Mensch!

WIRT Auf unser Gemeinsames.

Sie trinken mit dem Wirt. Bis auf den Schlager und die Bahnleute ist es ganz still in der Wirtschaft.

BAHNMENSCH *plötzlich laut* He, Wirt, mach doch den Kasten aus. Wir wollen selber was singen. Los, Leute. Es zittern die morschen Knochen der Welt vor dem großen Krieg...

Die anderen Bahnleute singen mit. Nach und nach Einheimische. Einer spielt auf der Ziehharmonika dazu. Die Wirtschaft singt.

Plötzlich übertönt einer alle.

DER EINE He, du. Warum singst du nicht mit? Das Lied, gefällt dir wohl nicht.

Die anderen hören auf zu singen.

DER EINE He, was ist denn nun? Bist du stumm? Los, die Fahne hoch, die Reihen fest geschlossen. Los, fang an! Die Fahne hoch, die Reihen fest geschlossen. Oder kennst du das Lied vielleicht nicht? Häh, kennst dus nicht?

LEVI Nein. Ich kenns leider nicht.

DER EINE Ah, so. Es gibt ja auch noch andere schöne Lieder. *Kumpelhaft* Kennst du eins? Na los, sicher? Komm, sing doch mal eins, wir singen mit, wenn wirs kennen.

ANDERE Los, sing. Wir singen mit.

MARTIES *betrunken* Ja, Levi, sing doch mal. Kannst doch sonst so schön singen. Man versteht's bloß nicht. Aber vielleicht verstehns die Herrschaften, wo bei der Bahn schaffen. *Lacht.*

DER EINE Sicher, wir verstehen das Fremdländische, wir haben was gesehen von der Welt.

MARTIES Komm, Levi, sing doch mal. Sing, sing.

DER EINE Ja, Herr Levi? Singen Sie doch mal was. Bitte. *Schreit plötzlich* Los, sing.

Ein paar Bahnmenschen gehen auf Levi zu. Einer packt ihn.

DER EINE Los, Vögelchen, sing!

Lachen.

LEVI Laß mich los, du chaje! Laß mich aus.

DER EINE Chaje, habt ihr das schon mal gehört? Er ist ja gar nicht stumm. Kann ja doch zwitschern, unser Vögelchen. Los, sing jetzt.

LEVI *singt leise* Amol is gewen a Jiddele, Hot er gehabt a Wajbele...

ANDERER Drück ihm nicht so den Hals zu, ich hör nix.

DER EINE Wir hören nix, du zwitscherst zu leis, Vögelchen. Lauter.

ANDERE Lauter, lauter, lauter...

LEVI Hot er gehabt a Wajbele
A Wajbele, a Wajbele
Hoben sej gehabt a Kaddischl
A Kaddischl, a Kaddischl
is das Kaddischl gestorben
gestorben gestorben
Amol is gewen a Jiddele.

DER EINE Schön hat er gesungen, sehr schön, mein Vögelchen.

Gelächter.

ANDRES Hört doch jetzt auf, jetzt reichts. Laßt ihn.

DER EINE Aha, noch so ein Vögelchen. Du willst wohl auch was singen? Hast wohl was übrig für diese Sorte Vögel? Bist wohl gar selber einer?

ANDRES Ich bin kein …

DER EINE Was? Was bist du denn nicht?

ANDRES Ich bin kein … kein Jud!

Andres geht schnell hinaus.

I. SPRECHER Zwei Wochen nach dem Zwischenfall im Gasthof Bären wurde der Viehhändler Hirsch Levi tot auf seinem Wagen liegend aufgefunden. Der Ortsgendarm Zeil fand im Straßengraben eine Pistole, Luger 08, mit aller Wahrscheinlichkeit die Waffe, die der Viehhändler gegen sich selbst gerichtet hat. Die Kugel drang, laut Bericht der örtlichen Gendarmerie, in der rechten unteren Schädelregion ein, zerstörte das Gehirn vollständig und trat an der linken oberen Schädelregion wieder aus. »Alle Umstände der Tat deuten auf Selbstmord hin. Wirtschaftliche Schwierigkeiten, die dem für seine überhöhten Preisforderungen bekannten Viehhändler durch die am Ort vonstatten gehenden Bahnarbeiten entstanden – die Reichsbahnbehörden nahmen den anliegenden Landwirten ihr Vieh zu günstigeren Preisen ab –, werden als mögliches Motiv für die Tat betrachtet. Levi war Jude.« – So eine Pressemeldung zu dem Vorfall.

2. SPRECHER Das Anliegen des Horger Andreas, geboren am 5. 12. 1901, wurde auf Antrag der Gläubiger gepfändet. Horger trat danach zunächst in den Reichsarbeitsdienst ein. Später wurde er bei der Reichsbahn als Strekkenbauarbeiter eingestellt. Am 13. 5. 1938 erlag er einem tragischen Unfall. Bei Ausbesserungsarbeiten in einem Tunnel überhörte er offenbar ein Warnsignal, konnte die schützende Mauernische nicht mehr rechtzeitig erreichen und wurde von dem Zug erfaßt. »Die Umstände seines Todes konnten nicht genau geklärt werden. Alle Sicherheitsmaßnahmen, die bei solchen Bauarbeiten üblich sind, wurden strikt eingehalten. Dafür spricht auch die Tatsache, daß die anderen Arbeiter, die sich zu der fraglichen Zeit im Tunnel aufhielten, das Warnsignal rechtzeitig gehört haben.« – So eine Aktennotiz der Reichsbahn.

3. SPRECHER Krescencia Horger, geborene Feucht, geboren am 9. 7. 1904, diente nach der Pfändung des ehelichen Anliegens im Gasthof Bären als Bedienerin und Hausmädchen. Im Jahre 1943 starb sie in den Flammen des brennenden Gasthofes. Nach heftigem Fliegerbeschuß hatte der Gasthof einen Treffer erhalten. »Ich weiß nicht, warum die Kresenz nicht mehr aus dem Haus gekommen ist. Alle anderen haben es doch geschafft« – so Mathias, vulgo Marties, Wescher, ehemaliger Hausknecht, damals ebenfalls im Gasthof Bären tätig.

Die zweite Schlußfassung/Verbildlicht

Drei Männer treten auf. Sie kommen umständlich durch den Zuschauerraum. Störer? Der erste liest nüchtern Sprechertext 1.
Zwei Wochen nach dem Zwischenfall im Gasthof ... *usw.*

Licht auf Levi. Er sitzt auf seinem Karren, hält eine Pistole an die Stirn und erschießt sich. Licht aus.

Der zweite Mann liest nüchtern Text 2.
Das Anliegen des Horger Andreas, geboren am ... *usw.*

Andres tritt auf Levi zu, der auf seinem Wagen sitzt und raucht.
Er erschießt ihn. Licht aus.

Der dritte Mann liest Text 3.
Krescencia Horger, geborene Feucht, geboren am ... *usw.*

Die Szene wie oben, Krescencia erschießt Levi. Licht aus.

Jetzt ist Marties auf der Bühne. Er fegt. Singt dazu sehr hübsch.
MARTIES Amol is gewen a Jiddele, a Jiddele, a Jiddele. *etc.*

Der Polenweiher

Volkstheater

Personen

JOACHIM ROT, Korbflechter
ERWIN HUNGERBÜHLER, Bauer
ANTONIA HUNGERBÜHLER, Bäuerin
KOMMISSAR, Schöngeist
DOKTOR
EIN HOLZKNECHT
ANDERER HOLZKNECHT
WIRT
HIRTENBUBE
BEDIENUNG
ZWEI GENDARMEN
OFFIZIER

ORT: Schwarzwald

ZEIT: 1943–46

I

1

Giftpilzköpfige Weiden im Halbrund. Beschienen von gelb-fahlem Mondlicht.
Nachtgeräusche. Wassergeräusche. Vögel. Nachtvögel. Ab und an springt ein Fisch. Verschlafenes Entengetue; flatternd. Froschquaken.
Sehr schemenhaft taucht das Bild einer jungen Frau auf. Es ist mehr ein Schatten. Nicht greifbar.
Ein polnisches Kinderlied wird leise eingeblendet. Wird ein wenig lauter.
Nach einiger Zeit wird ein zunächst undefinierbares Geräusch hörbar. Wird lauter: Herztöne.
Nun so gut hörbar, daß sich zwei Herztöne abzeichnen: die einer Schwangeren und die leiseren, schnelleren des noch Ungeborenen. Das Kinderlied wird ausgeblendet.
Die schemenhafte Frau ist nicht mehr zu sehen.

2

Rot tritt auf. Er trägt einen Korb voller Weiden, eine Sichel. Rot geht zum Weiher und beginnt langsam, Weiden abzusicheln. Nach einer Weile summt er die Melodie des Liedes von vorhin. Sehr leise, unbeholfen. Noch immer Herztöne.
Rot steckt die geschnittenen Weiden in seinen Korb, geht ab.

3

Herztöne, lauter werdend.

4

Hungerbühler tritt auf. Läuft geduckt, sieht sich gehetzt um. Über der Schulter trägt er eine große Speckseite. Er läuft mehrmals um den Weiher. Wie sicherndes Wild. Nun ruft er flüsternd

HUNGERBÜHLER Anna! Anna! *ein bißchen lauter* Anna! Komm doch. Wo bis du? Anna.
Er bleibt eine Weile stehen. Erstarrt. Mit einer ruckartigen Bewegung nimmt er die Speckseite von der Schulter. Schleudert sie ins Wasser.
Die Herztöne brechen ab.
Flattern der Enten. Dann absolute Stille.
Hungerbühler bleibt stehen. Erschrocken. Läuft nun weg. Fast in Panik.

5

Am Weiher. Morgens.
Der Kommissar steht mit dem Rücken zum Publikum, die Hände auf dem Rücken verschränkt. Rechts und links von ihm: Hungerbühler, seine Frau und Rot.
Der Kommissar schaut in den Weiher. Schaut zum Himmel. Atmet tief ein.
KOMMISSAR Des Lebens Pulse schlugen frisch lebendig,
Ätherische Dämmerung milde zu begrüßen;
Du, Erde, warst auch diese Nacht beständig

Und atmest neu erquickt zu meinen Füßen,
Beginnest schon, mit Lust mich zu umgeben.
Du regst und rührst ein kräftiges Beschließen,
Zum höchsten Dasein immerfort zu streben.

Nun heißt es ja eigentlich: Des Lebens Pulse schlagen frisch lebendig. *Schaut in den Weiher* Und auch das wäre nicht unpassend. Denn immer wieder beobachte ich in Ausübung meines Amtes, welche Schönheit – *beugt sich wieder zum Weiher* – in welch überirdischer Schönheit diese Toten daliegen in ihrem Blut oder – wie diese mit schlammigem Haar. Besonders natürlich die weiblichen Toten. Diese hier hat unzweifelhaft etwas Engelhaftes oder etwas Madonnenhaftes vielleicht. *Schaut in den Weiher* Ein Engel oder eine Madonna. Gibt es da nicht eine Madonna von Hans Baldung Grien? Oder war's Cranach. *Sachlich* Nun, so genau kann ich das im Moment nun auch nicht sagen. Name?

HUNGERBÜHLERIN *tritt zum Kommissar hin. Eifrig* Antonia Hungerbühler. Hungerbühler Antonia.

KOMMISSAR Natürlich nicht Ihr Name, gute Frau. Der Name der Leiche ist im Augenblick interessant.

HUNGERBÜHLERIN Ah, die Leich. Das ist unsere Anna.

KOMMISSAR Anna? Und?

HUNGERBÜHLERIN Ja, wenn ich des noch wüßt. Ich konnt mir den Namen net behalten.

HUNGERBÜHLER Schilowsmy. Soltowsky. Schirensky.

HUNGERBÜHLERIN Nein, so net. Was mit O. Ooo-lschinsky, Olschensky, oder …

KOMMISSAR Gut, gut. Aber irgendwie muß sie wohl geheißen haben.

HUNGERBÜHLERIN Bei uns hat sie halt die Anna geheißen. Oder: die Polin halt.

KOMMISSAR Eine Polin. Sie war dienstverpflichtet?

HUNGERBÜHLERIN Sie gehört seit eim Jahr zum Hof.

Während der Kommissar mit den Hungerbühlern spricht, wird Rot immer unruhiger. Er tritt von einem Bein aufs andere, preßt die Hände an den Bauch, klemmt die Beine zusammen usw. Nun kann er es nicht mehr aushalten. Er uriniert in die Ecke.

KOMMISSAR Man sollte den Menschen mit Respekt entgegentreten. Vor allem aber den Toten. *in sich versunken* Mit viel Respekt. *Erwachend* Da gibt es ein Wort. Es heißt: Pietät. Pi-e-tät! Das heißt vor allem, daß man in Gegenwart einer Toten, einer nicht lang verstorbenen, jungen Frau, nicht pißt.

zu Rot Du, Mann, kennst du dieses Wort? PIETÄT?

Rot knöpft seine Hose zu und tritt zum Kommissar. Er schüttelt den Kopf.

KOMMISSAR Es heißt RESPEKT!

ROT *kaum hörbar* Jawohl.

KOMMISSAR Was?

ROT *lauter* Jawoll. *Rot krümmt sich nun zusammen. Wie jemand, dem übel wird. Er geht würgend in die Ecke, in die er zuvor gepißt hat. Übergibt sich.*

KOMMISSAR *sehr ruhig* Wer ist diese Kreatur, die, wie es scheint, nur pissen kann, pissen wie ein Pferd, kotzen? Es fehlt noch, Mann, daß du scheißt.

HUNGERBÜHLERIN Wo er's doch mit dem Magen hat, Herr Kommissar. Der Rot hat's, seit er zum Hof gehört, mit dem Magen.

KOMMISSAR Soso, der Rot. *Lauter* Kann er denn nicht für sich selber sprechen, der Rot. Ihr Rot.

HUNGERBÜHLERIN Er sagt net viel.

KOMMISSAR Soso. Er sagt net viel. Soll das heißen, er ist

vielleicht ein wenig… *er macht eine entsprechende Geste.*

HUNGERBÜHLERIN Neinnein, er ist net *ahmt die Geste nach.* Er ist halt ein wenig eigen.

KOMMISSAR Sie wollen also sagen, Frau Hungerbühler, er sei ein wenig eigen. Geistig normal, aber ein wenig eigenartig?

HUNGERBÜHLERIN Er tut keinem was!

KOMMISSAR Soso, glauben Sie. Er tut keinem was. Ist ihm die tote Polin, Anna, Nachname wird noch zu ermitteln sein, bekannt?

HUNGERBÜHLERIN Ja, es ist halt die Anna. Wer kennt die Anna net. Unsere Anna.

KOMMISSAR Ihre Anna.

HUNGERBÜHLERIN Sie war halt dienstverpflichtet.

HUNGERBÜHLER *kommt hinzu* Jawohl, dienstverpflichtet. Aber sie hat auf dem Hof gelebt, wie unsereiner. Vor zwei Tag war sie plötzlich verschwunden.

KOMMISSAR Und Sie haben ihr Verschwinden sofort gemeldet?

HUNGERBÜHLER Wie's Vorschrift ist. Natürlich.

Jetzt kommen zwei Gendarmen – Sanitäter, Leichenträger – auf die Bühne. Sie tragen eine Plane, die sie umständlich ausbreiten. Sie schauen den Kommissar fragend an. Er nickt. Sie gehen zum Weiher und heben die Leiche auf die Plane. Wickeln sie ein. Tragen sie weg. Der Kommissar hält sie zurück.

KOMMISSAR Halt! *Er hebt noch einmal die Plane* Engel oder Madonna. Baldung Grien oder Cranach. Morgen fällt es mir ein.

HUNGERBÜHLER *bewegt* Warum bloß hat sie das gemacht?

KOMMISSAR Was gemacht, Herr Hungerbühler?

HUNGERBÜHLER Sich ertränkt.

KOMMISSAR Woher wissen Sie, daß sie sich ertränkt hat?

HUNGERBÜHLER Woher ich das weiß? Das weiß ich net. Das denk ich mir.

KOMMISSAR Hätte sie denn einen Grund dazu gehabt?

HUNGERBÜHLER Weiß ich, was so eine Polin denkt!

HUNGERBÜHLERIN Auf unserm Hof ist es ihr gutgegangen. Gutgegangen. Als ob's eine von uns gewesen wär!

KOMMISSAR So, ging es ihr also gut. Nun, alles in allem eine sehr unangenehme Sache. Dienstverpflichtet. Aber wir werden bald Genaueres wissen. Sie kommt in die Anatomie. In die Kreisstadt. Die freuen sich immer über etwas Frisches.
Wollen wir hoffen, daß es wirklich Selbstmord war. Denn nun ist die Angelegenheit schon aktenkundig. Soviel Aufhebens hat die Polin lebendig wohl nie um sich gehabt.

HUNGERBÜHLERIN *zum Mann* Du, ich glaub schon lang, daß die Anna in andere Umständ ist. War. Vielleicht ist, war das der Grund.

HUNGERBÜHLER Glaubst du. Was ihr Weiber net alles glaubt.
Die beiden gehen ab. Der Kommissar schaut ihnen nach. Schaut dann den Rot an. Geht auch ab.
Rot geht jetzt zum Weiher. Schaut hinein. Murmelt

ROT Andere Umständ. Andere Umständ.
Rot nimmt einen herumliegenden Ast. Stochert im Weiher. Zieht die Speckseite heraus.

ROT Speck? *Er geht ab mit der Speckseite. Bleibt stehen. Murmelt* Andere Umständ.

Dunkel

II

1

Der Kommissar im Wirtshaus. Er trinkt Wein. Ißt den Speck wie ein Würstchen.

KOMMISSAR Bringen Sie mir noch ein Viertel von diesem ausgezeichneten Wein.

WIRT Es ist ein einfacher Wein. Mir haben kein andern.

KOMMISSAR Wenn ihr Leute hier nur einmal erkennen würdet, wieviel Schönheit in dieser Einfachheit liegt, wieviel Poesie. Verstehen Sie, was ich meine? In diesem Wein, in diesem, wie Sie richtig sagen, sehr einfachen Wein schmecke ich vieler Hände Arbeit. Verstehen Sie, was ich meine?

WIRT Jo, gschafft sein muß halt.

KOMMISSAR Ich schmecke die Erde. Den Boden. Den mit Schweiß und auch mit Tränen getränkten Boden.

WIRT *murmelt* 's werden auch schon genug Esel draufgesaicht ham.

KOMMISSAR Dieser Boden ist geadelt, dadurch auch der Wein. Schweiß und Erde. Blut und Boden.
Deklamiert wieder
Du, Geist der Erde, bist mir näher,
Schon fühl ich meine Kräfte höher,
Schon glüh ich wie von neuem Wein.

WIRT *off* Kommt sofort, kommt sofort!

KOMMISSAR Ich fühle Mut, mich in die Welt zu wagen,
Der Erde Weh, der Erde Glück zu tragen.
Der Wirt bringt den Wein. Schaut den Kommissar skeptisch an.

WIRT Zum Wohl!

KOMMISSAR Mit Stürmen mich zu schlagen
Und in des Schiffbruchs Knirschen nicht zu zagen.
Kein angenehmer Tod, das Ertrinken.
Eine Leiche ist gefunden worden. Sie haben davon gehört?

WIRT Ich geh net gern ans Wasser.

KOMMISSAR Eine Polin. Anna. Sie kennen sie?

WIRT Ich kenn die Polen net. Die kommen und gehn.

KOMMISSAR Die Leute kommen und gehen. Kann ja sein, Sie hören was.

WIRT Ich versteh das Polnische net.

KOMMISSAR Könnte ja sein, Sie verstehen deutsch und haben was gehört.

WIRT Deutsch. Kann sein.

Der Kommissar macht sich über den Speck her.

WIRT Wenn's erlaubt ist, Herr, der Speck wird net längs, sondern quer geschnitten. So! *Nimmt ihm den Speck. Schneidet richtig.*

2

Rot sitzt auf einem Baumstrunk und ißt von der Speckseite.

ROT Er ist gut. Der Speck. Gut. Wenn er au bißle noch Schlamm schmeckt. Aber bloß das erste Stuck. Er schmeckt grad, wie wenn's der Speck vom Hungerbühler wär.

3

Hungerbühlerin und ihr Mann.

HUNGERBÜHLERIN Du, Erwin.
HUNGERBÜHLER Ja.
HUNGERBÜHLERIN Ich hab vorhin die Speckseiten gezählt.
HUNGERBÜHLER *aufhorchend* Und?
HUNGERBÜHLERIN Es sind vier gewesen. Zwei Säu hammer gemetzget.
HUNGERBÜHLER Zwei hammer gessen.
HUNGERBÜHLERIN Es müßten noch drei sein.
HUNGERBÜHLER Un?
HUNGERBÜHLERIN Sind aber nur zwei.
HUNGERBÜHLER Zwei?

Dunkel
Anmerkung zur Regie: Die II. Szene kann in ihren drei Bildern ›simultan‹ gespielt werden. D. h., alle agierenden Personen bleiben auf der Bühne und führen ihre Tätigkeiten (Speck essen, trinken, usw.) fort, nachdem sie ihren Text gesprochen haben.

III

1

Rot beim Korbflechten.
Eine enge Kammer. Darin eine Truhe, ein Schrank. Schemel, bäuerlich feudales Himmelbett. Auf dem Boden: teils gebündelt, teils offen herumliegend, Weidenruten, wie man sie zum Korbflechten verwendet. Ein fertiger Korb steht da. Ein anderer wird vom Rot eben bearbeitet.
Ein Lichtstrahl fällt durch das kleine Fenster in offensichtlich staubige, dumpfe Luft.
Rot kommt mit halb heruntergelassenen Hosen in die Kammer. Er ordnet das Hemd, zieht die Hosen hoch, läßt sie noch einmal herunter, um sich zu kratzen. Er zieht die Hosenträger über. Der Latz steht noch auf. Ein Hemdzipfel schaut heraus.

ROT *halblaut, dumpf* Eine Stund. Mehr noch. Und nix. Bloß Dampf. Und Gestank.
Er holt eine Bierflasche aus dem Schrank. Öffnet den Schnappverschluß. Trinkt. Rülpst.
Er arbeitet weiter an dem angefangenen Korb. Murmelt Körb, flechten. Der Korb kostet sieben Mark. Das langt eine Woch. Aber jetzt, wo ich die Speckseite hab. Langt's länger. Der Speck schmeckt gut. Gut, wie der Speck vom Hungerbühler halt schmeckt. Gut gesalzen, gut geräuchert. Mit Tannenreis und Wacholder im Rauch. Aber seit ich den Speck gegessen hab, ist es schlimmer worden mit dem Magen. Ich bin ganz und gar verstopft. Als hätt ich ein Tannenzapfen verschluckt. Aber quer. *Lacht.*

Er schaut von seiner Arbeit hoch. Ins Halbdunkel. Steht jetzt auf. Holt aus der Truhe ein verschossenes, rotes Samtkissen. Er schiebt den Schemel ins Halbdunkel. Legt das Kissen sehr sorgfältig darauf. Setzt sich zu seinem Korb auf den Boden.

Da, schau! Das schöne, rote für dich. Da sitzt schön weich, du! Guck, ich flecht Körb. Der groß kostet sieben Mark. Der kleine vier. Du, verstehen? Für den großen, da, nehm ich die langen. Für den kleinen, der da, die kurzen. Für den großen zwei Arm. Für den kleinen ein Arm.

Er arbeitet weiter. Singt dann das polnische Lied. Er pfeift die Melodie. Steht auf. Läßt eine Weidenrute im Takt durch die Luft pfeifen. Tanzt ein bißchen dazu. Hört auf. Setzt sich wieder.

Die liegen sechs Wochen im Wasser, die Ruten. Bevor ich anfang mit Schaffen. Da, im Weiher, beim Wald. Unheimlich. Wie Giftpilzköpf. Im Nebel. Und ich hab sie selber geschnitten.

Zeigt seine Sichel. Die Klinge nach oben. Hält sie vor den Stuhl mit dem Kissen. Er dreht die Sichel um. Arbeitet weiter.

Sie sehn aus wie Köpf im Nebel, die Weiden. Oder wie Tier auch. Einmal haben sie ein Mensche gezogen. Aus dem zähe Schlamm. Alles war ganz schwarz und braun. Vom Schlamm. Vom zähe Schlamm.

Er steht auf. Holt neue Weiden. Arbeitet weiter. Singt.

Ich hab manchmal Angst. Un ich hab sie doch selber geschnitten.

IV

I

Abend auf dem Feld. Der Kommissar mit einem Fernglas.

KOMMISSAR Es menschelt. Da bist du.
Was hast du denn da in deinem Korb?
Ja, schön, jetzt dreh dich nochmal rum,
daß man deinen Arsch sieht. Gut, kann sich sehen lassen,
Apfelbacke an Apfelbacke. Da kann ein Mann sich niederlassen.
Die Hungerbühlerin mit einem Korb. Sie liest Steine vom Feld auf, pfeift dabei.

KOMMISSAR Ich Stadtmensch dachte immer, die Landbevölkerung singt bei der Arbeit.

HUNGERBÜHLERIN Herrgott Herr Kommissar, bin ich verschrocken. Den ganzen Korb hab ich umgeworfen.

KOMMISSAR *lacht* Das war voll und ganz meine Absicht, Frau Hungerbühler. Wenn Sie was singen, geh ich Ihnen ein wenig zur Hand.

HUNGERBÜHLERIN Ja was denn singen?

KOMMISSAR Eine schöne Hand haben Sie. *Nimmt die Hand.*

HUNGERBÜHLERIN Abgeschafft, schwielig.

KOMMISSAR Kein Lied?

HUNGERBÜHLERIN *singt*
Steinlein les ich auf dem Felde
Daß die Frucht wohl wachsen mag
Steinlein les ich

Daß in Bälde
Wohlgebacken Brot ich hab
Steinlein groß
Und Steinlein klein
Will ich sammeln in mei'm Korb
's ist ein gar zu schweres Los
In mei'm Bettlein will ich sein
Denn 's ist Abend
Denn 's ist Abend.

KOMMISSAR *applaudiert* Das ist eine echte Volkskunst, wie wir sie lieben. *Singt* In mei'm Bettlein will ich sein
Denn 's ist Abend, denn 's ist Abend

HUNGERBÜHLERIN Herr Kommissar, ich schäm mich.

KOMMISSAR Warum?

HUNGERBÜHLERIN Meine Hand. Abgeschafft, schwielig.

KOMMISSAR Darin liegt ja gerade die ganz besondere Schönheit. Ihrer Hand. Ihre ganz besondere Schönheit.

HUNGERBÜHLERIN *nimmt die Hand weg* Ich brauch die halt zum Schaffen.

Sie sammeln eine Weile still Steine auf. Es donnert.

HUNGERBÜHLERIN O je, jetzt gewittert's auch noch. Ich muß zuschaffen.

KOMMISSAR Tun Sie mir noch einen Gefallen. Sprechen Sie mir nach, bitte.
Greifst du nach dem Donner

HUNGERBÜHLERIN *fasziniert* ... nach dem Donner.

KOMMISSAR Wohl, daß er euch elenden Sterblichen
nicht gegeben ward.

HUNGERBÜHLERIN ... Sterblichen nicht gegeben ward.
Es ist wie in der Kirch.

KOMMISSAR So ist es auch gemeint. Den unschuldig Entgegnenden zu zerschmettern, *Pause* zu zerschmettern.

KOMMISSAR Das ist so Tyrannenart, sich in Verlegenheiten Luft zu machen.

HUNGERBÜHLERIN Und ... wer ist denn da der Tyrann?

KOMMISSAR Ich. Weiter!

Lasse mich hin. Er soll frei sein.

HUNGERBÜHLERIN Er soll frei sein?

KOMMISSAR *drohend* Wisse, noch liegt Blutschuld auf der Stadt von deiner Hand.

Es beginnt zu regnen. Wolkenbruchartig.

HUNGERBÜHLERIN Herrgott, jeh. *Sie läuft weg, den Korb in der Hand.*

KOMMISSAR Kein Ozean hat genug des Wassers, von euerer Schuld euch reinzuwaschen. *Er bleibt allein im Regen* Ich krieg dich noch, wart bloß, dich fick ich. Und wenn nicht dich, dann deinen Alten.

Donner, Regen

2

In der Kammer des roten Jockel.
Er sitzt auf dem Boden. Zündet einen Petroleumkocher an. Steht auf, nimmt einen weißen Leinensack von der Wand. Aus der Truhe holt er einen Kochtopf. Gießt Wasser aus einem Krug hinein. Setzt den Topf auf die Flamme.

ROT Herrgott, wie das druckt. Die Krämpf.

Er steht wieder auf und legt das Kissen auf den Schemel.

ROT Der Tee macht frei. Im Ranzen und auch im Hirn.
Äberschtwurzel hilft gegen Fieber und tut
bei allen Gebresten gut.
Den Sud koch auf mit heißem Wasser
Zerteil die Wurzel mit einem Messer

Auf einen Liter eine Wurzel
Das putzt den Darm und macht gut Furzen.
Anmerkung: Es muß dem Schauspieler hier gelingen, den Zuschauer zu verunsichern: Komik oder Mitleid? Rot zerteilt die Wurzel wie beschrieben. Wirft ein Stück in den Topf. Bückt sich unter Krämpfen, die Hände auf dem Leib. Richtet sich langsam auf. Ein Furz. Für einen kurzen Moment hat er einen sehr befreiten Ausdruck. Er rennt schnell hinaus. Kommt aber gleich wieder herein.

ROT Es war bloß Wind. Aber die Wurzel hilft. Ich spür's. *Er rührt in dem Sud* Ich sitz auf dem Abort. Eine halbe Stund und mehr. Und bloß Wind. Dampf. Gestank. Ich denk, mich will was verreißen. Innen. Von unten weht's mich kalt an. Wie ausem Grab. Ich sitz auch lieber im Wald. In die Büsch. Dann aber die Fliegen. Und die Brennesseln. Halte still den Atem an, daß ich das garstig Feld unbrennt queren kann. So haben wir als Kinder immer g'sagt. Damals hat's geholfen. Aber heut hilft's sogar mir nimmer. Auch d'Augen zumachen hilft net. Aber der Tee. Des hilft. Ich schpür schon ein Zug im Ranzen, wenn ich bloß dran denk. *Er gießt den Sud in eine Blechtasse. Bläst, trinkt. Hustet. Bläst, trinkt* Du, es geht schon was, im Darm. Und wies leicht macht, im Kopf. Aber ich trink noch ein Bier. Und Hefezopf. *Er legt sich auf sein Himmelbett. Trinkt Bier, ißt von einem Hefezopf* Hef und Tee. Das hilft. Im Bier ist auch Hef, *trinkt* Hef hält den Magen rein. Hörst. Anna. Hörst? Hat man das in deiner Heimat auch so g'sagt? Ach, was soll's auch. Heimat. Wo der Erdäpfel wächst und der Most im Keller gärt. Das ist meine Heimat.

3

Die Szene in Rots Kammer unverändert. Allerdings Abendlicht. Rot schlafend auf dem Bett. Ein Klopfen an der Kammertür. Rot schläft. Längeres Klopfen. Lauter. Die Stimme der Hungerbühlerin.

HUNGERBÜHLERIN Rot. Rot! Jockel! Rotjockel! Mach auf! Der Herr Kommissär!

Rot wacht langsam auf.

ROT Was? Wer?

KOMMISSAR Polizei. Öffnen Sie, ›Herr‹ Rot.

HUNGERBÜHLERIN Die Polizei!

KOMMISSAR Sie müssen mir einige Fragen beantworten, Rot!

Rot steht auf, schiebt den Riegel zurück. Öffnet.

HUNGERBÜHLERIN Daß du um die Zeit schlafst.

KOMMISSAR Dieser Geruch in der Kammer. Abscheulich. Riecht es hier immer so? Stört euch Leute das nicht?

HUNGERBÜHLERIN Kein Wunder, daß du jammerst und klagst wegen dei'm Geld. D' Arbeit hat der net erfunden, Herr Kommissär.

KOMMISSAR Er ist wohl betrunken, ich rieche Bier. *Hüstelt, holt ein Taschentuch hervor* Unter anderem.

HUNGERBÜHLERIN Ich stör mich net an dem Gestank. Man gewöhnt sich an alles, Herr Kommissär. Grad die Nas gewöhnt sich. Wo wir sowieso den ganzen Tag mit Mist z'tun haben auf dem Hof.

KOMMISSAR Daran möchte ich mich gar nicht gewöhnen. *Kramt Papiere aus seiner Tasche, liest* Rot, Joachim. Das ist er doch.

ROT Jawoll.

KOMMISSAR Beruf?

ROT Ich flecht Körb.

KOMMISSAR In meinen Papieren ist vermerkt: Erwerbsloser, ohne Beruf, mehrmals aufgegriffen und eingebracht wegen Landstreicherei.

HUNGERBÜHLERIN Er schafft auch im Wald. Als Holzknecht.

KOMMISSAR Wie lange wohnt er hier auf dem Hof?

HUNGERBÜHLERIN Vier Jahr.

KOMMISSAR Wie ist es mit der Landstreicherei?

HUNGERBÜHLERIN Er ist immer nur noch für ein, zwei Tag unterwegs. Verkauft auch Körb. Aber net weiter als nach Schönbach oder Rohbach. Früher ist er bis Italien.

KOMMISSAR Rot, ich suche Sie auf im Zuge der Ermittlungen im Mordfall Anna Olschewsky, zuletzt wohnhaft hier am Ort. War dienstverpflichtet als Magd und Hausgehilfin. Verstehen Sie mich überhaupt, Rot? *Rot nickt.* Vier Jahre haben Sie einen festen Wohnsitz hier?

ROT Jawoll.

HUNGERBÜHLERIN Jetzt sind's bald fünf Jahr. Da ist er gekommen. Als der alte Toni gestorben ist. In dem Bett. In dem Himmelbett, wo jetzt der Rot drin schläft. Und die Kammer wollt keiner mehr, weil halt, der Toni ist gestorben, und alles hat nach Weihrauch gestunken. Das Himmelbett hat der Toni seinerzeit mitgebracht vor fast hundert Jahr. Da ist die Jahreszahl: Achtzehnhundertvierzig. Es ist ein schöns Bett. Aber ich wollt net drin schlafen. Weil es halt einem Toten g'hört. Gehört.

KOMMISSAR Nun, der Weihrauchgeruch ist ja mittlerweile draußen. Und mit der Landstreicherei ist es vorbei?

HUNGERBÜHLERIN Er wird halt langsam alt. Gefräßig. Und was er für ein Ranzen hat.

KOMMISSAR Wie es scheint, trinkt er gerne. Stand er in näherer Beziehung zu der Polin?

HUNGERBÜHLERIN Herr Kommissär, ich bitt Sie. Die Anna. Un der Jockel. Eine schöne junge Frau. Sie haben sie ja g'sehen. Gesehen. Also nein, schon der Gestank in der Kammer.

KOMMISSAR Rot, haben Sie gewußt, daß sie schwanger war?

ROT Andere Umständ.

KOMMISSAR Sie haben es also gewußt?

ROT Nix weiß ich.

HUNGERBÜHLERIN Ach, der sieht doch so was net.

KOMMISSAR Aber Sie. Und haben es mir verschwiegen.

HUNGERBÜHLERIN Ja, weil sicher wußt ich das ja auch nicht.

KOMMISSAR Fragen wir so: Wer käme denn als Vater in Betracht?

HUNGERBÜHLERIN Ja, wenn ich das wüßt.

V

I

Auf dem Feld. Hungerbühler schlägt einen Pfahl ein. Die Frau liest Steine auf.

HUNGERBÜHLERIN Jetzt sind's acht Tag.

HUNGERBÜHLER Was sind acht Tag?

HUNGERBÜHLERIN Das. Mit der Anna das.

HUNGERBÜHLER Ich denk, die Anna ist tot.

HUNGERBÜHLERIN Natürlich ist sie tot. Seit acht Tag, genau acht Tag.

HUNGERBÜHLER *stellt den Hammer weg* Und warum, frag ich dich, warum schwätzt du dann die ganz Zeit, als ob sie noch lebendig wär? Die ganz Zeit. Und warum guckst du mich immer so an? Glaubst, du könntest sie wieder lebendig schwätzen? *Nimmt den Hammer* Tote soll man tot sein lassen.

Die beiden arbeiten stumm weiter.

HUNGERBÜHLERIN Weißt du, was der Kommissär neulich zu mir gesagt hat?

HUNGERBÜHLER War ich dabei?

HUNGERBÜHLERIN *lächelt* Nein, das warst du net.

HUNGERBÜHLER Und was hat er gesagt, dein Herr Kommissär?

HUNGERBÜHLERIN Daß ich schöne Händ hab.

HUNGERBÜHLER *lacht kurz auf. Räuspert sich, spuckt.*

HUNGERBÜHLERIN Wart, vielleicht bring ich es noch zusammen: Wisse, noch liegt Blutschuld auf der Stadt. Von deiner Hand.

HUNGERBÜHLER *bleibt im Schlag wie erstarrt stehen. Läßt seinen Hammer langsam sinken.*

Dunkel

2

In einer karg eingerichteten Arztpraxis. Eine Liege aus weiß emailliertem Metall, mit einer fleckig weißen Decke bezogen. Ein großer, reich verzierter Schreibtisch. Für den

Raum zu groß. Zu reich verziert. Ein aufgeschlagenes Buch liegt darauf. In der Ecke steht ein Skelett mit einem fehlenden Arm.
Das Licht ist milchig weiß.
Der Rot liegt auf dem Rücken. Verkrampft streckt er den Bauch nach oben. Der Doktor versucht, den Arm des Skeletts zu befestigen. Mit dem Rücken zum Publikum.

DOKTOR Wissen Sie, Herr... *gedehnt, da er den Namen vergessen hat* Wissen Sie, was ich vermute?
Er dreht sich um, den Knochenarm noch in der Hand. Daß es gar nicht der Magen ist, glaube ich. Na? Was denken Sie, könnte es dann wohl sein? Es ist, da bin ich mir fast gewiß, Ihr Darm. Ihr Darm, Herr.
ROT Seit acht Tag hab ich Krämpf.
DOKTOR Ihr Darm, glauben Sie mir. Auch Ihre Peristaltik *er geht während des Redens ruckartig auf den Rot zu. Preßt ihm die Hände auf den Leib* ist gestört.
Gestört. *Setzt sich hinter seinen Schreibtisch. Dozierend* Täglich ergießen sich sieben bis acht Liter Verdauungssäfte in den Darm. Sie bewirken, daß am Ende der Verdauung das Verdauliche in eine Form übergeführt wird, in der es von den Zellen resorbiert werden kann. Die chemische Tätigkeit der Verdauungssäfte wird durch Bewegung der einzelnen Darmschlingen des Dünndarms unterstützt, welche den Darminhalt hin und her schiebt, so also den Speisebrei durchknetet und mit den Verdauungssäften innigst durchmischt.
Steht auf Von Zeit zu Zeit befördert dann ein kräftiges Zusammenziehn der Muskeln den Inhalt in die nächste Schlinge.
Rots Unterleib bearbeitend Eine kräftige Peristaltik ist

von nachhaltiger Bedeutung für das richtige Arbeiten der Verdauung. *Setzt sich wieder* Sie tritt in ausreichendem Maße nur auf, wenn der Darm reichlich mit festem, derbem Inhalt gefüllt ist, wie ihn etwa Pflanzenkost liefert. Ernährung? *Greift zum Schreibzeug.*

ROT Brot, Speck, Erdäpfel. Manchmal Hefezopf. *Eifrig* Hef hält den Magen rein.

DOKTOR Wenn's der Darm ist. Einseitige Ernährung kann die Zusammensetzung der Darmflora sehr ungünstig beeinflussen.

ROT Beim Speck eß ich die Schwarte mit. Das putzt den Darm.

DOKTOR Pflanzenkost. Ein fester, derber Inhalt, mein Lieber. Ihre Peristaltik. Das ist die Wurzel des ganzen Übels. Da muß sich doch was bewegen.

3

In der Schlafkammer der Hungerbühlers. Beide liegen im Bett.

HUNGERBÜHLERIN Jetzt sind's drei Wochen. *Pause*

HUNGERBÜHLERIN Wie schnell drei Wochen rumgehen. *kürzere Pause* Und doch wieder so langsam. *Pause* Erwin, schlafst schon? *Kürzere Pause. Die Hungerbühlerin, zuvor aufrecht im Bett sitzend, legt sich hin.*

HUNGERBÜHLER Was – drei Wochen?

HUNGERBÜHLERIN Die Anna.

HUNGERBÜHLER Die Polin.

HUNGERBÜHLERIN Schad. Eine schöne Frau war's schon.

HUNGERBÜHLER Schön blond. Man hätt grad meinen können, sie sei eine Deutsche. *Pause*

HUNGERBÜHLERIN Eine Deutsche? Als ob alle Deutsche blond wären. Bin ich vielleicht blond?

HUNGERBÜHLER Du, blond. *Er schaut* Du? Nein. Grau. *Pause*

HUNGERBÜHLERIN Ich hab's wohl gemerkt.

HUNGERBÜHLER *richtet sich auf* Was? Hast du schon wieder gemerkt?

HUNGERBÜHLERIN Wie du sie immer angeguckt hast.

HUNGERBÜHLER Ich? So eine Pollackin? Komm!

HUNGERBÜHLERIN Du hast sie angeguckt wie eine Frau. *Pause* Meinst, ich sei blind. Ich seh nichts?

HUNGERBÜHLER Jetzt schlaf. Morgen früh ist die Nacht vorbei.

HUNGERBÜHLERIN Du, ich hab sogar schon denkt...

HUNGERBÜHLER Was?

HUNGERBÜHLERIN Sogar schon denkt, 's Kind sei von dir.

HUNGERBÜHLER *dreht sich auf die Seite. Gähnt* Was für ein Kind?

HUNGERBÜHLERIN Erst hab ich's denkt. Fast. *Pause* Du. Ich glaub, den Rot hat's am meisten mitgenommen.

HUNGERBÜHLER Der Rot ist net ganz bei Trost, der!

HUNGERBÜHLERIN Sag, Erwin. Warst du's?

HUNGERBÜHLER *fährt hoch* Du bist genauso verrückt wie dieser Rot. Selber, selber hat sie sich ersäuft. Wie eine Katz. Wie eine Katz.

Dunkel

VI

I

Abend beim Weiher. Rot sitzt auf einem Baumstrunk und ißt Speck. Immer wieder schneidet er sich ein Stück von der Speckseite. Ißt es dann sehr langsam. Neben sich hat er einen Korb mit Sichel und Weidenruten. Bisweilen summt er das Lied.
Hungerbühler kommt hinzu. Rot ißt sehr ruhig Speck. Schaut Hungerbühler unverwandt an.

ROT Hörst du's? Das Geschrei.
HUNGERBÜHLER Ich hör nix.
ROT Die Enten schrein. *Hungerbühler beginnt, Steinchen ins Wasser zu schleudern.*
HUNGERBÜHLER So spät schaffst noch, Jockel.
ROT Ich schaff net.
HUNGERBÜHLER So. Ja. Stimmt. Schaffst eigentlich gar net. Machst Paus, hä. *Er lacht. Verstummt.*
ROT Hungerbühler.
HUNGERBÜHLER Ja.
ROT Sag. Siehst net, daß ich am Speckvespern bin.
HUNGERBÜHLER Ich seh's. Stimmt schon. Gut, der Speck?
ROT Ja. *Schneidet eine dicke Scheibe herunter* Da!
HUNGERBÜHLER Was? Ah so, für mich. Nein, dankschön. Ich hab grad gevespert. Unten. Auf'm Hof.
ROT Hungerbühler. Da.
HUNGERBÜHLER Du. Rot, ich sag doch, nein. Danke vielmals auch.
Rot steht auf. Geht zu seinem Korb. Holt die Sichel hervor. Geht damit auf Hungerbühler zu.

HUNGERBÜHLER Rot. Was machst. Was ist denn. Rot!

ROT Magst net von dem Speck, Erwin. Es ist ein guter Speck. *Er treibt Hungerbühler mehr und mehr in den Weiher. Bis er bis zu den Knien drinsteht.* Es ist ein guter Speck. Gut geräuchert. Mit Tannenreis und Wacholder. Probier!

HUNGERBÜHLER Dann gib halt um Gottes willen von dem Speck. *Nimmt den Speck. Ißt.*

ROT Iß ihn ganz. Erwin. Ganz. Bis auf die letzte Made.

HUNGERBÜHLER Ist schon gut. Rot. Danke. Rot.

ROT Kennst den Speck.

HUNGERBÜHLER *mit vollem Mund* Es ist halt Speck.

ROT Gell. Er schmeckt gut. Man könnt meinen, es sei dein guter Speck, Erwin. Weißt du was. Ich hab auch gegessen von dem Speck. Auch mir hat er erst gut geschmeckt. Und dann hab ich gemerkt. Er tut mir gar net gut. Dein Speck. Er bleibt zu lang im Magen. Weißt, wie lang ich den ersten Bissen schon im Magen hab?

HUNGERBÜHLER *mit vollem Mund* Nei.

ROT Seit fünfzehn Tag. Weißt, was vor fünfzehn Tag war?

HUNGERBÜHLER Nein.

ROT *brüllt* Was? Lauter!

HUNGERBÜHLER *brüllt* Nein.

ROT *nimmt die Sichel hoch* Du!

HUNGERBÜHLER Halt, hör doch auf. Jawoll. Jawoll. Jawoll.

ROT *ruhig* Und ... warum? Erwin ... warum?

HUNGERBÜHLER Willst Geld, Rot? Du kriegst alles, wenn ...

ROT *brüllt* Halt's Maul, du, sei still, oder ... Los, sag jetzt, warum! Ich will net platzen, wegen so einer Sau wie dir platzen.

HUNGERBÜHLER *fast wimmernd* Sie war doch auch net still, ich hab ihr doch 's gleiche g'sagt wie du mir jetzt: Sei still jetzt, hab ich g'sagt.

ROT *ruhig* ... und sie war net still.

HUNGERBÜHLER Wo sie doch's Kind kriegt hat. 's Kind. Und sie hat g'sagt, es sei von mir. So eine Polin mit ei'm Kind. Von mir. Und ich weiß ja noch gar net, was jetzt passiert. Glaubst du, ich hab kein Gewissen? Glaubst du, ich mach mir keine Vorwürf? Erpressen hat sie mich wollen. Erpressen.

Ich sag: Laß dir's wegmachen. Ich geb dir 's Geld. Fuffzig Mark und eine Seite Speck. Ich hab schon alles ausgehandelt g'habt. Die Hebamm, die Scherhauserin, hätt's gemacht. Wieviel Kinder die schon weggemacht hat.

Und die Anna. Sie sagt: Nein, ich will's, das Kind. Wie sie sich das vorstellt. Sie: ganz einfach. Warum sie's Kind will? Weil's dann wär, als ob sie daheim wär, in Polen. Da hatte sie auch ein Kind. Da hatte das Kind einen ehrlichen Vater. Ob sie net an mich denkt. An die Leut. Was die Leut sagen. Ich und eine Pollackin. Und ob sie an meine Frau denkt. Ich und ein Unehlichs, ein Bastard. Ob sie nicht an die Schand denkt. Für mich. Ich hab sie doch wirklich gern gehabt. Wirklich gern.

Herrgott, wenn meine Frau davon erfährt. Jockel, was soll ich machen? Was hätt ich denn machen sollen? Sie sagt, ihr Kind sei keine Schand. Doch wär's eine Schand, weil's net ehelich war, weil kein Segen drüber wär. Da haut sie auf mich ein und plärrt und heult. Und es war doch im Zorn.

ROT Was war im Zorn?

HUNGERBÜHLER Ich leg meine Hand um ihren Hals. Daß

sie still ist. Und sie haut mich. Und wir fallen in den Weiher. In den Scheißweiher. Da war sie auf einmal still. So still. Hat nimmer geschnauft.
Was hätt ich denn machen sollen. Was? Jockel. Was? *Pause* Sag, Jockel. Willst Geld? Ich geb dir alles, was du willst. Alles.

Dunkel

2

Auf dem Hof. Die Hungerbühlerin in der Küche. Sie schält Kartoffeln.

HUNGERBÜHLERIN Gegrüßet seist du, Maria, voll der Gnaden, du bist gebenedeit unter den Weibern *wirft eine Kartoffel in den Topf* und gebenedeit ist die Frucht deines Leibes, Jesus.
Heilige Maria, Mutter Gottes, bitte für uns Sünder, jetzt und in der Stunde *Kartoffel* unseres Todes. Amen. Gegrüßet seist du, Maria, voll der Gnaden...
Klopfen an der Tür Wer ist da? Wer ist da?
KOMMISSAR Ich bin's. Der Kommissar.
HUNGERBÜHLERIN Herr Kommissär. Augenblick. Ich mach auf. *Sie öffnet ihm* Grüß Gott.
KOMMISSAR *lacht* Wenn ich ihn treffe, gern.
HUNGERBÜHLERIN Herr Kommissär!
KOMMISSAR Entschuldigung. Sollte ein Scherz sein.
Nenn's Glück, Herz, Liebe, Gott.
Ich habe keinen Namen
Dafür! Gefühl ist alles,
Name Schall und Rauch.

HUNGERBÜHLERIN Was Sie net alles schwatzen! *Sie schält weiter.*

KOMMISSAR Sie müssen sagen: So ungefähr sagt es der Pfarrer auch.

HUNGERBÜHLERIN So was hab ich unsern Pfarrer noch nie sagen hören.

KOMMISSAR Darf ich Ihnen einmal Ihr Haar hochstekken. *Versucht, ihr eine Gretchenfrisur zu machen* Flechten müßte man können. Sie haben schönes Haar, Antonia.

HUNGERBÜHLERIN Halt grau.

KOMMISSAR Das ist sehr schön.

Er hält ihr Haar.

HUNGERBÜHLERIN Au.

KOMMISSAR Hast du's dir überlegt. Du!

HUNGERBÜHLERIN Aua. Sie machen mir weh.

KOMMISSAR Ich kann auch sehr, sehr zärtlich sein, Antonia. Komm. Du weißt, worum es geht.

HUNGERBÜHLERIN *leise* Wisse, noch liegt Blutschuld …

KOMMISSAR … auf der Stadt von seiner Hand.

Dunkel

Anmerkung: Simultan zu spielen wie Szene 1.

VII

1

Bauer, Frau, Gesinde und Kostgänger beim Essen. Die Hungerbühlerin und ihr Mann auf Stühlen. Die andern auf Bänken. Auf dem Tisch Kartoffeln, Suppe, Milch. Eine Flasche Wein, ein Krug Most. Most fürs Gesinde. In einer Ecke über dem Tisch der ›Herrgottswinkel‹: Kruzifix, Marienbild, Palmzweig, Weihwasserbehälter. Sie beten ein ›Gegrüßet seist du, Maria‹. Der Bauer spricht vor. Anschließend noch:

HUNGERBÜHLERIN *betet* Aller Augen warten auf dich, o Herr.

DIE ANDERN Du gibst ihnen Speise zur rechten Zeit, du öffnest deine Hand und erfüllst alles, was da lebt, mit Segen.

HUNGERBÜHLER Lasset uns beten.
Herr, segne uns und deine Gaben, die wir von deiner Güte empfangen werden; durch Jesum Christum, unseren Herrn.

ALLE Amen. *Sie essen, nachdem der Bauer prüfend in die Runde geschaut hat und sagt:*

HUNGERBÜHLER Gesegnete Mahlzeit!
Draußen schlägt der Hund an. Der Hirtenbub steht auf den Wink des Bauern hin auf und geht zum Fenster. Ein Auto kommt. Hält an. Türschlagen. Hundebellen. Klopfen.

HUNGERBÜHLER Wer ist es?

BUB Der Kriminal.

HUNGERBÜHLERIN Der Kommissär. Dann mach auf!

KOMMISSAR Heil Hitler und gesegnete Mahlzeit wünsche ich.

ALLE Heil Hitler.

Der Kommissar schaut sich ruhig um, während alle bewegungslos dasitzen. Er geht zum Herrgottswinkel. Steckt an das Marienbild eine kleine Hitler-Fotografie.

KOMMISSAR Mir ist gleich aufgefallen, daß in diesem Haushalt etwas fehlt. Glauben Sie, die Maria verträgt sich mit dem Führer? *Er lacht* Ganz sicher. Auf Frauen macht er ja einen geradezu phänomenalen Eindruck, der Führer. Na, wie sein Auge blitzt! Obwohl es eine ganz billige Fotografie ist.

HUNGERBÜHLER Macht sich gut, in dem Eck, gut! Hat schon lang gefehlt, Antonia.

HUNGERBÜHLERIN Schon lang. Aber wär's net besser an der Wand. Man würd ihn dann *steht auf, demonstriert ihren Einfall* gleich sehen, wenn man zu der Tür hereinkommt!

HUNGERBÜHLER Dürfen wir Ihnen etwas zum Essen anbieten, Herr Kommissar? Setzen Sie sich, bitte, an meinen Platz. *Er macht ihm Platz, setzt sich auf die Bank.*

KOMMISSAR Bei so viel Gastfreundschaft kann ich wohl nicht umhin. Man dankt! *Setzt sich.*

HUNGERBÜHLERIN Ein Teller Supp. Einfache, gebrannte Mehlsupp?

KOMMISSAR *ißt* Gut, Ihre Suppe, einfach, aber köstlich. Gerade richtig gebrannt, das Mehl; braun, aber nicht schwarz.

HUNGERBÜHLERIN Das ist das ganze Geheimnis von einer guten Mehlsupp.

Pause

ROT Sie kommen wegen der Anna?

KOMMISSAR *erstaunt* Sieh da, sieh da! Ist das Schweigen gebrochen. Er kann ja reden. Ganz richtig, wegen des Unglücksfalles komme ich.

HUNGERBÜHLER Noch ein Stück Brot, Herr Kommissar?

KOMMISSAR *nimmt das Brot* Man dankt, man dankt. *Ißt* Ich komme soeben, Sie entschuldigen, wenn ich beim Essen davon spreche, vom gerichtsmedizinischen Institut.

ROT *steht auf; er wird verwundert angesehen.*

KOMMISSAR Der Befund ist eindeutig. Ein Unglück, keine äußere Gewalteinwirkung; vielleicht gestolpert in der Dunkelheit, Nebel am Wasser, man kennt das ja. Und außerdem trinken diese Ostarbeiterinnen recht oft. Weiß der Himmel, wie es passiert ist. Leider, leider ist es nun einmal geschehen. Tragisch. Unglück eben, Pech. Könnte ich noch etwas Salz in die Suppe? *Ißt. Dann leutselig zum Buben* Und wir, kleiner Mann, wir wollen einmal so werden wie der Vater? Ein braver Bauersmann, der die Scholle ehrt, hegt und pflegt?

BUB Ich bin net der Sohn.

KOMMISSAR Nicht der Sohn. Was bist du dann in diesem Haus?

BUB Hirtenbub.

HUNGERBÜHLER Der Vater ist im Feld, Rußland. Die Mutter ist vor drei, vier Jahren gestorben, Tebe.

KOMMISSAR So jung noch und schon ein rechter Arbeitsmann. Früh krümmt sich . . ., was! Schafft schon wie der Bauer, was! Das stählt deinen Charakter, flink und zäh, was, Leder und Windhunde.

BUB Hart wie Kruppstahl!

KOMMISSAR HJ-Ortsgruppe hier?

BUB Jungvolk. Noch.

KOMMISSAR Gefällt mir, er gefällt mir. Was willst du denn einmal werden, Junge?

BUB Ich will einmal ein Knecht werden.

KOMMISSAR So, ein Knecht. Nicht Pilot, Lokomotivführer wenigstens? Na? Bomberpilot: Mit segenduftenden Schwingen/Vom Himmel durch die Erde dringen.

BUB Nein, Knecht.

KOMMISSAR Na, du hast ja recht. Es muß wohl auch Knechte geben auf dieser Welt.

HUNGERBÜHLER Bei uns gibt's für ihn Arbeit, aber auch Brot. Und er ist gern bei uns, der Bub, gell. Als ob's der eigene wär.

BUB Ja.

KOMMISSAR Nun werde ich mich wieder aufmachen. Meine Ermittlungen sind abgeschlossen. Ich danke für Speis und Trank. Ganz besonders verabschiede ich mich von Ihnen, Hungerbühler. Hochachtung, ich weiß, was für einen Mann ich vor mir habe.

HUNGERBÜHLER Danke, Herr Kommissar.

KOMMISSAR Sind Sie eigentlich UK gestellt?

HUNGERBÜHLER Jawohl, Herr Kommissar.

KOMMISSAR Schön für Sie, Hungerbühler, sehr schön. Denn bald wird es richtig hart auf hart gehen. Sie wissen, was man munkelt. Die Yankies, die Ami! Kein Spaziergang mehr, wie in Polen. Aber unverdrossen weiter. Des Lebens Fackel wollten wir entzünden/Ein Feuermeer umschlingt uns, welch ein Feuer.

Dunkel

2

Rots Kammer in völliger Dunkelheit. Seine Stimme:

ROT *murmelt, zum Teil unverständlich* ... voll der Gnaden. Gebenedeit. Leib. Du. Was brauch ich deine Gaben, Herr. Werd die nimmer los. Die Gabe deiner Schöpfung. Du guter Hirte, führe mich. Entzünde in mir das Feuer deiner Liebe. Erschaff ein reines Herz in mir. Gott. Entzünde mein armes Herz ...
Er zündet eine Petroleumlampe neben dem Bett an. Das rote Kissen liegt noch auf dem Schemel.
Er steht auf. Holt eine Flasche Bier.
Du. *Öffnet den Schnappverschluß* Mein Lebtag will ich net. Besser net. Schlechter net. Einfach so. *Trinkt* Manchmal hab ich Angst. Wenn ich glaub, der Kopf, du, erst der Ranzen, dann der Kopf, platzt. Dann wird alles bloß Dreck. Klumpen Dreck im Darm. Der Leib. Wie der Ballon. Wie du, wenn ich dich seh. Und sie wissen alle alles wenn ich geh, dann ich verlier's, alles. Ich hab alles schon gemacht. Ich verlier's alles. Bloß Angst bleibt's. Und dann die Krämpf. Du und deine *er beginnt sich zu streicheln* schöne Haar *wird erregter* wie weich Gras. Moos. Und warm alles. Und *lacht* heiß. *trinkt* So heiß. Und Meer. Schaum überm Wasser. Salz. Überall.

3

Im Wald. Auf dem Boden ausgegrabene, ausgesprengte Baumstrünke. Wurzelballen. Stockholz. Nässe glänzt. Axthiebe, Sägegeräusche.

Zwei Holzknechte und Hungerbühler. Einer von ihnen hinkt und trägt einen Verband am Fuß. Regen. Hungerbühler verteilt Stumpen. Gibt Feuer. Sie stehen beim Karren, der schon mit einigen Baumstrünken beladen ist.

EINER *rauchend* Daß es net zum Brennen kommt. Im Wald.

Alle drei lachen. Einer hebt scherzhaft einen Ast auf. Hält ihn an den Stumpen. Der geht aus. Lachen

EINER Zundertrocken im Wald. Dies Jahr. Wird net viel Stockfäule geben. Aber Waldbränd.

Lachen. Hungerbühler gibt einen Wink. Sie arbeiten weiter. Packen die Strünke, je nach Größe, zu zweit oder zu dritt. Werfen sie auf den Wagen. Ab und zu ist von irgendwoher eine dumpfe Explosion zu hören.

ANDERER Als ob's die Front wär.

EINER 's ist die Front. Die Bäum' zieh'n sich z'ruck.

Lachen

HUNGERBÜHLER Kein Wunder. Wir haben ja auch die Wunderwaffe. *Zeigt eine Stange Dynamit. Steckt sie in den Mund wie eine Zigarre.*

EINER Paß du auf. Wir wollen dich net von den Bäumen abschaben müssen.

HUNGERBÜHLER Habt ihr schon gehört? Vom Rot. Er hat Verstopfung

ANDERER Soll er halt mehr vögeln und weniger fressen.

HUNGERBÜHLER Welche will denn schon mit dem. Wo's bei dem so stinkt in der Kammer. Glaubt ihr, das tät vielleicht helfen: so ein Stängle Dynamit? *Hält sich die Stange an den Hintern.*

EINER Das hilft dem trägsten Darm auf d'Sprüng!

Lachen. Wieder eine Explosion. Sie laden weiter auf.

Einer sieht den Anderen an. Beim Hochheben eines großen Strunks lassen die beiden plötzlich los, so daß er dem Holzknecht ohne Verband auf den Fuß fällt.

ANDERER Herrgott, mich verreißt's.

EINER Laß sehen, ob's brochen ist?

ANDERER *zieht den Schuh aus* Au, 's ist brochen.

HUNGERBÜHLER Ganz dick und blau, ihr Knallköpf. Was laßt ihr auch plötzlich los, Mensch!

EINER Der Schreck. Wegen der Explosion. Genauso ist es mir auch gegangen. *Zeigt auf seinen Verband.*

ANDERER Du hast es gesehen, Hungerbühler. Der Schreck. Um ein Haar wär's dir auf den Fuß geflogen.

EINER Wer tät dann noch dein Hof bewirtschaften. Wo du doch ein wichtiger Betrieb bist. UK, Hungerbühler, UK bist du sogar.

ANDERER Stell dir vor, da hätt mich, wenn ich schon an der Front wär, auch ein Granatsplitter treffen können. Zack. Fuß ab! Zum Krüppel geworden, eins, zwei, drei.

HUNGERBÜHLER *versteht jetzt* Ah so, so lauft der Has: Drückebergerei, Defaitismus! So heißt das? Wehrkraftzersetzung; ihr wißt, was euch da blühen kann.

EINER Zeigst uns an, Erwin, hä!

ANDERER Der Erwin ist net dumm, er weiß, was er macht. Schweigen ist Gold. Gold so goldig wie's Haar von manchen Pollackinnen. Hä, Erwin, schönes Haar?

4

In Rots Kammer. Er flicht mühsam an seinem Korb. Zieht sein Messer. Schneidet ein Stück Weide ab. Steckt es in den Mund. Kaut ein wenig daran. Spuckt es aber bald wieder aus.

ROT Bitter wie der Tod. *Steht auf* Wenn ich was im Maul hab, dann denk ich gleich wieder ans Scheißen. Bei jedem Biß. *Legt das Kissen wieder auf den Schemel* Bei jedem Mal, wenn's dann gegangen ist, dann wird mir erst leichter. Wie heut nacht. Auf einmal, da hab ich gekonnt auf einmal. Wo ich auch gar keinen Tee getrunken hab. Nix hab ich getrunken. Geschlafen, geträumt; vielleicht vom Meer oder Wind, dann bin ich aufgestanden wie von selbst. Du! Wie von selbst. In Hof. Naus halt. Ich hab sie gar net gespürt die Kält. Die von unten her. Dann hab ich mich entleert. Beinhart war's und net viel, aber doch und auch ein bißchen Blut. Und ich bin dann ganz leicht gewesen. Im Kopf. Auch im Ranzen. Überall. Und ich bin dann gleich wieder nauf. Gestiegen und hab gegessen. Wie schon lang nimmer. Gegessen. Brot. Speck. Erdäpfel. Da.

Er holt aus der Truhe einen Teller mit Essensresten. Beißt in eine rohe Kartoffel. Spuckt wieder aus.

Und Hefezopf. Den hab ich ganz gegessen, weil Hef hält den Magen rein. Ich hab gegessen und gegessen. Bis es dann schon Morgen geworden ist. Und Speck. Viel. Da hab ich Bier getrunken dazu. Und dann hab ich noch *leise, verstohlen* Schoklad gehabt. Vier Ripple Schoklad. Dann hab ich geschlafen. Dann bin ich wieder aufgewacht. 's war schon Mittag. Ich hätt noch länger geschlafen. Dann aber wieder die Krämpf.

Und du hast mir nie nie helfen können. Nie. Mit deine blonden Haar. Und deiner schönen Brust. Weil du warst viel zu schön. Du. Und ich brauch dich bald nimmer. Bald.

Anmerkung: 3 und 4 Simultan-Szenen

VIII

1

In einer Wirtschaft. Drei Tische. Einige Männer, darunter die beiden Holzknechte. Ein Wirt. Eine Bedienung. Der Hungerbühler. Man trinkt Bier und Wein. Raucht. Spielt Karten. Rot kommt herein. Setzt sich an einen Tisch.

ROT Bier und Speck. Und Käs.

BEDIENUNG Edamer? Tennebronner? Holländer?

ROT Backstein.

EINER Puh, Backstein! Daß es hier drin net so stinkt wie in deiner Kammer, Jockel.

BEDIENUNG Seit wann ißt denn du Käs?

ROT Was weißt denn du, wie's stinkt in meiner Kammer.

EINER Man hört's halt so.

ANDERER Dann hast du den Gestank gehört?

EINER Natürlich. Sogar gegen den Wind.

BEDIENUNG Backstein habe wir nimmer.

ROT Dann Holländer. Und Speck.

Die Bedienung geht, das Bestellte zu holen. Alle Männer schauen ihr geil nach.

EINER Hast eine gute Wahl getroffen, Jockel. Der Speck ist gut im Schützen. *Alle lachen* Da würd ich mir auch gern ein Stück abschneiden. Von dem Speck. *Lachen. Sie werden still, als die Bedienung das Gewünschte bringt.*

HUNGERBÜHLER Könntst mir auch ein Stück bringen. Von deim Speck. *Kneift sie.*

BEDIENUNG Würdst du dich lieber um den Speck kümmern, wo in deiner eigenen Rauchkammer hängt.

Aber vielleicht magst den nimmer. Weil er so ein G'schmäckle hat.

Lachen

HUNGERBÜHLER *steht auf* Wie meinst das?

EINER Sie meint's, wie sie's sagt.

HUNGERBÜHLER Du willst doch was ganz Bestimmtes sagen! Das hat doch einen Sinn, wenn du das sagst!

EINER Komm, Hungerbühler. Es weiß hier drin jeder, daß du was gehabt hast, mit der Anna.

ANDERER Einmal nicht aufgepaßt wie ein Luchs. Und. Zack, eins zwei drei: Ist der Kittel geflickt.

HUNGERBÜHLER *wirft Geld auf den Tisch* Ich hab's da mit lauter Heiligen zu tun. Heilige, ihr versteht's immer, ihr saubere Heilige. Man liegt im Dreck bis über beide Ohren. Aber immer noch ein Heiligenschein über'm Dreck. Wie soll man mit euch leben? Wie kann man mit euch leben?

Er geht. Lachen schallt ihm nach.

ANDERER Und du, Rot, hast du schon mal genascht von dem süßen Speck.

ROT *essend* Da hab ich schon süßeren Speck genascht. *Trinkt* Der Speck, den du meinst, der ist doch schon ein wenig arg angenagt von den Ratten und Maden.

ANDERER Dann erzähl's doch! Wie lang ist denn das schon her mit deinem süßen Speck. Hundert Jahr? *Lachen.*

ROT *ißt ruhig zu Ende. Steht dann auf* Es waren wohl so zehn, fuffzehn Jahr, als ich in Italien gewesen war. Ich war da so um zwanzig, fünfundzwanzig, junger Kerle und immer unterwegs. Es war am Meer, da hab ich sie getroffen. Schön war se und rote Haar und schwarze Haar

EINER So. Die hat zweierlei Haar gehabt? *Lachen.*

ROT *trinkt* Ja. Zweierlei. Ganz schwarze. Oben. Am Kopf. Ein schöns Gesicht. Augen!

EINER Wie war's mit dem Haar? Oben schwarze, am Kopf. Und?

ROT Ein schöns Gesicht. Auch schwarze Augen.

EINER Und rote Augen hat sie keine gehabt? Ein rots, ein schwarzes? *Lachen*

ROT Schwarze Augen. Und eine schöne Brust.

EINER Eine? *Lachen*

ROT Schöne Brüst. Und wie se gelacht hat. Gelaufen ist. Es war Nacht am Meer, wie ich sie gehabt hab.

Er setzt sich wieder. Trinkt. Ißt weiter wie vorher. Er schlingt den Speck, den Käse in sich hinein. Im Lokal herrscht noch eine Weile völlige Ruhe.

EINER Komm, Jockel. Ich zahl dir noch ein Bier *wirft Geld auf den Tisch und geht.*

Nach und nach stehen alle Männer auf und gehen. Rot bleibt sitzen. Schlingt Essen in sich hinein. Säuft.

Dunkel

2

Hungerbühler packt einen Koffer. Pfeift dabei eine Melodie: Lilli Marleen.

3

In der Arztpraxis. Der Rot liegt auf dem Schragen. Der Arm des Skeletts ist noch immer nicht befestigt. Der Doktor hält ihn in der Hand und bewegt mit wissenschaftlicher Neugier die Finger.

DOKTOR Ja, wenn das Rizinusöl nicht mehr hilft. Der Magen ist ja schon beinhart. Wie lange haben wir denn schon keinen Stuhlgang mehr gehabt? *Steht auf. Tastet an Rots Unterleib* Zwei Wochen? Drei? Ein Phänomen. Eine Viechsnatur. Wie gebläht dieser Leib ist. Noch nie habe ich so etwas erlebt in meiner humanmedizinischen Praxis. In Triberg, als Veterinär des öfteren, wenn das Vieh auf die Kleefelder geraten ist. Da muß ich dann ein Instrument, ähnlich einer Stricknadel, gebrauchen, die Bauchdecke durchstoßen, mit einer kräftigen Bewegung, entschlossen und energisch, sonst geht nichts durch. Dann die Gase, Treibgase organischer Natur, deshalb brennbar, austreten lassen. Ein feiner Geruch, im Stall. Da hat doch ein Kollege bei dieser Arbeit, wie es seine Gewohnheit ist, einen Stumpen geraucht. Sein Gehör ist noch heute geschädigt. Von der Explosion. Die Kuh hat überlebt, und er hat das Rauchen aufgegeben. *Er bereitet das Klistier vor.*
In Ihrem Fall, muß ich sagen, bleibt uns ein kleiner Eingriff anderer Art nicht erspart. Ein Klistier. Eine schmerzlose Sache. Ein wenig unangenehm vielleicht. Hier hinein *er rührt in einem Gefäß* gebe ich auch ein wenig Kaffee. Das wirkt Wunder.
Füllt die Spritze. Schließt den Schlauch an. Wenn Sie nun, bitte, Ihre Hosen, und auf den Bauch, bitte.
Breitet schmuddelige Tücher aus.
Und nun entspannen.
Verabreicht ihm das Klistier.
Und wenn auch das nicht fruchtet, dann habe ich Verdacht auf Darmverschluß.

IX

1

Die Hungerbühlerin und Rots Leichnam. Sie wäscht ihn liebevoll.

HUNGERBÜHLERIN Die Erdäpfel sind wäßrig dies Jahr, da verpaßt du nix. Aber der Mensch ist froh, wenn er was hat. Überhaupt so ein Erdäpfel, das nährt, auch wenn er wäßrig ist. Aber daß du wenigstens sauber bist, wenn sie dich holen. Das nährt, so ein Erdäpfel. Auch wenn kein Fleisch dabei ist. Fleisch haben wir nie viel gehabt. Am Sonntag, am Feiertag. Das war ein Fest. Immer. So ein Schweinsbraten. Aber jetzt. In der Zeit. Wenn dir der Mann stirbt, ist es schwer. Alles. Sowieso, wie deine Polin, die Anna gestorben ist. Das war eine Aufregung. Nicht bloß auf dem Hof. Dir hat's was verrissen. Inwendig ist dir was geplatzt. Du hast sie so gern gehabt. Auch wenn sie nix wissen wollt von dir. Jedenfalls in deine Kammer wär sie nie gekommen. So einer. Wie alt bist du denn? Immer krank und schon alt vor lauter Krankheit. Magenkrank. Du bist schon ein eigener Mensch. Die Welt gesehen. Bis Italien und noch woanders hin. Erst die Anna, dann der Erwin an die Front. Wo er doch UK war. Sich freiwillig melden, das war schon keine Dummheit. Das war schon Absicht. Dann hat der Herr auf dem Hof gleich gefehlt, gell. Das war eine grausige Zeit. Erst der Polenweiher, dann der Mann, der eigene. Und der Gestank in deiner Kammer. Und die Sach mit den Flaschen. Dreihundertvierundachtzig Flaschen. Ich hab sie zählt, weil ich sie ja ausleeren mußt. Ich hab grad brechen müssen. Du hättest doch wenigstens aus dem

Fenster seichen können. Oder war das dein Erbe. Du wolltest uns ein Erbe lassen. Das war die Erbmasse. So, jetzt kannst du gehen, jetzt können sie dich holen. Dein ganzes Sach hab ich schon verbrannt, dann ist der Gestank weg und dein Sach, vielleicht steigt's auf zu dir als Rauch.

Rot ab. Vielleicht wird er geholt, vielleicht kann er selber gehen, weil er weg will.

2

Die Hungerbühlerin geht zu der Stelle, wo das Hitlerbild hing. Jetzt eine Fotografie von Hungerbühler. In Uniform. Sie befestigt einen Trauerflor. Sie schaltet ein Radiogerät ein: Tiger Rag.

HUNGERBÜHLERIN Dann haben sie mir eine neue Polin geschickt, die Nazi, ganz am End. Als Hilfe. Dann war's schon vorbei. Ein Kommen und ein Gehen. Ach ja, mein Erwin, er hat nimmer gern gelebt, sagen die Leut. Sie haben ihn ja fast hineingetrieben, mit ihrem Geschwätz und Tratsch. In den Tod. Kaum an der Front, schon gefallen. Ich weiß ja nicht. Mit dem Hof. Und noch mal heiraten. Ich weiß nicht, ob ich nicht doch zu alt bin. Ich glaub, ich wär zu alt. Obwohl. Der Willi. Solang der Wilhelm da ist, geht's. Mit dem Schaffen ist es ja nicht so toll bei ihm. Aber schwätzen kann er. Und wie schön!

Der Kommissar in den Kleidern Hungerbühlers kommt herein. Er trägt einen Korb mit Kartoffeln.

KOMMISSAR Da sind deine Kartoffeln, Liebes.

HUNGERBÜHLERIN *lächelt* Dankeschön, Willi. Jetzt sei so gut und hol noch ein bißle Holz.

KOMMISSAR Das Holz ist aufgebraucht, Schatz.

HUNGERBÜHLERIN Dann müßt man fast neues hacken. Willi.

KOMMISSAR Gerne, Liebling. *Geht ab. Dreht sich noch einmal um* Meine Ruh ist hin, mein Herz ist schwer. Ich find sie nimmer. Und nimmermehr.

3

Beim Arzt. Alles unverändert, bis auf das Gerippe. Er stellt eben ein intaktes auf. Betrachtet es wohlgefällig.

DOKTOR Darf ich sie herzlich begrüßen in meiner Praxis. *schüttelt die Knochenhand* Nächste Woche ein neuer Schragen. Bald ein neuer Schreibtisch. Hier wird es glänzen und blinken, Sie werden sich wohl fühlen, Herr Rot. Nachdem das Klistier bei Ihnen nicht gefruchtet hat, war mein Verdacht auf Darmverschluß erhärtet, ebenso wie ihr Leib zumindest. Aber es war zu spät. Exitus. Schon am nächsten Tag.

Und unsere kleine Abmachung, Herr Rot, Behandlung gegen ein paar Knochen, hatte ich eigentlich nur aus reiner Menschenfreundlichkeit getroffen. Nun aber bin ich, das sage ich offen, recht zufrieden. Denn das schmückt, schmückt ungemein, so ein Skelett. Und ist interessant für die Patienten, die Sie, Herr Rot, ja alle persönlich gekannt haben.

Auch von der psychologischen Seite her betrachtet, war Ihr Fall sehr interessant. Noch nie las ich dergleichen, und im Moment arbeite ich an einem Artikel für die

Deutsche Ärzterundschau: Notdurft oder Verdrängung. Zur Fäkalerotik des Joachim Rot. Die Verbindung von sexueller und leiblicher Krise ist wohl die Erklärung für Ihren merkwürdigen Hang, Ihren Harn in dreihundertvierundachtzig Bierflaschen aufzubewahren. Ohne Zweifel, Herr Rot, Sie waren, sind ein Phänomen. Hochachtung, Herr Rot. *Verbeugt sich.*

Nachspiel

Hungerbühlerin. Auf einem Stuhl sitzend. Handtasche. Gerichtet für die Stadt.
Amtszimmer. An der Tür ein viersprachiges Schild, englisch, französisch, russisch, deutsch: Nur nach Aufforderung eintreten. Die Hungerbühlerin springt auf, als ein amerikanischer schwarzer Offizier vorbeikommt. Der zündet sich eben eine Zigarette an. Lächelt. Bietet der Hungerbühlerin eine an. Gibt ihr Feuer.

OFFIZIER Chesterfield, Ma! Good stuff from over there.
HUNGERBÜHLERIN Sänk juh, Sör. *raucht kurz* Gut, gut!
Als der Offizier weg ist, macht sie die Zigarette aus und steckt sie ein.
Pause
Die Tür öffnet sich. Stimmen-, Sprachengewirr.
KOMMISSAR *halb verdeckt durch die Tür* Thank you very much. Merci. Thank you.
STIMME Good bye, Kommissar.
Die Hungerbühlerin springt auf. Der Kommissar macht das V(-ictory)-Zeichen. Hält ein Dokument hoch.

Die Hungerbühlerin will ihn umarmen.

KOMMISSAR Komm, laß doch, Toni!

HUNGERBÜHLERIN *gibt ihm die Zigarette* Eine Chesterfield! *Er steckt sie an.*

KOMMISSAR Persil.

HUNGERBÜHLERIN Persil?

KOMMISSAR Wäscht so weiß, weißer geht's nicht. Deshalb sagen sie ›Persil‹.

HUNGERBÜHLERIN Dir passiert nix?

KOMMISSAR Ich war nur eine kleine Nummer. Viele Akten sind verbrannt. Und ich bin wieder bereit, diesem Staat, diesem neuen Staat, als Beamter zu dienen. Ich arbeit mich wieder hoch. CIC-unterstützt. Die brauchen wieder Fachleute. O ja, bis an die Sterne weit, die Zeiten der Vergangenheit, ein Buch mit sieben Siegeln, Toni. *Sie will ihn wieder umarmen. Er stößt sie sanft weg.* Entschuldige, du riechst nach Stall. Die Landwirtschaft war nie mein Metier, Frau Hungerbühlerin. Hier, rauch die noch auf. Chesterfield.

Dunkel

Kaiserwalzer

Joseph und Agatha tanzen einen Walzer quer durch die Geschichte einer Republik. Ein grausamer Tanz ist es.

Die Tänzer drehen sich scheinbar wie von selbst; scheinbar, denn ihr Walzer tanzt sie. Die Geschichte eines Ehepaares, gebeutelt durch die Geschichte.

Nichts Besonderes. Tausend anderen ging's genauso. Man muß das Bild ›Der Tanz im Bougival‹ ansehen, man muß sich erinnern an die alten Filme mit Willy Birgel und Magda Schneider, von Grethe Weiser ganz zu schweigen.

Ein Stück, über alle Maßen grausam.

Eben aus dem Leben gegriffen.

Personen

JOSEPH SCHIRMECKER AGATHA SCHÜTTRUMPF	Ein junges Paar
JOSEPH SCHIRMECKER AGATHA SCHIRMECKER	Ein älteres Paar
EIN HANS-MOSER-TYP	
EIN WILLY-BIRGEL-TYP	

ZEIT: 1933 bis 19 heute

1. Bild Wie gemalt oder Der Tanz in Bougival

Ein impressionistisches Frühlingsbild; lichtdurchdrungene Allee, tanzende Paare, vermutlich Paris, ein Tanzcafé. Dabei entsteht wie von selbst eine Musik. Fetzenhaft. Andeutungsweise ein Strauß-Walzer. Die Musik ist als Walzer erkennbar, darf aber nur als ergänzendes Zitat zum Bild verstanden werden. Dann kommen dazu: Stimmen. Lachen. Stimmengeschwirr. Frühling. Lachende Mädchen. Stelle dir vor: Eine Gruppe von hübschen Mädchen, Freundinnen, im Tanzcafé. Ein junger Mann nähert sich. Lächelt. Verbeugt sich.
Eine sagt:
Oho, wie galant.
Alle lachen, vielmehr: sie kichern.
Der junge Galan, mit Kreissäge und Stöckchen, weißen Chevrot-Schühchen, lang erspart durch ausgelassene Café-Cognacs
Das liegt so in meiner Natur.
Lachen. Vielmehr wieder: Kichern.
Aber eigentlich wollte ich Sie, verehrtes Frollein, zum Tanz bitten. Es ist unser Tanz.
Leiseres Kichern. Eine, sehr hübsch, aber still, sagt leise:
Unser Tanz, der Kaiserwalzer.
Er
Ich habe ihn für Sie gewünscht, Frollein.
Die anderen kichern eine Spur zu neidisch.
Das tanzende Paar auf dem Bild ist deckungsgleich mit zwei Körpern auf der Bühne. Fast.

Jetzt verschwindet das Bild, ein paar Takte Walzer sind noch zu hören.
Auf der Bühne: Agatha und ihr Mann, Joseph.
Agatha wirkt größer als der zusammengefallene Joseph. Früher war es umgekehrt. Agatha hat ihren Arm um Josephs Hüfte geschlungen und hält seinen rechten Arm über ihre Schulter. Sie trägt einen ocker-gelblich-braunen Hut mit nach vorne ausuferndem Rand. Wie ihn ältere Damen gerne tragen. Dazu ein blaues Kleid. Das Kleid hat einige Blutspritzer aufzuweisen, die schön auf dem Blau sitzen. Wie gemalt. Joseph trägt einen rasanten Morgenmantel. Eher eine Art Negligé . Es gehört Agatha. Um seinen Kopf hat Joseph ein weißes Geschirrtuch, das über und über blutig ist.
Joseph hustet erbärmlich.
Agatha, deren Hilfestellung Joseph gegenüber zunächst sehr liebevoll aussieht, läßt ihn jetzt – gröber ginge es nicht – in seinen Rollstuhl fallen. Um die Speichen des Rollstuhles hat sie verschiedene grelle Krawatten gewickelt, so daß man ihn nicht fortbewegen kann.
Auch Josephs beziehungsweise Agathas Negligé ist von einigen Blutstropfen so besprenkelt, daß es aussieht wie ein eingestickter, raffiniert plazierter Saum.
Joseph zittert. Vor einigen Monaten hatte er einen Schlaganfall. Das Licht wird sehr hart.
Um Josephs Rollstuhl, der keiner mehr ist, liegen verschiedene Gegenstände verstreut: kleine Küchenmesser wie zum Salatputzen, ein Nudelholz, ein großes Brotmesser mit gezackter Klinge und rotem Plastikgriff.
Joseph wimmert leise und hebt seine zitternde Hand.

AGATHA Gleich. Erst aufräumen. Mein kleiner Schnulli. Tschutschutschu. *Sie redet mit Joseph wie mit einem kleinen Kind.*

Agatha räumt nun sehr sorgfältig die Gegenstände zusammen, füllt sie in eine gelbe Plastikschüssel und trägt sie hinaus. In der Tür dreht sie sich noch einmal um und sagt:

AGATHA Adieu, mein Joseph.

Außerdem wirft sie Joseph eine Kußhand zu. Dann geht sie in die Küche. Man hört Wasser einlaufen. Dazu – Frauen, auch Männer tun das gern beim Spülen – singt und summt sie. Den Kaiserwalzer. Dann ein Ruf zu Joseph hin, von dem sie nicht genau weiß, ob er sie hören kann oder nicht.

AGATHA Gleich. Mein kleiner Schnulli. Gleich.

Agathas Singen geht nahtlos über in eine Musikeinspielung. Stelle dir vor: Eine k. u. k. Kapelle, in schmissiger Uniform und kleiner Besetzung, die den Kaiserwalzer spielt. Wäre es nicht schön?

2. Bild Filzläuse wie Kanarienvögel oder Wenn's bloß nicht schlimmer kommt

Wieder einmal Frühling. Das Vogelgezwitscher belegt es. Außerdem Schmetterlinge, die alle stürzen und aussehen wie zusammengedrehte bunte Seidenpapiere. Dahindurch spaziert: ein junges Paar. Unverheiratet. Noch. Ähnelt dem zuvor beschriebenen Paar ganz erstaunlich. Sie spazieren allerdings nicht im Bois de Boulogne. Und schon gar nicht am Seine-Ufer.

Es riecht nach Jod. Nicht das Meer. Salz. Salinen. Thermalbäder. Ein Kurort, der ungefähr BAD DÜRRHEIM *heißen könnte. Oder ähnlich. Dahin gehen die jungen Paare, wenn sie nicht aus der Großstadt kommen, sondern aus der Provinz wie ich und unser Paar. Zum – nicht Spazieren – Flanieren ist das schon. Unser Paar liebt sich natürlich. Es tönt ein Kurkonzert. Schmissige Märsche. Mitunter wechselt unser Paar ein paar Worte. Ein Paarworte, das heißt, er sagt etwa:*

JOSEPH Schön, wie's da so plätschert. Ohne Sinn.
AGATHA Für die Kurgäste halt bloß.
JOSEPH Jetzt spielen sie ›Ich hatt einen Kameraden‹.
AGATHA Schön!
JOSEPH *lacht zuvor über seinen Scherz* Ich papp einen Kameraden.
Beide lachen.
Joseph wagt jetzt, Agatha einfach so zu küssen. Sie klebt ihm eine. Es war zu früh und zu frech.
AGATHA O je! *Sie ist erschrocken über sich selbst und natürlich über Josephs forsche Art.*
JOSEPH Entschuldigense, gnädiges Frollein.
Joseph verbeugt sich knapp und schickt sich an, den Kurpark zu verlassen.
JOSEPH Sie entschuldigen mich, wünsche noch guten Tag.
AGATHA *erschrocken. Als Joseph schon einige Meter sehr forsch gegangen, fast marschiert ist im Takt, ruft sie* Joseph! Äh, Herr Schirmecker! Warte doch! *Sie läuft ihm nach. Auch im Takt.*
Die Kapelle spielt jetzt ein anderes Lied. Eines, bei dem man stehenbleiben muß und den Arm hochheben. So etwa:

JOSEPH *bleibt stehen und hebt den Arm.*

AGATHA *genauso, dann geht sie aber doch schnell zu Joseph hin. Einer Dame nimmt man das nicht so übel* Warten Sie, Herr Schirmecker! *Süß* Bitte! *Sie hält ihn beim Arm. Schwierig, da der oben ist.*

Die Kapelle hat ihr Lied gespielt. Es paßt nicht zu den Uniformen, denn die sind nur ein besonders origineller Einfall des Kurverwalters, Herrn Stankowsky aus Wien, wie er sich immer vorstellt. Zwar kann Herr Stankowsky erreichen, daß für einen Sonntag aus dem Fundus des hiesigen Kurtheaters k. u. k. Uniformen ausgeliehen werden, aber das Musikprogramm ist nicht so ganz stilecht. Das ist zeitbedingt.

Joseph sieht ein wenig aus wie Willy Birgel, wie er so dasteht. Agatha schwankt noch ein wenig zwischen Grethe Weiser und Magda Schneider.

Joseph wird sein Fehltritt jetzt erst richtig peinlich. Zumindest tut er so.

JOSEPH Ich muß noch mal ganz herzlich um Entschuldigung bitten, Frollein Schüttrumpf. Es ist halt Fühling. Die Säfte sprießen wieder überall. Bei Ihnen nicht? Was gibt es da zu lachen?

AGATHA Na ja *lachend* Weil Sie statt Frühling Fühling sagen, Herr Schirmecker. *Beide lachen.*

JOSEPH Wollen Sie nicht endlich Joseph sagen?

AGATHA Ich heiß Agatha.

JOSEPH Weiß ich schon, daß Sie Agatha heißen.

AGATHA So, woher denn?

JOSEPH Von der Soffi. Von Fräulein Scherrer, mein ich.

AGATHA Soffi? Von Soffi? Woher kennen Sie denn die? Verkehren Sie in solchen Kreisen, Herr Schirmecker. Hätt ich nicht gedacht.

JOSEPH *fällt aus allen Wolken* Ich denk, es ist Ihre beste Freundin, die Soffi.

AGATHA Die. Pff! Wer sagt denn das?

JOSEPH Na Soffi. Fräulein Scherrer.

AGATHA Das hätt die gern. Daß ich ihre beste Freundin wär. Die Büchs, wo sich mit dem Fabriklergsindel amüsieren tut. Und sich von denen anfummeln läßt. Und du nennst die schon beim Vornamen! Sophia Scherrer, die Fabriklerinnenbüchs. Sogar mit dem Schinkel-Hans hab ich gehört würde sie's treiben hab ich gehört...

JOSEPH Aber nein... *Joseph greift sich unwillkürlich ans Geschlecht. Ehrlich betroffen.*

AGATHA Ich kann's schwören.

JOSEPH Woher weißt du's?

AGATHA Sag ich nicht.

JOSEPH Bitte!

AGATHA *kindisch* Sag ich nicht, sag ich nicht!

JOSEPH Mensch, wenn's wichtig ist!

AGATHA Sind Sie so interessiert an der?

Joseph greift sich wieder dahin, wo die ganzen Frühlingssäfte mitunter zusammenfließen.

JOSEPH *packt Agatha grob am Arm* Sag schon, Mensch!

AGATHA Aua! *Pause. Blick wie Messer* Jetzt erst nimmer!

JOSEPH Entschuldigung.

AGATHA Schon wieder. Du hast Glück, daß ich dir keine kleb.

JOSEPH *lacht gewinnend schelmisch* Ich pappt eine meinem Kameraden.

Beide lachen versöhnt.

Joseph singt jetzt wie eine Tuba mit Baßfurz. Er ersetzt die ganze Kapelle. Beide marschieren im Takt zu Josephs

›Kameraden‹, wobei sich Joseph immer öfter zwischen die Beine faßt. Sie marschieren eine Runde.
Schließlich Joseph:

JOSEPH Du, entschuldige, *er ist bleich* ich muß mal dringend nach Paris telefonieren!

AGATHA Nach Paris? Wie aufregend. Aber hier gibt es doch gar kein Telefon.

JOSEPH Gänschen. Das heißt, ich muß dringend aufs Klo. Hab ich von meinem Vetter.

AGATHA Ahso, das ist lustig.

JOSEPH *auf dem Weg zum Klo* Find ich gar nicht. *Lauter* Komme gleich wieder.

AGATHA *einigermaßen glücklich* Jaaaaa! *Sie singt vor sich hin: Walzertakte.*

Joseph verbringt einige Zeit mit diversen Untersuchungen auf der Toilette, die, weil's einen Fünfziger kostet, auch der nächste Busch sein kann.

Agatha derweil scheint glücklicher zu werden. So glücklich, daß sie lauter singt. Dazu dreht sie sich ein bißchen. Ein Mann geht vorbei. Lächelt sie an. Sie nimmt ihn bei der Hand und tanzt eine Runde Walzer mit ihm.

Derweil hat nun Joseph seine Geschäfte getan. Er ist mehr als eine Spur bleicher, als er zurückkommt. Fast käseweiß kannst du ihn dir vorstellen. Dann sieht er auch noch seine, na ja, sieht er Agatha mit einem fremden Mann sich im Walzertakt wiegen. Er schreitet ein:

JOSEPH Sag mal, bin ich grad eine Minute net da, und du treibst es hier mit Dahergelaufenen...

MANN Erlauben Sie mal, Herr...

Joseph packt ihn am Schlafittchen. Der Mann läßt Agatha und haut Joseph einen sehr gekonnten Haken auf den Punkt. Joseph ist baff und sitzt auf dem stark salzhaltigen Nährboden für Kurgäste.

MANN Das war für den Dahergelaufenen. Sie entschuldigen mich, gnädiges Fräulein. *Verbeugt sich sehr gekonnt und äußerst galant* Hab ich Sie übrigens nicht schon einmal getroffen, Baden-Baden, Kasino, was? Hat mich sehr gefreut. Vielleicht auf bald. Übrigens, einen Moment dachte ich, das heißt, sie haben eine frappante Ähnlichkeit mit Grethe Weiser. Auch son bißchen was von Magda Schneider. *Schlendert locker davon. Dreht sich noch ein letztes Mal um. Lächelt.*

AGATHA *noch hingerissen, schier weggeschleppt* Du, sag mal...

JOSEPH Ein Boxer, das muß ein Boxer gewesen sein... *Reibt sein Kinn, sitzt noch auf dem geharkten Kurweg.*

AGATHA Für einen Boxer viel zu schön. Die haben alle gebrochene Nasen und Blumenkohlohren. Der hat eine schöne Nase und tolle Ohren. Willy-Birgel-Nase, wie ein italienischer Gott, Willy-Birgel-Ohren, wie so ein normannischer Herukles..

JOSEPH Herakles oder Herkules, wen meinst du?

AGATHA Willy Birgel...

JOSEPH Und ich heiße Joseph Goebbels.

AGATHA Igittigitt. Mit dem würd ich nich mal zu so Negermusik tanzen. Du, wenn das... Der Willy. Baden-Baden. Kasino.

Von hinten schleicht sich an: der Kurparkwächter. Ein Hans-Moser-Typ.

KURPARKWÄCHTER Ja bittschön, Mann. Das Sitzen auf den Rasenflächen is verboten. Macht fünf Mark. Und aufstehn. Zack, zack. So was.

JOSEPH Ich sitz ja auf dem Weg. Das ist gar nicht verboten, Sie.

AGATHA Und gefälligst einen anständigen Ton mit anständigen Leuten. Sonst hörn wir nichts. Komm, Willi.

Beide gehen ab.

Zurück bleibt ein verdutzter Kurparkwächter. Kratzt sich. Allerdings, im Gegensatz zu Joseph, am Kopf.

KURPARKWÄCHTER Sieht ein bißchen aus wie diese eine Schauspielerin. Wie gleich, wie gleich? Und er, Willi, Willi, Willi, wie gleich? Gretchen Schneider, oder wie gleich? *Er horcht auf. Die Kapelle spielt wieder den Kaiserwalzer, große Mode dieses Jahr, auch in Baden.* Ach, da tanzen die ja. Schönes Paar. Wie im Film. Fast. Dieses Mädchen. Menschenskind. Bin hingerissen und weggeschleppt. *Summt sich walzernd davon.*

Dreht sich noch einmal. Schaut recht lang. Tanzen schon sehr schön. Aber, wie der sich kratzt. Am Sack. Muß Filzläuse haben mindestens wie Kanarienvögel oder noch schlimmer.

3. Bild Kraft durch Freude oder Die Reise ins Glück

Da sitzt unser Willi alias Joseph. In seinem Rollstuhl. Fast wie tot. Ein leises Zittern zeigt: Joseph lebt noch. Die Ähnlichkeit mit dem Joseph, der er einmal war, ist fünfzig Jahre lang immer mehr zur Karikatur geworden. Jetzt ist kaum mehr was davon zu sehen; im rosé-farbenen Negligé. Blut, als ob er einen Blut-Sturz gehabt hätte; einen schweren Sturz. Aus der Küche heraus singt – spülend –

Agatha ihre Lieblingsmelodie. Jetzt schüttet sie, du hörst es, ihre gelbe Plastikschüssel aus.

AGATHA Joseph! Deine Agatha kommt.

Joseph zuckt kurz auf. Das blutige Tuch um seinen Kopf rutscht herunter. Ins Gesicht zuckt sich ein Lächeln. Seine Haare sind ein wenig blutig. Kleine Wunden. Nicht so schlimm, wie es mit Tuch ausgesehen hat.

Agatha kommt nun herein. Sie trägt eine schön altmodische Küchenschürze über dem blauen Kleid. Joseph reckt seine Hand zu ihr hin. Soweit es geht. Sie nimmt seine Hand und küßt sie. Joseph lächelt.

AGATHA Wollen wir unserem Joseph heute ein Freudli machen, was? Na, was? Na? Na!

Joseph nickt eifrig. Vielleicht auch nur einmal. Aber das Zittern ...

AGATHA Kommst du mit? Wollen wir dich einmal losmachen? Na?

Joseph nickt. Agatha kniet neben Josephs Rollstuhl nieder und löst die Krawatten. Eine nach der anderen. Sehr, sehr sorgfältig. Hängt sie über Josephs steifen Arm.

AGATHA Weißt du's noch, die gelbe. In Bad Dürrheim gekauft. Zusammen mit der roten Fliege. Das war schick. Ein Bild von Mann warst du. Damals. Wie du mich kennengelernt hast. Fast, nicht ganz. Kennengelernt. Damals. Und dann, die blaue mit den gelben Streifen ... Ah das, damals. Auf dem Schiff. Kraft durch Freude. War's schön, Joseph? Na?

Joseph nickt.

AGATHA Da haben sie sogar Kino gehabt. Auf dem Schiff. Richtig auf dem Schiff. Kino. Das war was. Wo wir zum ersten Mal ›Reise ins Glück‹ gesehen haben. Mensch,

Willi, auf'm Schiff. Das war eine romantische Fahrt. *Jetzt hat sie die Krawatten gelöst. Schaut sie noch einmal an.* Und hier die, mit den roten Punkten. Hab ich dir gekauft am Wolfgangsee. *Tanzt*
Da steht das Glück vor der Tür.
GUTEN MORGEN!
GUTEN MORGEN!
GUTEN MORGEN!
sing doch mit!
GUTEN MORGEN!
GUTEN MORGEN!
sing doch!
Wo steht das Glück vor der Tür?
Ach, Joseph. Jetzt sind die schönen Zeiten passé. Das Glück ist dahin, sag Adieu, gute Reise.
Na, magst jetzt dein Breili essi essi. Magst die Banane mit Kornfläcks und Nüssen? Weil es gesund ist und gut für dein Stuhl. Wo du keine Bewegung hast. Mußt dir Bewegung machen, Joseph. Magst tanzen. Na? Na! *Agatha tanzt leidenschaftlich gern. Auch noch in ihrem Alter. Wie eine Junge. Am liebsten hört sie die alten Melodien. Besonders den Kaiserwalzer. Hat sie da. Schellack. Ein Grammophon. Dualsystem. Elektrisch und zum Aufziehen. Da legt sie jetzt den Kaiserwalzer auf. Tanzt. Nimmt Joseph bei den Griffen seines Rollstuhls. So tanzen beide; sie von hinten.*
Man sieht nicht, ob es Joseph gefällt.
Das Licht stelle dir jetzt vor wie auf einem Karussell. Es wird immer weniger. Ist schließlich dunkel.

4. Bild Wie Joseph eine vermeintliche Schlange fängt und aufpaßt

Es ist Abend geworden. Lind und lau. Schwül fast. Wie geschaffen für Verführer wie Joseph. Für junge Damen, verliebt wie Agatha. Man sitzt noch immer in der Kurstadt. Kurcafé.
Eine entsprechende Kapelle. Gedämpfte Stimmen. Gläserklirren natürlich.

AGATHA Eine Limo. Zitronengeschmack. Oder Waldmeister?
JOSEPH Überleg's dir gut.
AGATHA Doch lieber Waldmeister.
JOSEPH Also ich einen Cognac.
AGATHA Oder, Joseph, Mensch...
JOSEPH Ja?
AGATHA Nur so eine Idee...
JOSEPH Ja?
AGATHA Ach, ich spinn...
JOSEPH Ja? Wieso denn, mein Lämmchen.
AGATHA Ach, weißt du, Schampus, hab ich gedacht...
JOSEPH *räuspert sich* Also Sekt?
AGATHA Wenn du meinst...
JOSEPH Brillant. Sec oder Demi Sec.
AGATHA Demi was?
JOSEPH Demi heißt französisch halb.
AGATHA Also weißt du. Hier. Nur halb. Also schon eine ganze.
JOSEPH Also Sec.
AGATHA Klar. Sekt.
JOSEPH Herr Ober, eine Flasche Sekt bitte, sec.

OBER *ein Hans-Moser-Typ* Sekt, bittschön, der Herr.

AGATHA Sag mal, du kennst dich aus. Trinkst oft Sekt und solche Sachen?

JOSEPH Ab und zu.

AGATHA Mensch. Das ist ein Luxus.

JOSEPH Weil heute ein Feiertag ist.

AGATHA Es ist doch ein ganz normaler Sonntag. Heute.

JOSEPH Es ist ein Feiertag, weil ich es so will.

AGATHA Ach, Joseph. Du Filuh.

JOSEPH Zest la wieh.

AGATHA Wie?

JOSEPH Das war wieder einmal französisch. Weil es vornehm ist.

AGATHA Und ein Feiertag. Sag, du kannst sogar Französisch?

JOSEPH *lacht vulgär laut* Natürlisch kann isch. Nur nischt sprechen, äh!

AGATHA Ah.

JOSEPH Pardon, hätt ein Witz sein sollen.

AGATHA War ganz lustig. *Man bringt den Sekt.*

AGATHA Paß auf, wie es klepft.

JOSEPH Wenn es ein gescheit vornehmer Ober ist, darf es nicht klepfen. *Es klepft. Sie trinken.*

AGATHA Wie schön es getönt hat beim Anstoßen.

JOSEPH Das kann ich halt. Prost. *Sie stoßen noch einmal an.*

AGATHA Schön.

JOSEPH *Zigarette, zufrieden* Ach, was wär das für ein Leben. Bloß Arbeit. Keine Spur de Lücks. Rein in die Erdäpfel. Raus aus die Erdäpfel, wie der Berliner sagt. Weißt du, Aga, manchmal stell ich mir vor, ich leg meinen Arm um dich herum und geb dir einen Kuß…

AGATHA Aber nicht vor den ganzen Leuten, die so vornehm hier sitzen.

JOSEPH Stimmt, zum Beispiel da vorne. Beim Teich.

AGATHA Ih, die Frösche.

JOSEPH Dafür gibt's da auch Schwäne. Die kommen da vor.

AGATHA Bloß für die Kurgäste halt.

JOSEPH Auch für uns, und auf die Frösche paß ich auf.

AGATHA Versprichst du's hoch und heilig?

JOSEPH Was?

AGATHA Daß du dich anständig benimmst und aufpaßt.

JOSEPH Man hat seine Erfahrung, ich bitte dich, man ist nicht von gestern, da wo sie den Mond mit der Stange nachschieben...

AGATHA ...und die Füchse sich gut Nacht sagen.

JOSEPH Gehen wir.

AGATHA Zahln mir oder gehn mir, sprach der Scheich zum Emir.

JOSEPH Gehn mir lieber gleich, sprach der Emir da zum Scheich. Zahlen! *Man zahlt. Geht zum Teich. Umschlingt sich schon einmal ein wenig.*

JOSEPH Wenn ich jetzt einen Ring hätte, würde ich ihn dir schenken.

AGATHA Das sagst du bloß.

JOSEPH Schwör ich.

AGATHA Warte, ich mach zwei aus den Gänseblumen.

JOSEPH Zwei?

AGATHA Damit ich dir auch einen schenken kann.

JOSEPH Gut. *Man steckt sich die Ringe an.*

AGATHA So, und jetzt darfst du mir ein Kuß geben.

JOSEPH Also. *Man küßt sich. Heftiger. Plötzlich Agatha:*

AGATHA Ih, ein Frosch.

JOSEPH Wo, daß ich ihn an den Baum schmeiß, den Hund.

AGATHA Da. Ihh! Ganz schleimig.

JOSEPH Wo, daß ich ihn fang, den Hund.

AGATHA Da, da!

JOSEPH Ich hab ihn. Ganz schleimig. Ih, das ist eine Blindschleiche. Ih, wo mir vor Schlangen graust. Ein Licht. *Er zündet ein Feuerzeug an.* Das ist eine Sauerei! So was.

AGATHA Graust dir?

JOSEPH Weil es ein Präser ist. Die Hunde. *Schmeißt das Corpus delicti ins Wasser.*

AGATHA Gott sei Dank, kein Frosch. Jetzt küssen wir uns weiter, oder?

Joseph zu Diensten, Leidenschaft.

AGATHA *nach einiger Zeit* Joseph, was machst du?

JOSEPH Ich paß auf. *Man hört's.*

Außerdem spielt die Kapelle den Radetzkymarsch, bis das letzte Restlein Licht weg ist.

5. Bild Wie wir alle Weltmeister geworden sind und Joseph krank

Agatha füttert ihren Joseph. Ob er hungrig ist, weiß man nicht. Das meiste von Josephs Brei will nicht in seinen Mund. Bekleckert das schöne Negligé.

Agatha sorgt sich. Holt ein Kinderlätzchen mit Mottenfraß. PAPAS KLEINER FROSCH *steht darauf. Von Agatha eingestickt. Liebevoll, grünes Garn.*

AGATHA So, mein kleines Fröschleinquakquak. Magst nicht essen? Ist dir am Ende nicht gut? Hab ich zu wild

getanzt mit dir? Mußt essen, daß du Kraft kriegst und wieder stark wirst und wächst, daß du wieder was Rechtes wirst, mein kleiner Frosch.
So, jetzt ist genug, sonst bist du verstopft und jammerst mir die Ohren voll. Wie kann ich dir eine Freude machen? Willst du frische Luft? Nein. Ein Praliné? Die mit Mandelsplitter? Mit einem Schnaps? Mon Schärieh? Die von der silbernen Hochzeit noch. Mit Schnaps, das hält sich und konserviert. Die hol ich? Ja. Für mich auch eins. Aber daß du keinen Rausch kriegst.
Sie holt eine angestaubte Schachtel mit bombastischer Schleife.
Da, schau! Eine große, ganz silbrige Zwo mit einer Fünf. Fünfundzwanzig Jahre. Wir.
Da hat's angefangen mit den kahlen Stellen. Am Kopf. Die Haare weg und raus beim Kämmen. Hab ich sie in der Hand gehabt büschelweise. Und auch die Zähne sind mir ausgegangen, wie ich meine Lieblingsschokolade gegessen hab. Wo mir alle eine Tafel geschenkt haben: GUBOR SILBERNUSS die mit den ganzen Nüssen knackig süß. Silbernuß weil's paßt zur Silberhochzeit, wenn man so lange verheiratet ist. Da ist mir der erste Zahn ausgegangen. Wo ich Zähne gehabt hab wie eine Prinzessin, die's beim Zahnarzt in der Schweiz flicken läßt, die Beatrix oder die Filmschauspielerin.
Ich – auch nimmer blond. Natur, mein' ich, sondern schon grau also silber, meine ich. Und bei dir ging's dann nicht mehr recht mit dem Laufen. Die Füße halt. Eingefallen bist du wie ein Fußball ohne Luft, wo der Seeler draufgehauen hat, der mit seiner Glatze, wo Wir Weltmeister geworden sind. Wie du dich gefreut hast. Wie

ein Schneekönig. Und wolltest aufspringen vorm TEVAU und bist zusammengeknickt wie so ein Fußball.
Und wie du mir immer gesagt hast: Ich mach dir ein Leben wie einer Prinzessin von den Niederlanden oder Luxemburg wo du mir immer die Hefte gebracht hast die schönen mit den Häuptern allen drin. Gekrönt.
O ja, eine Schönheit war ich schon und du so ein Filuh, hast mich gekriegt, mein kleiner Frosch, und ein Kind hast du mir gemacht und mich geheiratet, wie ich mich gefreut hab, wo ich doch so jung war und die Scherrer-Sofie drei Jahre älter und immer noch ledig gewesen, weil sie keiner gewollt hat, weil jeder gewußt hat, was sie für eine war, das hat sie davon gehabt von der Hurerei, weil sie keine Moral gehabt hat. Fabriklerinnen-Büchs haben sie alle gesagt. Und hast nicht an die Front müssen, wegen UK hast du gesagt. Aber es war wegen der Seuche, was du mir nicht gesagt hast. Ein Filuh warst du.
Da, und jetzt iß ein Praliné und ich auch. *Füttert ihm eins und sich auch.*

6. *Bild* *Wie ein Prinzlein geboren wird, das sich in den Frosch verwandelt*

Agatha nach überstandenen Nachwehen. Aber noch ruhend. Eisengestängertes Wöchnerinnen-Gestell unter sich. Joseph ein stolzer Vater.
Und Agatha häkelt und stickt ein wenig zur Rekonvaleszenz.

AGATHA Ist das nicht komisch, wie ich in den Wehen gelegen bin und jetzt schon wieder gesund.

JOSEPH Der Herr Doktor hat uns gesagt: Eine Schwangerschaft hat nichts mit Krankheit zu tun …

AGATHA … sondern ist ein Teil des Ganges der Natur. Wie das Amen in der Kirche. Ach, bin ich froh!

JOSEPH Daß es alles vorbei ist und überstanden.

AGATHA Und dann hat er doch auch noch gesagt: Jetzt beginnen für Sie die schönsten Tage Ihres Lebens, nämlich die Freuden der Mutterschaft.

Aber ich mein, nicht deshalb froh bin ich. Sondern weil du mich doch geheiraten hast. War's schön? Obwohl es eine Nothochzeit war.

JOSEPH Was heißt Nothochzeit. Wo die Zeiten halt so sind.

AGATHA Dem Herrgott kann ich nur danken, der dich UK gestellt hat.

JOSEPH Dem Herrgott brauchst du nicht danken, sondern der Zünderfabrik, daß sie kriegswichtig ist und ich ein Teil von ihr. Somit wir alle kriegswichtig.

AGATHA Der Herr Doktor hat sich auch gefreut, obwohl ich eine Frühgeburt bin.

JOSEPH Das Kind.

AGATHA Nicht das Kind. Weil das kann nichts dazu.

JOSEPH Trotzdem ist es ein kleiner Prinz, wie du ihn dir so gewünscht hast.

AGATHA Und du bist mein großer Prinz, weil du auch dein Teil dazu getan hast.

JOSEPH Kann man so ausdrücken, glaub ich. Und du meine Prinzeß. Obwohl, eigentlich …

AGATHA Was eigentlich?

JOSEPH Eigentlich möcht ich schon ein König sein.

AGATHA Immer übertreiben mußt du's gleich, Froschkönig.

JOSEPH Gib mir halt einen Kuß, daß ich ein rechter König werd.

AGATHA Bittschön. *Ein Kuß* Aber übertreib nicht gleich wieder, weil ich erst rekonphallussieren muß!

JOSEPH Ich paß schon auf. *Pause* Aber jetzt will ich ihn noch einmal sehn. Mein Schnulli.

AGATHA Dann betätige ich jetzt die Klingel. *Klingelt.*

JOSEPH Wen liebst mehr, den Prinz oder den König?

AGATHA Ach du. Beide gleich halt.

JOSEPH Mußt dich schon entscheiden!

Herein kommt ein Pfleger, Hans-Moser-Typ.

PFLEGER Bittschön, wer hat die Klingel betätigt? Ein Wunsch?

JOSEPH Wenn's erlaubt wär. Ob Sie den Buben noch einmal zeigen?

PFLEGER Bittschön. *Geht den Buben holen.*

AGATHA Ein schönes Kind ist es.

JOSEPH Obwohl, ein bissel runzlig so jung schon.

AGATHA Das bügelt sich aus wie von selbst.

JOSEPH Und ein bissel rot war's halt auch schon.

AGATHA Die werden von selbst weiß wie der Schnee von gestern.

Der Pfleger bringt das Kind herein.

PFLEGER Bittschön, Nummer drei sieben Strich A. Ein schönes Kind, muß ich zugeben, obwohl's eine Not- und Frühgeburt war auf einmal.

AGATHA Siehst du, daß es schon fast ganz glatt ist.

JOSEPH Aber immer noch ein bissel rot.

PFLEGER Die verlieren die Farbe bald. *Geht ab.*

JOSEPH Meinst, daß deine Ausschläge wieder weggehn, bald?

AGATHA Bin ich nimmer schön?

JOSEPH Doch, weil ich dich ja schon vorher gekannt hab.

AGATHA Du gefällst mir auch noch trotz den Pickeln. Und das ist ganz normal in der Schwangerschaft, eine unreine Haut. Obwohl, daß der Vater auch eine bekommt, das soll ein Zeichen von viel Liebe sein.

JOSEPH Dann ist es ja nur recht.

AGATHA Wo ich mich auch drüber freu.

JOSEPH Weißt du, mein Schnulli, ich will dir ein Leben machen wie einer Prinzeß. Und der Ausschlag geht wie von selber.

AGATHA So. Jetzt kannst du mir das Kind geben. Ich bin fertig. Schau! *Zeigt ihrem Joseph ein Lätzchen mit grüner Stickerei:* PAPAS KLEINER FROSCH

JOSEPH Das Kind. Jetzt zeig! Papas kleiner Frosch. Wenn das kein Unglück gibt und sich der Prinz in einen Frosch verwandelt. Ganz grün mit Noppen.

7. Bild Und wohnt ihr auch im Loch wir finden euch doch

Agatha füttert Joseph noch immer mit Pralinés. Beide sind schon ganz schokobraun um die Münder. Und Agatha hat den Mund voll beim Sprechen.

AGATHA So, mein kleiner Frosch, schnapp nach der Fliege. Zünglein hinaus und schnapp. Willst du nicht? Dann helf ich dir.
Sie zieht ihm das Froschzünglein heraus und legt eine Süßigkeit darauf.
Schau, wie bei der Heiligen Kommunion, wenn sich die

ganz Frommen den Leib Jesu vom Pfarrer persönlich auf die Zunge legen lassen. Und wie sieht dein Hals heute aus, Joseph, Joseph, nicht gut nicht gut. Daß dich nur der Schnaps nicht brennt im Hals.

Noch eine Süßigkeit für Joseph.

Magst noch eine Kommunion?

Noch eine Kommunion für Joseph.

Weißt du noch, wie der Doktor damals gesagt hat, wie ich's Kind gehabt hab und schwanger war? Wie wir durch die Stadt gelaufen sind, gelaufen, und die Bombenalärm zum Glück Fehlalärm. Von einem Arzt zum andern. Bis uns die Hebamme zum Lazarett gebracht hat. Wie die Soldaten alle geschaut haben mit ihren großen Augen, weil Luftalarm war, halt Angst und dann auch noch ich, eine schwangere Mutter, und du, immer noch schick.

Und die Ausschläg hat man nicht gesehn, weil's bloß Kerzenlicht war. Alle an der Front gewesen. Und ich die erste richtige Frau, mein ich, also eine anständige. Nicht einmal eine Krankenschwester, bloß der herzkranke Pfleger, der wie Hans Moser ausgesehn hat. Und du wie Willy Birgel. Und die an der Front gewesen. Und wie neidisch die geschaut haben. Und der eine mit seiner Urin-Flasche nach dir geworfen: Kinder machen und immer schick und wir verrecken an der Front, und wie er dann seinen Stumpf gezeigt hat. Und der Pfleger hat gemeint, es sei nicht so gemeint, und Wahnvorstellungen, weil sie kein Morphium mehr da gehabt haben. Da haben sie den Soldaten Soda gespritzt, damit die denken, man tut ihnen helfen. Und wie der eine dann den Doktor aus dem Luftschutzkeller geschleift hat.

Und der Doktor hat dann gesagt: Sie müssen in ein zwei

Monaten wiederkommen, wenn sich die Lage beruhigt hat. Und die Hebamme hat gesagt: Sehen Sie nicht, daß die Frau schon Wehen hat. Dann ist es eine Frühgeburt, sagt der Arzt. Dann tun Sie was, sagt die Hebamme, und da hat er die Geburt eingeleitet, obwohl's gar nicht notwendig war, weil's wie von selbst ging. Und dir ist schlecht geworden.

Und hinterher, wie peinlich mir das war, sagt der Doktor: Also das Kind sei nicht 's einzige Leben in meinem Schoß, da wären auch noch andere, ungebetene Gäste. Und ich hab gedacht, das Jucken käm von der Schwangerschaft. Und du hast dich auch immer gekratzt.

Dann hat uns der Pfleger rasieren müssen und graue Salbe drauf machen, 's einzige, was sie gehabt haben, und du hast gesagt, das müßte von dem Hund kommen, und der Pfleger dann: Ja, so. Ich hoff, das Kind ist aber von Ihnen.

Und draußen haben sie dann endlich doch die Bomben geworfen und Flugblätter: Und wohnt ihr auch im Loch, wir finden euch doch, haben die Leute erzählt. Ach, Joseph, wär bloß bald 17.10 Uhr, daß wir das Programm für Senioren anschauen können. Das macht dir doch Freude, gell!

8. Bild Welcher Arsch reitet heute noch für Deutschland?

Agatha und Joseph trinken Kaffee. Jetzt haben sie eine richtige Wohnung. Von draußen hörst du Lkw-Kolonnen fahren. Und Rufe Vive la Francks!

JOSEPH Vive la Francks! rufen die.

AGATHA Französisch.

JOSEPH Das heißt: Es lebe Frankreich.

AGATHA Und früher haben sie gerufen: Jeder Stoß ein Franzos!

JOSEPH Richtig, und jeder Schuß ein Ruß!

AGATHA Reimt sich fast.

JOSEPH *reimt* Stoß? Schuß. So ganz doch nicht. Eher Stoß und Schoß und Kuß und Schuß.

AGATHA Hör jetzt bloß auf mit Kuß und so.

JOSEPH Und du sei bloß froh, daß ich den Kaffee gekriegt habe.

AGATHA Wo ich mein Album dafür hergeben mußte mit den ganzen Filmstars.

JOSEPH Wenn die auch so einen Ausschlag gehabt hätten, wie du einen hast, dann wären sie auch keine Stars geworden.

AGATHA Du schau dich selber an.

JOSEPH Ein bissel ist es schon zurückgegangen.

AGATHA Wenn wir bloß Milch gekriegt hätten für unseren kleinen Joseph.

JOSEPH Frösche trinken keine Milch.

AGATHA *wütend* Daß du immer nur an dich denkst.

JOSEPH Daß du selber den Kaffee säufst, und Milch gab's keine. Und dem Kind geht's so schlecht.

AGATHA Eben geht's dem so schlecht. Und du bringst einen Kaffee daher.

JOSEPH Hätt ich den Kaffee nicht gehabt, dann hätten wir jetzt den Radio nicht und könnten nicht wissen, was vorgeht in der Welt und wohin wir am besten auswandern, daß das Kind besser versorgt werden kann und es Penizillin bekommt.

AGATHA Was heißt Penizillin – Milch bräucht's!

JOSEPH Wo der Doktor gesagt hat, außer Penizillin würde gar nichts helfen. Und zwar schnell.

AGATHA Und ich hab gedacht, er sagt, es bräuchte Milch.

JOSEPH Das auch noch. Milch auch noch. Aber halt Penizillin.

AGATHA Und was wär das: Penizillin?

JOSEPH Penizillin, das wär ein Pilz, der ein Medikament ist, den man heut nicht kriegt, weil selten und teuer, und da langt dein Album nicht.
Willy Birgel nicht und Hans Albers nicht und auch Quax, der Bruchpilot, und für Deutschland reitet heutzutage kein Arsch mehr, was du mir glauben kannst, und heutzutage gibt es andere Stars und nicht den Schnee von gestern, der von den Nazi.

AGATHA Zum Beispiel Penizillin.

JOSEPH So ist es heute halt.

9. Bild Die Stunde der Senioren

Agatha räumt auf. Die Pralinen räumt sie weg und bringt sie in die Küche. Wo sie auch schaut, ob es schon siebzehn Uhr ist. Dann kommt sie wieder zu ihrem Joseph ins Zimmer und rückt einen Schaukelstuhl neben seinen Rollstuhl. Beide sind immer noch schokobraun um die Münder. Sie zieht einen Vorhang zur Seite, hinter dem ein Fernseher zum Vorschein kommt. Mit Fernbedienung. Den schaltet sie ein. Nachrichten: Über die Typhuswelle in Neapel und die Rattenplage.

AGATHA Siehst, Josephlein, bei uns gibt's keine Ratten und keinen Typhus, weil ich immer Ordnung mach. Und deine Krawatten räum ich weg.

Sie bindet die Krawatten, die bislang über Josephs steifem Arm hingen – auch ganz ordentlich – wieder um die Speichen des Rollstuhls. Und das, obwohl der Joseph gar nicht wegfahren könnte und keine Lust dazu hat.

AGATHA Was du immer für schöne Sachen gekauft hast zum Anziehen. Warst halt doch ein Filuh. Ein Lebemann. Und immer de Lücks. Und solange du lesen konntest immer heimlich den Playboy gekauft. Aber ich bin dir doch daraufgekommen und hab dir Vorwürfe gemacht. Meine Hefte sind immer so billig gewesen und deine so teuer. *Im Fernsehen eine Pausenmusik.* Hör, das ist jetzt die Pausenmusik. Gleich gibt es die Stunde für die Senioren. Wo wir auch dazugehören, weil alt wird man. *Pause. Gebanntes Warten auf die* STIMME.

Aus dem TEVAU *hört man jetzt eine Melodie:* Da lächelt der Landser und träumt ...

Wenn die Schatten sich längen
der Abend die Nacht herniedersinkt
da lächelt der Landser und träumt:
Ach wär ich doch zu Hause, ach wär ich doch zu Hause
wo die Geigen erklängen
dein Blick dein Kuß mein Herz bezwingt
so lächelt der Landser und träumt:
Ach wär ich doch zu Hause, ach wär ich doch zu Hause

Beim Tanz mit dir, beim Tanz mit dir

Wenn wir uns drehen und drehen
nur du und ich allein
so lächelt der Landser und träumt
Ach wär ich doch zu Hause, ach wär ich doch zu Hause

wo wir durch Blicke uns verstehen
das kann doch wohl nur Liebe sein
so lächelt der Landser und träumt
Ach wär ich doch zu Hause, ach wär ich doch zu Hause

Beim Tanz mit dir, beim Tanz mit dir

STIMME Guten Tag, liebe Zuschauer. Ich und unsere gemeinsamen Bekannten aus vergangenen Zeiten freuen uns, Sie ganz herzlich begrüßen zu können. Wen erinnert dieses Lied nicht an ein anderes, das Rudi Schuricke sang. Eben hat uns der Sänger zugerufen: BEIM TANZ MIT DIR, BEIM TANZ MIT DIR, wie damals Rudi Schuricke: WIR TANZEN DURCHS LEBEN. Es war eine verschwenderisch ausgestattete Operette von Heinz Hentschke damals, ›Frauen im Metropol‹ war der Titel, Ludwig Schmidseder war der Komponist, und Rochus Gliese, von Gustav Gründgens, dem Intendanten des Schauspielhauses am Gendarmenmarkt, für diese Arbeit freigegeben, zauberte einen veritablen Zirkus, ein mondänes Hotel der Welt, den Park von Sanssouci und den Wiener Himmel auf die Bühne. Es wimmelte von hervorragenden Solisten, die mitten im Kriege keine anderen Sorgen hatten, als den von der Front kommenden Urlaubern zu verkünden: Wir tanzen durchs Leben!

10. Bild *Ein Frosch, der nicht schwimmen kann*

Agatha sitzt mit dem Rücken zu Joseph.
Sie trägt einen grün gepunkteten Badeanzug, vor ihrem Bauch wächst ein rot gepunkteter Wasserball.
Dazu paßt das Geschrei und Lachen von Badenden.
Vielleicht am Gardasee. Auf alle Fälle ist der Himmel azurblau.
Sie pustet kräftig, schaut sich nach Joseph um.

AGATHA In die Richtung sollst du schauen mit deinem Fernrohr. Nach dem Kleinen und nicht nach den fremden Bikinis.

JOSEPH Der Mensch muß doch informiert sein, über die Mode.

AGATHA Die Mode schau dir gefälligst bei Neckermann und bei Quelle an. Wir machen Urlaub und keine Fleischbeschau.

JOSEPH Schau, wie der Kleine planscht. Hallo!

AGATHA Hallo! *Beide winken.*
Weißt du was! Wenn ich nicht genau wüßt, daß du mir wegläufst den fremden Ärschen nach, dann würd ich uns drei Eis holen.

JOSEPH Eis wär nicht das Schlechteste.

AGATHA Verflixt, jetzt fehlt mir der Pfropfen. *Sie sucht* Da, halt du mir den Ball, daß die Luft nicht rausgeht. *Gibt ihm den Ball* Ich geh und hol Eis.
Sie geht, Joseph steht mit dem großen Ball da und muß mit zwei Fingern das Schläuchlein zukneifen.
Erst steht er eine Weile so da.
Jetzt schaut er mit dem Glas nach dem Kleinen, dann in die andere Richtung.

Scheint etwas Bemerkenswertes zu sehen.
Setzt das Glas ab, geht ein wenig, dreht sich noch einmal nach dem Kleinen um, geht weiter.
Jetzt beginnt Joseph, leise zu singen.

JOSEPH Jeder Mann – das muß ich doch wissen –
will was ihm gerade fehlt.
Hat er eine mit viel Herz
Dann wünscht er sich eine die ihn quält.
Hat er ein blondes Kind mit eigener Loge
treibt's ihn zu einer schwarzen Frau.
Und hat er sie will er eine rote.
Ich kenn das leider ganz genau
und sage:
Eine nach der anderen.
Jede kommt dran.
Drum sage ich als Mann bei den Damen gleich an:
Können Sie denn überhaupt schon küssen?
Das möcht ich gern wissen.
Oder sind Sie in dem Fach noch nicht soweit
Kläre ich Sie auf.
Denn dann ist es höchste Zeit.
Schöne Fraun gibt es im Theater
Ganz bestimmt nicht nur im Ballett.
Nein, auch oben sitzen sie im Rang
In den Logen und auch im Parkett.
Wenn ich mir das als Mann betrachte
Dann seufze ich:
Ach, wär das schön
Wenn ich doch mal Karriere machte
Dann könnt ich auf der Bühne stehn.
Und singen:

Eine nach der anderen.
Jede kommt dran.
Drum sage ich als Mann bei den Damen gleich an:
Können Sie denn überhaupt schon küssen
Das möcht ich gern wissen.
Oder sind Sie in dem Fach
Noch nicht soweit
Dann rufen Sie mich einfach an:
999939
Ich hab immer Zeit.

Von hinten kommt heran: ein kleiner, dicker Mann. Hans-Moser-Typ. Badehose. Schirmmütze. Zigarre, allerdings ohne Feuer.

MANN Johannes Heesters, was?

JOSEPH Kennen Sie das?

MANN Versteht sich. Hähä. *singt*
Und interessiert ein Mädchen sich mit zwanzig
Und fragt: Wie, wie ist denn der Mann?
Mit dreißig aus dem
Joseph singt mit
Schneider raus
Fragt sie
Was er ist und was er kann.
Und kommt ein Mädchen in die Vierzig
Fragt sie nur noch:
Wo ist er?
Und kommt dann einer und verirrt sich ...

MANN Ja, schauen Sie, da unten, was ist denn das für ein Auflauf?

JOSEPH Ein Auflauf? Wo?

MANN Na da unten, schauen Sie mal durchs Glas.

Joseph schaut durchs Glas

JOSEPH Tatsächlich, ein Auflauf. Am Strand.

MANN Darf ich einmal durchsehen?

JOSEPH Bitteschön. Darf ich Ihnen Feuer geben.

MANN Sehr liebenswürdig. *Läßt sich die Zigarre anzünden.* Ein großer Menschenauflauf. Am Strand. Und jetzt rennt ein Mann daher in weißen Kleidern. Das ist Giulio, der Bademeister. Und jetzt rennt der ins Wasser. Sie, ich glaub, da säuft wer ab!

JOSEPH Ja, wo die Sturmwarnung gegeben haben...

Beide schauen angestrengt.

MANN Jetzt, ist das grauslich, jetzt ziehen sie etwas heraus.

JOSEPH Daß es nur kein Kind gewesen ist, denn das wäre schon schad.

MANN Nein, es ist größer als ein Kind. Aber trotzdem ist es grauslich, im Urlaub, so etwas. *Erschreckt* Passen Sie auf mit der Zigarre...

Zu spät. Weil Joseph ist an den Ball gekommen und der geplatzt. Ausgerechnet jetzt muß Agatha mit drei Eis wiederkommen.

AGATHA Joseph! Schau, ich hab den Pfropfen wieder...

11. Bild Vorne keß und hinten für die Witwe

Im Fernsehen spielen sie jetzt ›Hinterm blauen Meer, da liegt mein Heimatland‹.

Josephs Kopf ist auf seine Brust gesunken. Die Augen sind geschlossen.

Agatha kniet am Boden über einem Koffer mit vielen bunten Aufklebern. Sie zieht ihre alten Kleider hervor. An denen läßt sich ablesen: Mode von Hilda Romatzki über Benno von Arent bis hin zu Neckermann.

AGATHA So ist es nicht, daß ich nicht auch schöne Kleider gehabt hätte. Wie das, wo jeder geglaubt hat, es sei eine Orginal-Hilda-Romatzki-Schöpfung. Und variabel auch noch dazu mit dem Satin-Kragen für den späten Nachmittag und Abend und der Bluse mit der Spitze und die Sandalen für den hellen Tag. Und dabei ist es selber genäht und nur einmal in Die Dame geschaut, beim Zahnarzt ist sie gelegen, und ich mir alles gemerkt. Daß es aussieht wie echt und teuer. Da hast du gestaunt, Joseph. Und da der Strohhut mit dem kessen Schleier, wo du gesagt hast, wärst wohl schon gern eine Witwe. Dabei hat der richtigrum so lustig und keß ausgeschaut, und du hast ihn mir verkehrtrum aufgesetzt. So.

Sie setzt das Hütchen verkehrtrum auf.

Da, schau einmal. Jetzt seh ich aus wie eine Witwe, Joseph. Schau. Schau einmal!

Joseph will nicht. Agatha geht hin zu ihm. Legt seinen Kopf nach hinten. Öffnet mit einer Bewegung von Daumen und Zeigefinger seine Augen. So, wie man sie den widerspenstigen Leichen schließt.

AGATHA So ganz starr ist er auch dagelegen, der Kleine. Wie du jetzt guckst. Genauso. Die Augen aufgerissen. Als ob er den Schatz der Niederungen gefunden hätte. Am Gardasee da. Auf dem Grund. Und du spazieren gegangen mit deinem Feldstecher. Wo du doch auf den kleinen Frosch hättest aufpassen sollen. Und nach den Weibern geschaut. Damals, wo ich doch den neuen Bikini, den Badeanzug gehabt hab mit den Punkten. Den grünen.

Wo ist er denn. Den hab ich doch auch noch da drin. *Sie sucht* War's vom Neckermann oder Schöpflin? Wenn ich das noch wüßte.
Ah, der. Nein, das war der von Rimini fünf Jahre später. Aber der war's.
Und die Leut sind dagestanden um ihn herum den Kleinen und haben gesagt: Also schon so alt und daß der nicht schwimmen kann. Wo er doch als luesgeschädigt zurückgeblieben ist.
Und die Leute haben dann gesagt: Also ganz normal kann der nicht sein, wer sind denn da die Eltern? Und auf so einen muß man doch aufpassen. – Schrecklich sieht das aus so eine Wasserleiche, hat eine Frau gesagt. Und dann der Giulio, der Bademeister, so ein netter Italiener, konnte fast so gut Deutsch wie unsereiner und so viel geholfen. Der hat gesagt: Also er hätte schon schlimmere Wasserleichen gesehen. Die sei ja noch human. Ganz frisch. Und wenn die länger da lägen, also so grünlich sähen die aus. Wie die Schwimmflossen von der Leiche da unserem Kleinen. Frosch.
Wie er immer Angst gehabt hat vor allem, was grün war. Als ob er's geahnt hätte. Oder bloß weil du immer Froschkönig zu ihm gesagt hast und eines Tages wird er sich verwandeln in einen Frosch ganz grün. Nicht einmal Spinat hat er mir gegessen deshalb.
Ja, du hast dich immer geschämt vor deinen Fußballkameraden, wenn ihr zusammen Fernsehen geschaut habt bei uns.
Aber apropos: Willst du jetzt deinen Spinat?

12. Bild   Wie ein Frosch keinen Spinat essen will und überhaupt

Auch vor dem Fernseher, allerdings ein älteres Modell mit noch runden Ecken: Joseph und zwei Kameraden. Alle drei in Trainingsanzügen. Den einen könnte man mit etwas gutem Willen als einen Willy-Birgel-Typ beschreiben. Der andere hat eine gewisse Ähnlichkeit mit Hans Moser. Dazu Salzstangen und Bier. Sportschau.

WBT Neapel, 7. Juni 1934.
HMT Wir gegen Österreich 3 zu 2.
WBT Genau. Aufstieg zur Weltmacht im Fußball.
HMT 9. Juni 1938.
WBT Eieiei.
JOSEPH David gegen Goliath. 4 zu 2.
Wir gegen die Schweiz.
WBT Meinen Sohn kannst du fragen, was du willst. Frag ihn: Wer war Orsi.
JOSEPH Orsi?
HMT Der Mann, der nur mit dem rechten Fuß schoß.
HMT Hans Pesser?
WBT Der beste Deutsche – ein Wiener, 6 zu 3 Niederlage gegen England 38 in Frankfurt.
HMT Falsch.
BEIDE Berlin, Berlin, Berlin!
WBT 31. Mai, 1903 Hamburg?
HMT VFB Leipzig, DFC Prag, Sieben zu Zwo.
WBT Fußball stärkt Gemeinschaftssinn, Waden und Nationales Selbstbewußtsein.
HMT Da kommt er, der Ungar, lauter Husaren.
JOSEPH Wann ist der Ungar zum letzten Mal geschlagen worden?

WBT Kann sich niemand dran erinnern.

HMT Liegt weit zurück.

JOSEPH Scheiße.

AGATHA Joseph, Joseph!

JOSEPH Ja was, wo es gerade spannend wird?

AGATHA Dein Essen ist fertig.

JOSEPH Herrgott jetzt, wo der Ungar einmarschiert. Ich esse hier.

AGATHA Kommt nicht in Frage, daß Spinatflecken auf die neuen Polster kommen.

JOSEPH Ich will jetzt keinen Spinat.

AGATHA Wo doch da soviel Eisen drin ist, was dir gut tut.

HMT Stimmt, Eisen, das ist Hirnnahrung.

JOSEPH Der Kleine wollte auch nie Spinat und hat immer gesaut damit. Wir verlieren sowieso. Ich bin ein gebrochener Mann.

HMT Das ist nicht deine Schuld, daß die italienische Lebensrettung nicht funktioniert.

WBT Schuld hat der Alliierte, weil er das Penizillin nicht rausgerückt hat. Dann hätte euer Kleiner schwimmen können, und wäre nicht zurückgeblieben.

JOSEPH Wenigstens einer, der mir Trost zuspricht.

Joseph ab, in die Küche.

JOSEPH Ruft mich, wenn was ist.

WBT Grade das, was ihm fehlt, will er nicht.

HMT Eisen, das ist Hirnnahrung.

HMT Man müßte noch heute den Alliierten verklagen, den Franzos und den Ami sowieso, daß sies nicht herausgerückt haben, das Penizillin. Hätten sie rechtzeitig alles behandelt, dann hätte sich der Schaden nicht gehalten, und der Junge könnt mit meinem kicken.

13. Bild Wie Joseph seinen Spinat nicht essen mag und überhaupt

Joseph sitzt noch immer vor dem Fernseher. Die Augen hat er weit auf, den Kopf nach hinten gebeugt. Im Fernseher spielen sie jetzt Peter Alexander ›Der Papa wird's schon richten‹.
Herein kommt Agatha. Sie trägt den Badeanzug mit den grünen Tupfen und einen großen Topf Spinat.

AGATHA So, mein Joseph. Jetzt bekommst du dein Spinat. Denn das ist eine Hirnnahrung und tut dir deshalb gut. Na, magst du keinen Spinat. Na, doch magst du.
Sie setzt sich neben Josephs Rollstuhl und schickt sich an zu füttern.
Jetzt nimmst du einen Löffel für deine Aga und noch einen für die Agatha. Na! Magst nicht. Doch.
Steckt ihm zwei Löffel in den Mund. Und weil Joseph nicht schluckt, fließt der Spinat wieder heraus.
Da muß ich dein Lätzli wieder holen? Ja? *Holt den Latz.* Und dann noch einen Löffel für unseren Joseph. Und jetzt noch ein Löffeli für unseren Buben. Und noch ein Löffeli für unseren Buben. Und noch ein Löffeli für unseren Buben. Und noch eins. Und noch eins und noch und noch eins und und noch noch noch eins noch eins.
So.
Mittlerweile ist Josephs Gesicht ziemlich spinatgrün.
So. Und jetzt ist auch die Stunde für die Senioren fertig, gleich. Gleich. Jetzt spielen sie wieder den Kaiserwalzer. Da freust du dich, Joseph. Da tanzen wir jetzt dazu. Das magst du, Joseph, Lieber.

STIMME Das war es wieder einmal für heute, verehrte Zuschauer. Und zum Abschied erklingt, wie jedesmal, der Kaiserwalzer.

In der Tat erklingt der Kaiserwalzer.

Agatha tanzt dazu. Greift auch nach Josephs Rollstuhl. Der ist aber gefesselt und mag sich nicht bewegen. Da nimmt Agatha eine Schere und zerschneidet die schönen, bunten Krawatten.

Der Kaiserwalzer wird sehr laut. Agatha tanzt mit Joseph im Rollstuhl. Sehr vehement für ihr Alter. Dazu ruft sie:

AGATHA Eins zwei drei, eins zwei drei, eins zwei drei.

Wird, gemeinsam mit der Musik, immer ein wenig lauter.

Joseph rührt sich nicht und gibt keinen Mucks.

Agatha läßt Joseph fahren. Er prallt ein wenig gegen den Fernseher.

AGATHA Und jetzt noch ein wenig Spinat. Eins zwei drei.

Schleudert drei Löffel voll nach Joseph. Und noch drei. Eins zwei drei.

Jetzt scheint sie mit dem Spinattopf zu tanzen. Joseph wird grüner und grüner. Und überhaupt auch Agatha. Und überhaupt scheint alles grün, bis es schließlich still wird und

dunkel.

Dunkel und Schluß.

Dazu Musik.

Natürlich der Kaiserwalzer.

Brach

Komödie vom Spielen,
Sterben, Erben,
für einen jungen Herrn und
zwei ältere Damen

Brach und seine Mutter leben in einem gegenseitigen Abhängigkeitsverhältnis zusammen. Brach täuscht ihr vor, eine Doktorarbeit zu verfassen, sie täuscht ihm und sich vor, den Vater, ihren Mann im Krieg verloren zu haben.

Fanny Mohr, die Hausfreundin, macht Ordnung, buhlt derweil um den Sohn, wie sie schon um den Papa gebuhlt hat.

Die drei sind leidenschaftliche Spieler, scheinen aber allesamt leidenschaftliche Verlierer zu sein.

Das Stück braucht eine Simultanbühne. Zwei Räume, eine unaufgeräumte Küche und ein unaufgeräumtes Zimmer – viel Papier liegt da –, hell, verdunkelbar, mit vielen Türen.

Die Küche ist recht karg:

Tisch, drei Stühle, ein hoher, weißer Schrank. Ein tabernakelähnliches Kästchen hängt daneben. Ein großes Foto von Papa. Mit Trauerflor. Ein großer, blitzender Toaster krönt den Tisch. In Brachs Zimmer liegen Bücher und Kleider herum. Ein Bett, ein kleines Campingtischchen. Im Lauf des Stückes wird aufgeräumt. Die Wohnung bleibt blitzblank zurück.

Personen

INGO BRACH, cand. phil., Sohn von
MUTTER BRACH, blind, das heißt zu 80 Prozent sehbehindert, will sagen, was sie sieht, weiß man nie
FANNY MOHR, alte Freundin des Hauses, im selben Alter wie Brachs Mama, das heißt ein Jahr jünger

Vorspiel: Nachtmahr

Brachs Zimmer. Dunkelheit.
Ein überraschender, plötzlicher Schrei Brachs. Der Schrei eines im Traum tödlich bedrohten Menschen.
Brach schreckt auf, knipst eine Lampe an. Schweißüberströmt, entsetzter Blick. Seine Bettdecke hat er von sich geschleudert, so als ob er einen unsichtbaren Angreifer abwehren wollte. Drei der vier Büchertürme um das Bett sind umgestoßen.

MUTTER *off, besorgt* Ingo, was ist denn? Um Gottes willen, was war das für ein fürchterlicher Schrei?

BRACH *faßt sich allmählich* Nichts, Mutter. Alles in Ordnung. Es war nur ein Traum.

MUTTER Nimm doch Schlafpulver, Ingo, wenn du nicht schlafen kannst.

BRACH Danke, Mutter, nicht nötig, ich kann schlafen. Sonst hätte ich ja auch nicht geträumt.
Zu sich Ich weiß nicht einmal, ob es immer derselbe Traum ist, denn kaum wache ich auf, habe ich auch schon vergessen, was mich so in Panik versetzt. Manchmal glaube ich, es ist etwas Unsichtbares, was mich verfolgt, denn sonst müßte ich mich daran erinnern. Eine solche massive Bedrohung kann man doch nicht einfach vergessen. Der Traum müßte greifbar werden, damit ich herausfinde, wo die Bedrohung liegt, so daß ich gegen sie ankämpfen könnte. Don Quichote hat wenigstens die Windmühlen, gegen die er anrennen

kann. Don Quichote hat den Schmerz, wenn er von den Flügeln erfaßt wird, und er hat die Möglichkeit, sich an sie zu klammern, wenn er von ihnen in die Höhe getragen wird. Reicht seine Kraft nicht aus, das weiß er, dann stürzt er. Er weiß, daß er sich das Genick brechen wird, wenn er sich nicht festklammert.

Aber mir hilft das Klammern nichts.

Heute war Andrea wieder nicht hier, seit mehreren Monaten, ich habe aufgehört, sie zu zählen, haben wir nicht mehr zusammen geschlafen. »Ich glaube, du bist eine Art Don Quichote. Deine Mutter ist Sancho Pansa«, sagt sie. Ich glaube, sie hat nichts von mir verstanden. Sie ist dazu übergegangen, von ihren Kindern zu erzählen, die mich einen Dreck interessieren. Das weiß sie, ich hasse Kinder. Ich wäre selbst gerne ein Kind. Ich möchte es mir erlauben können, keine Zähne zu putzen. Ich möchte jemand, den das stört. Ich wünsche mir einen großen Schlauch in der Speiseröhre, durch den mir breiförmige Nahrung verabreicht wird. Ich wünsche mir eine Krankenschwester, die mich wäscht und mir frische Katheter einsetzt. Eine weitere Krankenschwester wünsche ich mir, die der ersten hilft, mich vom Rücken auf den Bauch zu drehen, und die meine Schwären vom Liegen mit antiseptischen Pudern behandelt. Der Vater soll neben meinem Bett sitzen und die Fliegen von meinem Gesicht jagen. Die Mutter soll, dreimal täglich von einem Anfall des Entsetzens geschüttelt, in einer geschlossenen Anstalt sitzen. Fanny Mohr liest derweil aus dem Faust. Andrea soll sich jährlich zweimal von mir schwängern lassen, dazu muß mir die erste Krankenschwester den Katheter entfernen. Wenn ich, verflucht! nicht so lethargisch wäre, wie oft –

die Geschichte lehrt es und auch die Literatur, siehe Hamlet – wie oft führt die Lethargie in die Gewalt.
Die Geburt soll schwer sein, eine Totgeburt.
Ich hasse die Welt und ich liebe mich.
Ich hasse mich und liebe die Welt.
Ich liebe mich und hasse meine Mutter.
Ich hasse mich und ich liebe meine Mutter.
Über meinen Vater habe ich schon gesagt, daß ich ihn hasse?
Er knipst das Licht aus,
singt leise
Ich hab im Traum geweinet
Mich träumte du lägest im Grab
Ich wachte auf, und die Träne
Floß noch die Wange hinab ...
Die alten bösen Lieder
Die Träume bös und arg
Die laßt uns jetzt begraben
Holt einen großen Sarg
Wißt ihr warum der Sarg wohl
So groß und schwer mag sein
Ich senkt auch meine Liebe
Und meinen Schmerz hinein.
Er schlaft schnarchend ein.

Brachs Mutter in der Küche. Die Mutter ißt eine Scheibe Toast.

MUTTER Wie wabbelig doch dieses Toastbrot ungetoastet ist. Weiß der Himmel, weshalb sich Ingo gerade auf diese Marke versteift hat. Sein Schrei heute nacht war weitaus der schlimmste seit mindestens drei Monaten. Möglicherweise hängt das ja mit seiner Allergie zusammen. Ingo hat schon seltsame Marotten, darin ähnelt er seinem Vater.

Sie holt einen Schlüssel hervor, den sie an einem Kettchen um den Hals trägt. Öffnet das Tabernakelkästlein. Holt heraus: zusammengebundene Feldpostbriefe. Bläst Staub ab. Eine Schachtel. Sie setzt sich.

Es wird Zeit, daß mir unsere Fanny Mohr wieder einmal aus deinen Briefen vorträgt, mein Lieber. Ich kenn die Reihenfolge schon auswendig. Berlin. Ein unaussprechliches Dorf in Polen. Warschau. Leningrad. Omsk. Tomsk. Stalingrad. Leutnant der Reserve. Novosibirsk, zerborsten auf einer Tretmine. *Öffnet die Schachtel* Dein liebstes Hobby nach Bismarck. Die Botanik. Auch für mich, weil ich an den Blüten riechen kann, schreibst du in deinem letzten Brief aus Novosibirsk, weil ich so einen Eindruck von der Landschaft bekomme.

Holt einige Blätter und Blüten heraus. Riecht. Und besonders diese Blüte *riecht, niest* riecht, als ob sie frisch wäre.

Überhaupt wird er seinem Vater immer ähnlicher. Irgendwie. Auf eine sehr versteckte Art und Weise. Neulich hat er drei Stunden einem Vortrag im französischen Rundfunk zugehört. Literatur der Gegenwart. Und das, obwohl er kaum ein Wort Französisch versteht. Sein Vater hat auch reihenweise französische Literatur in seinen Regalen stehen gehabt, und dabei sprach sogar ich weitaus besser als er. Auch so eine Eitelkeit von ihm. Bei anderen hingegen reagierte er weitaus empfindlicher, wenn er auch nur eine Spur von Eitelkeit erahnte. Mir wäre er eben ganz sicher ins Wort gefallen und hätte gesagt: Du hast eben das Kunststück fertiggebracht, zweimal fast in ein und demselben Satz das Wort ›weitaus‹ zu gebrauchen.

Seltsam, seitdem mir das einige Male passiert war, zufällig, gebrauchte ich weitaus öfter das Wort ›weitaus‹, als eigentlich nötig gewesen wäre. Aber dieser Toast ist ungetoastet weitaus zu – lieber Himmel, ich mache es schon ganz automatisch –, dieser Toast ist ungetoastet viel zu wabbelig. *Sie steckt die angebissene Scheibe in den Toaster.* Ingo schläft heute aber wirklich sehr lange.

Sie ruft Ingo! Ingolein! Frühstück!

Na, er hatte ja auch wieder einmal sehr schwere Träume.

Ruft Ingolein! Schläfst du noch?

BRACH Nein, ich bin schon wach, Mutter.

Sie verschließt schnell das Kästlein und verstaut den Schlüssel in ihrem Ausschnitt.

MUTTER Das Frühstück, Ingo. Kommst du?

Brach im Bett.

Auf einem Buchstapel steht ein Radiowecker. Der Zeiger rückt auf 11. Eine Vormittagssendung für Hausfrauen; ein Reklamespot.

Brach schreckt hoch. Legt sich wieder hin. Richtet sich langsam auf. Er macht Anstalten, aus dem Bett zu kriechen. Er schält sich aus unmäßig vielen Decken.

Schließlich sitzt er im Pyjama auf dem bloßen Bett. Er zieht den Pyjama aus, unter dem er noch einen Pyjama trägt. Er zieht den anderen Pyjama aus und seine Socken.

Brach ist entweder sehr dünn oder sehr dick.

Brach sucht sich aus den Deckenhaufen und den Kleider-

haufen, die sich vermischt haben, die Kleider heraus. Er zählt auf:

BRACH Erstens: Unterwäsche. Zweitens: Eine Strumpfhose. Drittens: Ein T-Shirt. Viertens: Socken. Fünftens: Schuhe. Sechstens: Hemd.

Jetzt steht er auf. Schaut an sich herunter.

Siebtens: Schuhe wieder aus. Achtens: Hose. Neuntens: Schuhe wieder an. Zehntens: Ein Pullover über das Hemd. Elftens: Eine Weste über den Pullover. Zwölftens: Eine Strickjacke über den Pullover und die Weste.

Er zieht sich an, so wie er es aufgezählt hat. Dazu pfeift er die Melodie des Liedes mit, das eben im Radio läuft; summt ab und an auch ›Im wunderschönen Monat Mai‹, Robert Schumann, Dichterliebe. Er ist nun angezogen, dreht das Radio aus. Lacht auf.

Aus meinen Tränen sprießen
viel blühende Blumen hervor

Lachen

Nun geht er zum Spiegel, reibt prüfend über seine Wangen. Macht dabei den Mund ein wenig auf. Eine Rasur. *Macht den Mund weiter auf. Reibt noch einmal.* Ist tatsächlich wieder eine Rasur fällig?

Plötzlich hält er inne. Erstarrt. Macht den Mund zögernd noch weiter auf.

Aua. *Er reibt mit spitzen Zeigefingern vorsichtig über beide Kiefergelenke. Er bewegt den Mund sehr zaghaft. Macht ihn auf und zu. Etwas weiter auf.* Aua. Aua.

Er dreht sich mit nachdenklich erschrecktem Gesichtsausdruck um. Seine Augen sind weit aufgerissen. Er reibt seine Kiefergelenke. Geht einige Schritte auf die Rampe zu, vorsichtig Mutter! *Etwas lauter* Mutter!

Die Mutter geht zu dem großen weißen Schrank, öffnet ihn. Er ist vollgestopft mit Toastbrot. Sie greift hinein und zieht eine Packung heraus, ungeschickt, so daß zwei weitere Packungen herausfallen. Sie kniet sich auf den Boden und sucht tastend die Pakete. Brach kommt herein. Er streicht sich noch immer behutsam über die Kiefergelenke, öffnet und schließt vorsichtig den Mund.

MUTTER Ingo, bitte, mir ist etwas runtergefallen. Eine oder zwei Packungen Toastbrot sind mir hinuntergefallen. *Sie greift in ihre Schürzentasche und zieht eine dunkel getönte, runde Brille heraus, die sie sich aufsetzt.* Du, Ingo, kannst du mir bitte das Brot aufheben?

BRACH *schlecht verständlich, da er den Mund leicht geöffnet hat* Das Brot? Auf dem Boden?

MUTTER Ich war unachtsam. Es ist ja verpackt. *Steht auf.*

BRACH Du, Mutter, weißt du, was mir heute passiert ist? Etwas sehr Komisches. Ich glaube, ich habe mir beim Waschen den Kiefer ausgerenkt.

BRACH Ausgerenkt. Um Gottes willen, dann könntest du ja gar nicht sprechen. *Sie lacht* Weißt du, Ingo, manchmal bist du wirklich drollig. *Sie bückt sich und versucht wieder, das Toastbrot zu finden. Brach schiebt die beiden Packungen mit dem Fuß unter den Tisch.*

BRACH Weißt du, Mutter, ich glaube, ausgerenkt ist nicht das richtige Wort. Natürlich könnte ich dann nicht mehr sprechen. Das wäre ja eine richtige – wie sagt man gleich – eine richtige ...

Er hebt vorsichtig die beiden Packungen auf.

MUTTER Maulsperre, Ingo. Maulsperre sagt man. Das meinst du doch.

BRACH Ja, richtig, Maulsperre. Da muß man mit einem Boxhieb die ausgerenkten Gelenke wieder einrenken.

MUTTER Das muß ja schmerzhaft sein. Das Brot, ich finde das Brot nicht. Ingo, hilf mir bitte schnell.

BRACH Meinst du, es könnte vielleicht daher kommen, weil ich in letzter Zeit zu wenig geredet habe?

Er steckt die beiden Packungen unter seinen Pullover. Es war ein plötzlicher, stechender Schmerz im Kiefer, im ganzen Kiefer hat es weh getan. Nicht nur in den Gelenken, weißt du. So ein Stechen, ähnlich wie so ein Scheuern, weißt du. Als ob der Unterkiefer an etwas scheuert.

MUTTER *sich aufrichtend* Dieses verflixte Brot. Ingo, schau doch bitte mal unterm Tisch nach. Vielleicht liegt es ja da.

BRACH Da liegt es nicht, Mutter.

MUTTER Ingo, schau doch bitte nach. Du hast ja gar nicht nachgesehen. Du hast dich überhaupt nicht gerührt, das höre ich doch.

BRACH Es liegt wirklich nicht unter dem Tisch, Mutter. Ehrlich. Oder meinst du vielleicht, es kommt daher, weil ich in letzter Zeit zu viel geredet habe?

MUTTER Ich finde, du hast in letzter Zeit so viel oder so wenig gesprochen wie immer, Ingo. Überhaupt nicht mehr oder weniger. *Sie setzt sich.* Ach, Ingo, du weißt doch, ich kann es überhaupt nicht leiden, wenn etwas herumliegt.

BRACH Aber es liegt doch gar nichts herum, Mutter.

Er gießt zuerst seiner Mutter, dann sich Kaffee ein. Die Mutter reicht ihm die Packung Toastbrot. Er steckt zwei Scheiben Toast in den Toaster. So ein ähnliches Geräusch war es. So ein: Klack. Nur leiser natürlich. Woher so etwas kommt, so plötzlich?

Brach springt auf, geht zu seinem Zimmer, schließt laut

die Tür, geht aber nicht hinein. Er schleicht auf Zehenspitzen zurück in die Küche, zieht die beiden Toastbrotpakete unter seinem Pullover hervor, schleicht hinter dem Rücken seiner Mutter zum Schrank und legt den Toast hinein. Schleicht befriedigt in sein Zimmer zurück. Die Reaktion der Mutter, die mit dem Gesicht dem Zuschauer zugewandt ist, sollte die Frage aufwerfen, ob sie was merkt oder nicht.

Er holt unter dem Bett einen kleinen Campingtisch heraus, klappt ihn auf, stellt ihn vor das Bett. Er sammelt die herumliegenden Bücher ein und türmt sie auf den Tisch. An jeder Ecke einen hohen Turm. Verstohlen zieht er zwischen den Büchern einige Pornohefte heraus. Schaut sie ebenso verstohlen und hastig an.

BRACH Nicht nach meinem Geschmack! Lieferung per Nachnahme. Sogar vor dem Frühstück. Im Falle sexueller Not ist Erfindungsgeist das erst' Gebot, drum steht zur Beruhigung meiner Drüse hilfreich mir zur Seite Frau Beate Uhse. Aber ganz diskret. Das Unangenehme war bloß, daß diese Lieferungen, obwohl keine neue Bestellung erfolgte, unablässig über mich hereinbrachen. Und ich mußte die Sendungen ja öffnen, da ich nicht wußte, ob sich nicht doch der bestellte Almanach ›Deutsche Literatur der Neuzeit‹ in dem neutralen Paket befand. Und wie reagierte ich Triebwesen, das ich ja bin? Ganz sekret. Ein circulus sexiosus.

Er steht auf und öffnet die Läden. Helles Licht durch das Fenster. Er beugt sich aus dem Fenster. Vogelgezwitscher.

BRACH Wie es von einem Tag auf den anderen Frühling wird, das ist erstaunlich. Plötzlich zwitschern Vögel, Gras grünt, Himmel blau. Blüte. Auf einen Schlag. Wie so etwas so plötzlich kommt. Das finde ich erstaunlich daran. Ein einziges Riesengesumme in der Luft, später flimmert es dann sogar über den Straßen. *Er dreht sich um* Ob diese plötzliche Kieferverrenkung damit zusammenhängen mag? Kaum vorstellbar. Eigentlich sogar eine absurde Vorstellung. *Schaut wieder hinaus* Die Geräusche, das Licht, alles einfach frühlingshaft, anders als noch gestern. *Schaut nach oben* Sogar die Flieger ziehen andere Kondensstreifen als sonst.

Plötzlich starkes Niesen. Brach fährt vom Fenster zurück. Lehnt sich mit dem Rücken gegen die Wand. Niest noch einmal, zuckt dabei am ganzen Körper zusammen. Er schlägt schnell das Fenster zu. Läuft zum Waschbekken. Spült sich die Nase mit Wasser.

Herrgott. Herrgott. Fängt das wieder an. *Niesen* Diese verfluchte *Niesen* verfluchte Allergie. Mutter! *Lauter* Mutter! *Er geht zur Tür. Bleibt stehen. Niest. Geht in die Küche* Mutter, die Tropfen. Die Tabletten. Wo ist dann das Zeug wieder!

MUTTER Was denn, Ingo. Was ist denn? Suchst du was?

BRACH *niesend* Die Tropfen. Es fängt wieder an.

Brach und seine Mutter in der Küche. Brachs Kopf ist gerötet. Die Augen tränen. Vor sich stellt er eine Schüssel, in die er ab und an einen Lappen taucht und sich damit die Augen tupft.

MUTTER So. Hat es also wieder angefangen, Ingo. Wieder am selben Tag, dasselbe Datum wie letztes Jahr. Ist das nicht merkwürdig. Jedes Jahr an genau demselben Tag dein Anfall.

Steht auf, räumt Reste des Frühstücks ab.
Wenn ich nur wüßte, wo du diese Tropfen hingeräumt hast, Ingo.

BRACH *gequält* Mutter, nicht ich habe die Tropfen irgendwo hingeräumt. Ich habe sie auf die Ablage über meinem Waschbecken gestellt. Wie jedes Jahr.

MUTTER Aber du sagst doch selbst, da sind sie nicht, Lieber.

BRACH Da sind sie nicht, Mutter, weil du sie weggeräumt hast.

MUTTER Das wüßte ich doch, Ingo. Ich habe sie sicher nicht weggeräumt.

BRACH Dann hat sie deine Fanny Mohr weggeräumt.

MUTTER Aber Ingo, wieso sagst du denn immer: Deine Fanny Mohr? Du wirst einsehen, daß ich den Haushalt nicht allein führen kann.

BRACH Und du weißt ebensogut, daß ich arbeiten muß, Mutter.

MUTTER Aber so war es doch nicht gemeint. Natürlich mußt du arbeiten. Das weiß ich sehr gut, Lieber. *Mitleidig* Wenn ich nur wüßte, wo du die Tropfen hingetan hast. Meinst du, ich rufe an und frage, ob sie vielleicht die Tropfen gesehen hat?

BRACH *triumphierend* Siehst du, nun sagst du es ja selbst.

MUTTER Was sage ich selbst?

BRACH Na, daß deine Fanny Mohr die Tropfen weggeräumt hat.

MUTTER Aber Ingo, sie ist genausogut deine Fanny Mohr.

BRACH Also gut, schön. Ruf – bitte, Mutter – unsere Fanny Mohr an.

Brach geht in sein Zimmer, zieht die Vorhänge zu. Legt sich hin. Klopfen. Stimme der Mutter.

MUTTER Ingo, mir ist eben etwas eingefallen. Es ist doch heute Mittwoch, Ingo.

BRACH Mittwoch hin oder her. Hast du die Tropfen gefunden, Mutter? *Grob* Mir ist im Moment scheißegal, was für ein Tag heute ist. Von mir aus Mittwoch.

MUTTER *beleidigt* Ach, Ingo. Was bist du so grob?

BRACH Weil, entschuldige, Mutter, ich eine fürchterliche Allergie habe. Eine schlimmere Allergie als im letzten und vorletzten Jahr. Überhaupt wird es jedes Jahr schlimmer.

MUTTER Du Ärmster. Aber ich frage doch nur, ob heute Mittwoch ist, weil Fanny Mohr mittwochs nicht zu Hause ist. Sie hat heute Canasta-Tag bei Frau Doktor Gerlach. Falls heute Mittwoch ist.

Die Mutter kommt nun ins Zimmer. Sie hat die Brille auf und den weißen Blindenstock in der Hand.

Ich wollte eben rüber zur Telefonzelle, als mir eingefallen ist, daß heute Mittwoch ist.

Sie geht auf Brachs Bett zu.

BRACH Vorsicht, Mutter. Stoß bitte nicht an mein Tischchen.

MUTTER Ich hab ja den Stock, Ingo. Sag, kommst du voran mit deiner Arbeit?

BRACH Es geht. Ganz gut, ja. Danke.

MUTTER Aber Lieber, was bedankst du dich denn?

BRACH Ich bedanke mich, weil du der einzige Mensch bist, der sich für meine Arbeit interessiert. Der sich überhaupt interessiert, wie es mir geht oder was ich tue und was daraus wird, was ich tue.

MUTTER Ich freue mich, daß es gut vorangeht, Ingo.

BRACH Andrea zum Beispiel war vor vier Tagen das letzte Mal hier. Montag. Und glaubst du, sie hätte gefragt, was meine Arbeit macht? Dafür hat sie aber erzählt. Von ihren süßen, goldigen Kindern, wie intelligent, wie aufgeweckt, wie frech, wie trotzig, wie lieb aber trotz alledem. Man muß sie einfach lieb haben, die Kleinen.

MUTTER Aber Kinder sind doch nun mal goldig. Du zum Beispiel warst herzallerliebst, wirklich. Blonde Locken, ganz dünne, zarte Flaumhaare hast du gehabt. Wie ein Engel, wirklich.

BRACH Mutter, bitte. Weder wußte Vater, wie ein Engel aussieht, geschweige denn weißt du, wie ich ausgesehen habe. Entschuldige wirklich, aber so etwas mag und kann ich mir nicht anhören.

MUTTER Ich erzähle dir nur, was dein Vater mir erzählt hat. *Beleidigt* Daß ich blind bin, weiß ich selbst sehr wohl.

BRACH So habe ich es nicht gemeint, Mutter, entschuldige. Ich war als Kleinkind ekelhaft aufgeblasen, fett, damals schon Schuppen und Hängebacken. Außerdem, liebe Mama, sag bitte nicht, du seist blind. Achtzig Prozent sehbehindert, das ist nicht blind.

MUTTER Ingo, manchmal bist du wirklich ekelhaft. Erst ziehst du über Andrea her, dann über mich. Und schlußendlich noch über deinen Vater.

BRACH Frau Mohr hast du vergessen, Mutter.

MUTTER Ach, Ingo, immer hast du irgend etwas gegen die Menschen, die dir helfen, denen du viel zu verdanken hast. Fanny Mohr macht uns den Haushalt, und ohne deinen Vater und seine Rente könntest du hier nicht in deinem Zimmer im Dunkeln sitzen und eine ominöse Doktorarbeit schreiben.

BRACH *lacht auf* Da haben wir's mal wieder. ›Ominös‹ sagst du. Immer wenn du aus irgendeinem Grund schlechte Laune hast, wird meine Arbeit auf einmal ›ominös‹.

MUTTER *beschwichtigend* Oh, Ingolein. Es tut mir ja so leid. Ich habe doch gar keine schlechte Laune. Im Gegenteil, es ist herrliches Wetter draußen. So richtiges Frühlingswetter. Weißt du was? Du solltest ein wenig hinausgehen. In den Park vielleicht. Ein bißchen auf der Bank sitzen, einfach nur so, ein bißchen ausspannen, faul sein, Ingo.

BRACH *schlägt die Hand an die Stirn* Mutter! Ich liege hier und sterbe schier an dieser Allergie – und deshalb bin ich, ich gebe es zu – ein wenig gereizt. Aber wie kannst du mir nur vorschlagen, hinauszugehen. Schon bei dem Gedanken, da draußen zu sitzen, wo alles mit Blütenstaub vergiftet ist, bekomme ich Magenkrämpfe vor Ekel. *Niest* Siehst du, nur bei dem Gedanken daran muß ich niesen.

MUTTER Mein Gott, deine Medikamente! Wo können die nur hingeraten sein. Ich habe nur an früher gedacht. Ich kann mich an viele solche Tage erinnern: Frühling, alles grünt und blüht draußen, die Hummeln summen. Das ist so ein angenehmes Geräusch; beruhigend und anregend zugleich. Weißt du noch, wie wir draußen gesessen haben, unter der Reiterstatue, wo die Tauben dem Bismarck auf den Kopf ... Wie haben wir immer gelacht. Du auch, Ingo. Wie gut du dich mit Vater verstanden hast.

BRACH *lacht hell auf.*

MUTTER Du hast ihm übelgenommen, daß er so plötzlich wegstirbt. Einfach so wegstirbt und dich – uns – allein läßt. Zu einer Zeit allein läßt, wo du ihn so nötig gebraucht hättest.

BRACH Später, mit Eintritt meiner Pubertät, die ich heute noch als notwendiges Übel betrachte, habe ich auch diese Allergie bekommen.

MUTTER Regelmäßig, wie eine kleine Uhr schlägt, hast du angefangen zu niesen.

BRACH ... Ausschläge zu bekommen ...

MUTTER ... tränende gerötete Augen ...

BRACH ... diese Gereiztheit. Du hast viel darunter zu leiden, Mutter, ich weiß es wohl.

MUTTER Ich weiß doch, wie schwer es für dich ist, Ingolein. Wie schwer du es gehabt hast, seit Vaters Tod.

BRACH Noch heute versuche ich, aus diesem Mann ›Vater‹ schlau zu werden. Bismarck war ja immer eine Art Vorbild für ihn ...

MUTTER ... ein Heiliger fast. O ja.

BRACH Wie er sich stundenlang nicht darum gekümmert hat, was um ihn herum vorgeht, wie er nur die Tauben beobachtet hat, wie sie Bismarck auf den Kopf kacken.

MUTTER Man konnte ihm erzählen, was man wollte, immer nur genickt hat er, manchmal auch gelacht,

BRACH ... wenn gerade wieder eine Taube gekackt hat. Merkwürdiges Vergnügen für einen Mann seiner Bildung.

MUTTER Gedanken und Erinnerungen. Das war eine Quelle ständiger Erquickung für ihn. Weißt du was, ich kann mir gut vorstellen, daß er nachts heimlich aus dem Haus gegangen ist, mit Leiter, Lappen und Putzmittel, um Bismarcks Haupt zu reinigen.

Beide lachen. Brach verstummt plötzlich.

BRACH Hast du es jetzt gehört.

MUTTER *lachend* Was denn, Lieber?

BRACH Ganz deutlich, ganz laut, schlimmer als vorhin.

Das Knacken. *Bewegt den Mund, untersucht die Kiefergelenke.* So ein: Klack! *Hat den Mund leicht geöffnet.*

MUTTER Um Gottes willen, Ingo, Maulsperre! *Sie tastet nach seinem Gesicht. Brach nickt, die Mutter ohrfeigt ihn.*

BRACH Aua. Bist du verrückt geworden? *Betrachtet sich im Spiegel* Ganz rot, die Backe.

MUTTER Das ist so üblich, bei einer Maulsperre, Ingo. *Brach verdutzt; die Mutter geht in die Küche. Brach beginnt, Decken im Waschbecken naßzumachen, um sie dann an den Fenstern aufzuhängen.*

BRACH ... ausfiltern muß man es, das Gift. Einfach ausfiltern, die Pollen. Durch die Feuchtigkeit in dem Gewebe werden die Pollen gebunden, und frische Luft kommt, gekühlt und rein, in den Raum. Ich brauche reine Luft wie das tägliche Brot. Frische, reine Luft. Andrea wollte heute noch vorbeikommen. Andrea haßt die dumpfe Luft in meinem Zimmer. Ingo, lüfte doch einmal, sagt sie. Mir zuliebe. Ich kann nun einmal helles Licht nicht vertragen. Vater hat immer gesagt: Junge, wenn du gute Arbeit leisten willst, dann brauchst du gutes Licht. *Er geht zu dem Tischchen und räumt die Bücher ab.* Für heute habe ich genug gearbeitet. Dieser verfluchte Heuschnupfen. Diese kindische Allergie. In meinem Alter. *Er baut die Bücher zu einem einzigen großen Turm in einer Ecke des Zimmers auf. Auf die Titel schauend* Rosner: Das Bacchanal. Nieden: Konvergenz der Sinne. Despélé: Séquence Infernale. Jakob von Gunten: Von der Erlösung des Dieners. Jacques Pontillac: Schon wieder ein Franzose. Originalausgabe 1882. Wo der Alte doch noch weniger Französisch sprechen konnte als Mutter. Auch so eine Eitelkeit von ihm, fremdsprachige Literatur in seine Regale zu stopfen. Das hat sogar Mutter durchschaut. *Er wirft den Turm um, greift unter das Bett und zieht einen Kassettenrekorder hervor.* Nun werde ich doch noch ein wenig arbeiten, Mutter. Es geht sehr gut voran, Mutter. Hörst du, wie gut: *er schaltet das Gerät ein – Schreibmaschinengeklapper.*

MUTTER *off* Das Essen, Ingo. Das Abendessen ist gleich fertig. Kommst du?

BRACH *leise* Als ob diese Essen einer Vorbereitung bedurften. *Laut* Ich arbeite noch ein Stündchen, Mutter. Es läuft gerade so gut.

MUTTER *off* Gut, Ingolein. Warten wir eben noch ein Stündchen. *Pause* Ich freue mich, wenn es gut läuft, solche Gelegenheiten muß man beim Schopf packen, nicht wahr, Ingo?

Brachs Mutter in der Küche. Sie geht zum Schrank. Holt eine Packung Toastbrot, ist diesmal äußerst sorgfältig, so daß nichts herunterfällt. Immer noch überlautes Schreibmaschinengeklapper. Sie geht zum Tisch. Öffnet die Pakkung mit dem Toastbrot.

MUTTER Eßt Vollkornbrot, Kinder! *Lachen. Sie senkt ihre Stimme und ahmt eine Männerstimme nach.* Eßt Vollkornbrot. Nur Vollkornbrot. Das erspart euch sogar das Zähneputzen. *Längeres Lachen, während sie eine Scheibe Toast in den Toaster steckt.* Heute weigert sich Ingo, etwas anderes zu essen als Toastbrot und Fleisch aus der Dose. Nicht einmal ein frisches Weißbrot ißt er mir. Toastbrot aus dem Supermarkt muß es sein, eine ganz bestimmte Sorte nur. Ja, natürlich erleichtert mir diese Marotte das Einkaufen. Zehn Dosen Fleisch, zehn Pakete Toastbrot jede Woche. Das ist schnell besorgt und auch schnell gekocht. Nun, was heißt gekocht. Ich stecke den Toast in den Toaster. Die Büchsen koche ich, das heißt, ich erhitze sie einfach in heißem Wasser. Ingo öffnet sie dann für mich. Schon lange wollte er mir einen elektrischen Dosenöffner schenken. Dann könnte ich auch das alleine machen. Aber es kommt nie dazu. Bestimmte Anlässe, mir Geschenke zu machen, Weihnachten, Geburtstag, von mir aus auch Namenstag, die vergißt Ingo grundsätzlich. Er hat aber auch viel zu tun, das heißt, er ist nie mit seiner Arbeit fertig. Feierabend kennt er nicht. Zwar kann er morgens so lange schlafen, wie er Lust hat, aber seine Arbeit beschäftigt ihn immer, vermutlich auch im Schlaf.

Sie ruft Ingo! Bist du soweit? Ich setze jetzt das Fleisch auf.

Setzt das Fleisch auf, macht frischen Toast.

Du schreibst ja unaufhörlich, Ingo. *Zu sich selbst* Also ich müßte immer wieder aufhören mit Schreiben und nachdenken.

Man hört das Geräusch einer Wasserspülung.

Bist du soweit, Ingo?

BRACH Ja, gleich, Mutter. Ich muß eben noch diesen Absatz fertigschreiben.

Der Toast ist fertig und springt aus dem Toaster. Gleich darauf bricht Brachs Schreibmaschinengeklapper abrupt ab.

MUTTER *nimmt den Toast heraus. Brach kommt herein.* Gerade ist der Toast fertig geworden, Ingo. Er ist noch ganz heiß.

BRACH So heiß mag ich ihn nicht, Mutter.

MUTTER Dann laß ihn ein wenig abkühlen. Magst du Butter?

BRACH Butter?

MUTTER Ich meine Margarine. Natürlich Margarine.

BRACH Ja, danke. *Sie reicht ihm die Margarine.* Sag mal, gibt es heute kein Fleisch?

MUTTER Aber natürlich, Ingo. Es müßte schon heiß sein.

Brach steht auf, geht zu dem kleinen Elektrokocher, nimmt den Topf herunter, nimmt die Konserve aus dem Topf, sucht den Dosenöffner in der Schublade.

BRACH Mutter, wo ist denn der Dosenöffner?

MUTTER In der Schublade, Lieber.

BRACH Da ist er nicht, Mutter.

MUTTER Da muß er aber sein, Lieber.

BRACH Ich bin doch nicht blind, Mutter. Da ist er nicht.

Er wühlt in der Schublade.

MUTTER Dann gibt es heute eben leider nur Toast. Kein Fleisch.

BRACH Dieser verfluchte Dosenöffner muß doch irgendwo zu finden sein.

MUTTER Manchmal habe ich das Gefühl, in diesem Haus lösen sich manche Dinge einfach in Luft auf. Verschwinden einfach. Sind, puff, weg. Unauffindbar. Urplötzlich verschwunden. Übrigens, Ingo, was macht denn deine Maulsperre?

BRACH *wütend suchend* Was?

MUTTER Na, deine Maulsperre von vorhin, Ingo!

BRACH Maulsperre? Du meinst so ein Stechen, ähnlich wie so ein Scheuern. Als ob das Kiefergelenk ...

MUTTER ... an etwas scheuert.

BRACH Ach, das meinst du. *Reibt sich prüfend über die Kiefergelenke.* Das ist verschwunden. Einfach nicht mehr da. Weg. Weißt du, eine Maulsperre kann es nicht gewesen sein. Dann hätte ich ja nicht mehr sprechen können. Weißt du, so eine Maulsperre muß man mit einem Boxhieb wieder einrenken.

MUTTER Das stelle ich mir sehr schmerzhaft vor, Ingo. Übrigens, die beiden Packungen Toastbrot, die mir vorhin runtergefallen sind, ungeschickterweise, weißt du, ich habe sie wieder gefunden.

BRACH Ach, dann muß ich sie wohl übersehen haben.

MUTTER Ja, Ingo, unter dem Tisch haben sie gelegen. Sag mal, Ingo, soll ich morgen nicht einmal ein Vollkornbrot mitbringen, zur Abwechslung? Weißt du noch, wie Vater immer gesagt hat...

BRACH ...eßt Vollkornbrot, nur Vollkornbrot, Kinder. Das erspart euch sogar das Zähneputzen. Ich weiß noch. Nein, danke, Mutter, ich putze mir die Zähne im allgemeinen nicht, ich halte das für schädlich, diese modernen Zahncremes mit den ganzen Chemikalien drin, lieber putze ich mir die Zähne überhaupt nicht.

MUTTER Stimmt ja, Andrea stört das sicherlich. Hat sie deswegen noch nichts gesagt?

BRACH Natürlich stört sie das. Aber deswegen ruiniere ich mir meine Zähne noch lange nicht. *Die beiden essen schweigend. Brach niest unvermittelt, aber heftig, die Mutter steht auf, Brach guckt erstaunt, dann mißbilligend. Sie zieht ihren Mantel an.*
Willst du etwa jetzt spazierengehen?

MUTTER Ja, spazieren. – Zur Apotheke. *Sie geht.*
Pause

Brach ungeduldig in seinem Zimmer. Er lauscht zur Küche hin, ob die Mutter wieder zurück ist. Ruft.

BRACH Mutter. Mutter! *Keine Antwort. Brach versucht probeweise zu niesen. Ohne Erfolg. Er lacht in sich hinein.*

BRACH Weg, einfach weg, die Allergie. Wie . . . wie . . . wie weggeblasen. Mutter! Mutter! *Er sucht die Mutter in der ganzen Wohnung.* Einfach weg. *An der Tür ein Geräusch. Brach atmet sichtlich auf. Er eilt zur Tür. Will öffnen, zögert. Dreht sich herum, geht zum Schrank und tut so, als suche er etwas. Herein kommt Fanny Mohr.*

BRACH *mit dem Rücken zu ihr in der Schublade wühlend* Dachte schon, du seist überfahren. Wo ist denn das verfluchte Ding? Weißt du, einfach überfahren. Rawumms, das Genick gebrochen oder so. Ich glaube, wir brauchen einen neuen.

MOHR *holt aus ihrer Tasche einen Dosenöffner* Fanny Mohr allein bringt Glück ins Heim. Ihr habt ihn sicher schon vermißt. Ich habe einen neuen besorgt, der alte hat nichts mehr getaugt. Wollte ein wenig Ordnung machen, Ingo. *Sieht sich um, sieht die Unordnung.* Ist auch nötig. Bin heute etwas spät. Habe Bücher besorgt, für die Volkshochschule. *Brach geht in sein Zimmer.* Das Genick ist noch heil. *Mohr folgt ihm.* Schau mal! *Sie bewegt kreisend den Kopf.* Javanische Fruchtbarkeitstänze, in der Volkshochschule. Zuerst, sagt unsere Lehrerin, muß der Kopf frei sein wie ein kleiner Vogel. Dann erst der Bauch. Dann kann man erst an die Fruchtbarkeit denken, meint sie. Sonst zürnen die Götter.
Wo ist deine Mama? Einkaufen? Hast du sie wieder Einkaufen geschickt?

BRACH Laß doch diesen ›Du-hast-deine-blinde-Mamaschon-wieder…‹-Ton. Achtzig Prozent sehbehindert, das ist nicht blind. Außerdem macht es ihr Freude, das Einkaufen. Sie geht immer Einkaufen. Sie braucht das, sagt sie.

MOHR Freude? Das verstehe ich. Braucht sie. Ich mache Ordnung. *Sie beginnt, den herumliegenden Kleiderhaufen zu ordnen. Mustert Brach in seiner seltsamen Aufmachung. Wirft ihm einen zufällig daliegenden schwarzen Anzug hin.*

MOHR Fängst du? Hopp!

BRACH *fängt* Papas schwarzer. Gut, sind wir eben in Trauer, heute.

Er zieht den Anzug über. Er ist altmodisch und paßt Brach nicht. Brach kramt in den Taschen, findet ein Kartenspiel, zieht es hervor, fächert es auf. Hält den Fächer Fanny Mohr hin. Hopp, zieh eine!

MOHR Hab ich gewonnen?

BRACH Zeig mal. Pik-Dame, die schwarze Dame.

MOHR Die schwarze Dame. Pik bringt Unglück, Trauer, Tod. Es gab vor kurzem einen Kursus: ›Aberglauben, Geister, Omen. Magie und Okkultismus im Alltag.‹ Habe ich abgebrochen, war mir zu langweilig.

BRACH Zu langweilig. *Er geht in die Küche, schaut aus dem Fenster, ein Auto hupt kurz, er geht zurück in sein Zimmer, schaut aus dem Fenster.*

Was mir fehlt, wäre eine Wende. Der plötzliche Tod meiner Mutter. Zum Beispiel.

Nun hat der plötzliche Tod meiner Mutter eine Wende gebracht in meinem Leben, liebe Fanny. Unter der Erde ist sie. Wie sie so dalag in ihrem blauen Kleid. In der Sankt-Ulrich-Kirche. Es ist – war ein vollkommener Friede. Äußerlich war ihr nicht viel anzusehen. Die kosmetische Kunst des Institutes Packs machte aus ihr eine Schlummernde. Friedlich, außerordentlich friedlich. Das machte ein gebrochenes Genick bedeutungslos. Für den Augenblick wenigstens. Deshalb spüre ich noch immer keine Trauer.

Brach legt sich auf sein Bett. Zündet sich eine Zigarette an. Raucht. Eine Erdbestattung hat sie testamentarisch angeordnet. *zieht genüßlich an der Zigarette* Na, Mutter hat es ja auch gehaßt, wenn ich geraucht habe. Bis ich es schließlich selbst gehaßt habe. Eigentlich schmeckt es mir auch nicht. *Er drückt die Kippe auf dem Boden aus.* Außerdem macht es gelbe Zähne.

Fanny Mohr hebt die Kippe auf, nimmt Lappen und Eimer, putzt die Fenster, Brach betrachtet sie. Lärm von draußen.

BRACH Was für ein Lärm das ist da draußen, ist mir nie aufgefallen. Es ist schon ein mörderischer Verkehr. Mutter ist ganz plötzlich über die Straße gelaufen, ohne weder nach rechts noch nach links zu ... *er steht auf* ... sie hätte ja auch Umstehende bitten können, Passanten, ihr behilflich zu sein. Als ob der weiße Stock, die Brille sie immun machten gegen daherrasende Automobile, nicht einmal die gelbe Binde um den Arm hat sie getragen. Ihre Gedankenlosigkeit war ihr Tod, und ihr Tod hat eine Wendung, eine plötzliche Wendung gebracht in meinem Leben. Den Fahrer traf wohl keine Schuld. Er hat ja noch gebremst, so gut es ging.

Frau Mohr trägt einen Stapel Prospekte aus Brachs Zimmer.

MOHR Man soll so was nicht berufen, Ingo. Am Ende zürnen die Götter.

BRACH Mir? Du meinst, sie schlagen mich mit dem Fluch

der Unfruchtbarkeit? *Er bewegt den Kopf wie bei einem javanischen Fruchtbarkeitstanz.* Das würde bei meinem mönchisch-zölibatären Leben gar nicht so sehr ins Gewicht fallen.

Er steht auf, bringt noch herumliegende Post in die Küche. Sieht einen Umschlag, der ihn zu interessieren scheint. Die anderen wirft er achtlos auf den Boden. Er zögert, öffnet den Umschlag, liest. Derweil räumt Frau Mohr die Papiere vom Boden auf.

BRACH Reklame, nichts als Reklame. Was es nicht alles gibt, heutzutage. Werden Sie schlank innert vierzehn Tagen, ohne zu hungern. Wie das gehen soll? Ein elektronisch gesteuerter Massagegürtel vibriert Ihnen Ihr überflüssiges Fett einfach weg. Wer auf solchen Unsinn hereinfällt, ist selber schuld. Bekommen Sie Muskeln wie Mister Universum. *Er tritt vor den Spiegel. Betrachtet sich. Zieht die Jacke aus und läßt seine Muskeln spielen.* Na?

MOHR Na? Ich empfehle dir den elektronischen Massagegürtel.

BRACH *zieht die Jacke wieder an, liest weiter* ... mit unserem Heimtrainer spielend leicht. Ts. Einsam? Holen Sie sich eine aufregende Gefährtin. Beachten Sie unsere Abbildungen. Hm, nicht schlecht. Mit Andrea nehmen's die allemal auf. Diese hat ja enorme ... obwohl das nicht mein Geschmack ist. Lebensecht! 100 Prozent Vinyl! Abwaschbar! Zu komisch. *Er lacht* Hier ein Tränengasspray. Brauche ich nicht. Eine Gaspistole? Nein. Fühlen Sie sich wie Wilhelm Tell! Eine Armbrust. Sogar mit Zielfernrohr. Als ob Tell mit Zielfernrohr ausgerüstet gewesen wäre. *Er legt den Katalog weg, greift zu dem Brief.*

MOHR Was es für Unsinn gibt, nicht zu glauben. *Reicht ihm einen Umschlag* Der Brief ist vielleicht von Andrea. *Brach öffnet ihn, liest, Frau Mohr ist neugierig. Brach dreht ihr beim Lesen den Rücken zu, sie versucht, ihm über die Schulter zu sehen. Kleiner Kampf um den Brief.*

BRACH *erfindet* Sehr geehrter Herr Brach! Nun endlich habe ich, nach Rücksprache mit meiner Frau, einer ausgiebigen Rücksprache, wie Sie mir, verehrter Herr, glauben können, mich durchringen können, durchringen können? können, Ihnen zu schreiben und auf diesem Wege mein von ganzem Herzen kommendes Beileid auszusprechen. Hätte meine Frau, auf deren Rat ich mich in solchen Dingen zu verlassen gewöhnt bin, mir nicht davon abgeraten, an dem Begräbnis Ihrer verehrten Frau Mutter teilzunehmen, so hätte ich dies damals schon getan. Seien Sie noch einmal versichert, mich trifft keine Schuld an diesem furchtbar tragischen Unfalle. Noch heute bin ich erschüttert.
Dieser Mann ist erschüttert. Das ist aufrichtig, ehrlich, spüre ich sofort, ihn trifft keine Schuld. *Brach steckt sich wieder eine Zigarette an, zündet den Brief an, streut die Asche aus dem Fenster.*
Asche zu Asche, Staub zu Staub.
Ruh, ruh, verstörter Geist.
Woher habe ich das? *Gähnt* Wohl irgendwo gelesen. *Schaltet das Radio ein.*

SPRECHER Mit dem Gongschlag ist es 14 Uhr. Sie hören Nachrichten.
Je nach Aufführungsort kann ein Originalmitschnitt der regional gehörten Rundfunkanstalt verwendet werden. Der Sprecher verliest die Nachricht über den Mord an Bundesanwalt Bubak. Um den Text zu ›aktualisieren‹,

können ähnliche Vorfälle verwendet werden. Etwa über die Festnahme der Brigitte Mohnhaupt und des Christian Klar mit einer Liste sämtlicher Vergehen, derer sie voraussichtlich angeklagt werden. Auf alle Fälle aber sollte es eine Meldung von außerordentlicher Brisanz sein.

BRACH *springt auf, stellt das Radiogerät ab* Für derlei Dinge fehlt mir das Verständnis. Wie auch damals, als ich meine Studienzeit in dieser furchtbar heißen Stadt verbracht habe, als da die Steine flogen und Molotow-Cocktails, habe ich mich geduckt, obwohl sie, das wußte ich natürlich, nicht mir galten, sondern dem Establishment. Es war in einer Zeit, in der auch täglich in den Tagesschaunachrichten die Bilder gezeigt wurden, weißt du, die mir anfangs noch mein Abendessen vergällten, das verbrannte Fleisch, bis ich dann die Dosenkost entdeckte, weit entfernt von allem Lebendigen in einem diffusen, aber sterilen Saft schwimmend. So wurde mir alles, was ich sah, hörte, aß, fremd, auch ekelhaft und begleitet von diesen Bildern.

Zum Glück hatte die Mutter schon kurz nach dem Tod des Vaters alle Bilder und Briefe, diese Briefe auf dem leichten Feldpostpapier, die du ihr vorlesen mußtest, verbrannt. Verbrannt mit all den getrockneten Gräsern *Frau Mohr geht in die Küche, Brach folgt ihr* und den Birkenblättern, die er mit in den Umschlag gesteckt hatte und zuvor angeblich unter Lebensgefahr gepflückt in polnischen oder russischen Wäldern oder aus gefrorener Erde gezupft. Omsk, Tomsk.

Nur eine einzige Blüte war übriggeblieben, die roch! Als ob sie frisch gewesen wäre! Frisch!

nimmt eine Scheibe kalten Toast

Und auch dich, du Scheiß-Reliquie *wirft den Toast gegen das Kästchen* erbreche ich demnächst. Auf dem Magen liegst du mir schon seit langem schwer genug!
Zu Frau Mohr Zeit, daß du wieder einmal Ordnung machst in diesem Saustall! *Frau Mohr hebt den Toast auf.*

Brach geht in sein Zimmer. Er sortiert die Bücher. Wirft sie auf zwei Haufen.

BRACH Die guten ins Töpfchen *wirft* die schlechten ins Kröpfchen *wirft* Kleist, Kohlhaas und Schiller. Die Räuber, Ernst Jünger, Marmorklippen und Ernst Jünger, Stahlgewitter.
Zögert Wie soll ich mich da entscheiden *legt die beiden Bücher auf den Tisch* Shakespeare, Hamlet und Beckett. Das letzte Band, Bismarck, Gedanken und Erinnerungen, und wieder Schiller, Wilhelm Tell. *Nimmt den Beckett und liest laut.*
Brach geht lesend in die Küche.

BRACH »... Wit-ibtum. *Seine Lippen formen tonlos noch einmal das Wort ›Wit-ibtum‹* Stand oder Stellung einer Person, die Witwer ist oder bleibt. Dichter Witwenschleier auch beim Tier, besonders bei einem Vogel, dem Witwen- oder Webervogel. Schwarzes Gefieder des Männchens. *Genießerisch, blickt auf* Der Witwenvogel.«

MOHR Schön, Ingo, schön, wirklich. Von dir? Oder aus dem großen Brockhaus?

BRACH Wie lange schon hab ich nicht mehr gelesen? Was nur habe ich die ganze Zeit getrieben?

MOHR Nichtstun?

BRACH *ärgerlich* Zuviel Arbeit. *Blättert zurück* »...auf das vergangene Jahr zurückschaue und es hoffentlich schon ein wenig im Licht meiner alten, zukünftigen Augen sehe, so ist da natürlich das Haus am Kanal, wo Mutter im Sterben lag nach ihrem langen Wittum, im Spätherbst.« Wittum. Zum Tode gehört das Vermächtnis. *Geht in sein Zimmer. Legt sich hin. Scheint nachzudenken.*

MOHR Zum Tode gehört das Vermächtnis. Ein Satz, der von deinem Papa stammen könnte. *Sie kommt ihm nach, setzt sich auf die Bettkante.* Weißt du, daß du oft solche Sätze sagst?

BRACH Findest du? Mutter sagt immer, Papa hätte keinen Sinn für Humor gehabt.

MOHR Er konnte sehr amüsant sein.

BRACH Hat er Witze gemacht?

MOHR Manchmal endlos. Man wußte oft nicht, ob er's im Grunde nicht doch ernst meinte.

BRACH Weiß man das bei mir?

MOHR Weißt du, Ingo, du kannst...

BRACH Was?

MOHR Du kannst sehr amüsant sein.

BRACH Mutter sagt auch über mich, ich hätte keinen Sinn für Humor.

MOHR So, und dabei machst du doch manchmal sogar Witze.

Brach steht auf, schaut aus dem Fenster. Frau Mohr legt sich jetzt hin.

MOHR Wenn du so den ganzen Tag auf deinem Bett liegst, was siehst du da? *Schaut nach oben.*

BRACH Die Spinnwebe mit der ausgesaugten Wespe.

MOHR Eine Hummel, glaube ich. Und.

BRACH Den feuchten Fleck, etwas rechts daneben.

MOHR Über uns das Badezimmer von Frau Gellerts.

BRACH Das ist von dem Rohrbruch vor acht Jahren.

MOHR Ostern.

BRACH Weihnachten.

MOHR Ich glaube, es war zu Ostern.

BRACH Falsch. Es ist geplatzt wegen der Kälte. Weihnachten. Frau Gellerts hatte damals den Schlaganfall.

MOHR Richtig, lag da bis Ostern. Als es warm wurde, hat man sie erst gefunden.

BRACH Der Fleck wurde täglich größer. Irgendwann erschien er mir bedrohlich, da habe ich die Hausverwaltung angerufen. Rasch tritt der Tod den Menschen an, es wird ihm keine Frist gegeben, bereitet oder nicht, zu gehn.

MOHR Lustig, Ingo, ein Satz wie von deinem Vater. Schon wieder.

BRACH Unsinn, von Goethe. Oder Schiller? Oder irgendein Franzose. Ah, schau mal, da kommt dieser Mensch aus der Bank.

MOHR *steht auf, schaut* Von der Bank?

BRACH Von der Kreditabteilung. Der immer die neuen, großen Wagen fährt.

MOHR Ach, der. »Es ist nicht üblich, auf Geschriebenes Kredit zu geben. Und auf Ungeschriebenes schon gar nicht.« Hat er doch gesagt.

BRACH *wütend* So ähnlich. Kein Wunder, daß sie keinen Kredit für mich haben. Wo sie sich die ganzen Kredite selbst bewilligen. Schau dir mal diesen Wagen an!

MOHR Riesig. Ein Riesenwagen. Ich kenne mich nicht aus mit Autos. Ich fahre mit der Bahn.

BRACH Schau dir diesen verantwortungslosen Menschen an. Mit einem Wagen, der eine Waffe gewesen sein könnte, gerichtet gegen das Genick meiner Mutter. Knack, Rawumms. Ich sehe ihn jeden Tag, wie er hier vor dem Haus, wo es passiert ist, seine Fahrt verlangsamt.

MOHR Wegen der beiden Ampeln, bei der Baustelle.

BRACH ... seine Fahrt verlangsamt, um nach oben zu schauen, meinen Blick zu suchen.

MOHR Nach oben? Er schaut eher, guck, auf die Plakatsäule mit der barbusigen Skiläuferin. Es wird Frühling, und schon wieder Reklame für den Winter.

BRACH Schaut nach oben, um meinen Blick zu suchen, ihn nicht zu finden und gegen die Plakatsäule zu knallen. Von da aus, auf den Imbißstand zu schleudern.

MOHR Jetzt bremst er, du, der holt sich eine Wurst. Der Bankbeamte ißt Wurst mitten unter den Stadtstreichern, also so was. Nein, er trinkt etwas, einen Schnaps. Vermutlich Probleme wegen der vielen Schulden.

BRACH Schleudert auf den Imbißstand, was eine gewaltige Explosion verursacht. Denn da lagern Butangasbomben und heißes Fett zuhauf. Wie Napalm, Palmin, Natriumpalmonit, Natriumpalminit.

MOHR Na, das wäre ein Spektakel. Wie im Fernsehen. Es wird ja von Tag zu Tag schlimmer, was man sehen muß. *Sie geht in die Küche.*

BRACH Oh, schmölze doch dies allzu
feste Fleisch.
Zerging und löst
in einen Tau sich auf!

O Gott o Gott!
Wie ekel schal
und flach und unersprießlich
scheint mir das ganze Treiben
dieser Welt!
Ist von seiner Deklamation mitgenommen
Wenn das nicht große Literatur ist.
Wie ich ohne Shakespeare
so lange Jahre leben konnte.
Muß ich gedenken? Hing sie doch an ihm!
Als stieg der Wachstum ihrer Lust
Mit dem
Was ihre Kost war. Und doch
in einem Mond –
Laß mich's nicht denken!
– Schwachheit, dein Nam' ist Weib! –
Brach hat Tränen in den Augen
Ach! *Sinkt auf die Knie* Und du Mutter bist Vater und also auch mir ein schieres Leben lang treu geblieben. Treu Treu! Bis in den Tod!
Brach legt sich nun weinend ins Bett. Legt eine Kassette ein. Edith Piaf: C'est peut-être ça, l'amour, le grand amour. Brach singt ausdrucksvoll mit.
Glaube nicht, Mutter, mich hätte dein Tod nicht erschüttert. Bloß fehlte mir, da bin ich nicht der einzige, die Fähigkeit zu trauern, da ich dich liegen sah, im offenen Sarg, im blauen Kleid, mit diesem wunderbaren Rouge auf deinen Wangen. Denn das Rouge, das du zu Lebzeiten verwendet hast, war, entschuldige, einen Hauch zu grell.
Mag sein, Vater hat das gefallen. Er neigte in solchen Dingen wohl zum Extrem. Vor meiner Geburt sagte er

ja noch: Eine Frau schminkt sich nicht, Schminke, Puder, Rouge, gut und recht. Aber bitte nur auf der Bühne, hat er gesagt. Apropos *Er geht in die Küche, wo Fanny Mohr in einem Heftchen liest.*

BRACH Ich habe ein neues Talent entdeckt. Liebe Fanny, meine Beschäftigung, meine Arbeit mit Literatur brachte mich darauf. Eine kleine Kostprobe will ich dir liefern. *Er zieht sie an der Hand in sein Zimmer, richtet die Schreiblampe auf sich.*

BRACH Hier, das Spotlicht! Ich bitte um deine geschätzte Aufmerksamkeit für Hamlets Monolog, dritter Akt, Szene eins: Originalfassung, Fleetstreet, Anno Domini 1605. *Stellt sich in Positur*

»Tu bieh orr not tu bieh,
sät is se Kwästschon
Weser tiß nobler in se
main tu saffer
Se slings änd ärrohs of
auträtschius fortün«
stolz Damals sagten sie noch ›fortün‹
»Or tu taik arrms ägänst
ä sieh off trabbls
Änd, bai opposing, en säm.
Tu daih, tu sliep
Nou mohränd bai ä sliep
tu sei wie end
Se Hart-Aik, änd se sausend
nätschrel Schocks
sät fläsch ist haier tu, tiß
ä Konsumäschon
Divotlieh tu bi wischd tu
dai tu sliep!«

MOHR Bravo, Ingolein, bravo. Ganz recht, dieses Talent ist mir völlig neu an dir. Warum hast du denn nicht früher damit begonnen? Weiß du denn, daß auch dein Vater viel und gerne deklamiert hat?

Wie oft haben wir an Tagen wie diesem zusammengesessen und aus dem Faust deklamiert. Er als Faust, ich war natürlich Gretchen. Und deine Mama lauschte gebannt unserem Vortrag. Du mußt deine wunderbare englische Aussprache von ihm geerbt haben, Ingolein, sie erinnert mich so sehr an Vater. Ein englischer Schauspieler, ein Freund von noch vor dem Kriege, war darin sein Vorbild. Die Freundschaft ging ja leider leider auseinander. Vater schwärmte auch während des Krieges noch von David als Geist von Hamlets Vater. *Ahmt die Stimme des Vaters nach*

»I to sulphrous and tormenting flames
Must render up myself.«

BRACH Äläs puhr goßt!

MOHR Pity me not, but lend thy serious hearing
to what I shalt shall unfold

BRACH Spiehk, Ai äm baut to hier!

MOHR So art thou to revenge, when thou shalt hear?

BRACH Wott? Was? Ach was. Unglücklich war sie damals schon. Auch naivnaiv. Von einer sträflichen Naivität. Die bestraft werden kann mit dem Tode.
Ach, ich bin Richter und Henker.
Ein Amt furchtbarer als das andere

MOHR Nicht Gruft genug und Raum, um die Erschlagenen
Nur zu verbergen. Oh, von Stund an trachtet
Nach Blut, Gedanken, oder seid verachtet.

BRACH Blut, Fleisch und Blut. Wie ich dich so ansehe,

berühre, spüre ich, welch festes Fleisch du hast. Was für einen straffen Körper. Konkurrieren kann er mit dem Andreas, die ja immerhin ein junges Mädchen ist, aber ein wenig zur Fülle neigt – zuviele Süßigkeiten.

MOHR Entschuldige, Ingo, aber derlei Dinge durfte mir nur dein Vater sagen.

BRACH Ich sage es als Sohn, als Erbe meines Vaters.

MOHR Du leidest bloß unter deinem Zölibat. Mach keinen Unsinn, Ferkel. Laß uns diesen Tango tanzen.

BRACH Unseren Tango. Ich glaube, ich war dreizehn, als du mir den beigebracht hast.

MOHR Genau den. Ich hab ihn dir gezeigt, und dein Vater hat ihn mir gezeigt. *Sie hält Brach* Und dein Vater hatte ihn von David, und der aus den verruchtesten Kaschemmen von Rio de Janeiro.

BRACH Saõ Paulo. Angeblich.

MOHR Auf alle Fälle Südamerika. Oder? Ach, laß uns tanzen.

Brach macht sich los und legt die Kassette ein. Sie tanzen.

BRACH Trago Patron, so heißt der Titel. Melancholie, das ist die Essenz aller Tangos.

MOHR ... und Begierde.

BRACH ... und Verfall.

MOHR Tod.

BRACH Mein Urteil über deinen Körper bestätigt sich.

MOHR Ich spüre es, Ingo. Aber es ist Ferkelei. Denk an deine Freundin Andrea.

BRACH *wütend* Keine Lust. *Er macht sich los und holt aus dem Schrank einen Feldstecher. Schaut aus dem Fenster.* Gleich fährt dieser Mensch von der Kreditabteilung wieder zurück zu seiner Bank.

MOHR *ordnet ihre Haare* Vermutlich sturzbetrunken. Vielleicht solltest du es gerade jetzt noch einmal versuchen mit einem Kredit, Ingo.

BRACH Er kommt in einem überdimensionalen, aber ansonsten ganz und gar spießigen Wagen, in dem leicht mehrere Kinder, Spielzeug und Frau transportiert werden können.

MOHR Ist er verheiratet?

BRACH Er fährt zum Dienst in seine Bank. Als Privatmensch interessiert er mich nicht. Vielmehr sehe ich ihn als den Mörder meiner Mutter.

MOHR Laß mich auch mal durchsehen. *Sie sieht durch.*

BRACH Da kommt er gleich, hinter der einen Ampel...

MOHR Stau wegen der beiden Ampeln, was?

BRACH *nimmt ihr den Feldstecher wieder weg.* Die Menge der Würste läßt eine erkleckliche Menge an Fett erahnen.

MOHR Acht Stadtstreicher am Stand.

BRACH Fett. Für die Pommes. *Brach zielt mit der Hand.* Da kommt er, fährt langsamer, um nach oben zu blikken, Flammen, Flammen und verbranntes Fleisch.

MOHR Schau, Ingo, da ist das hübsche blonde Mädchen vom Supermarkt.

BRACH Er kommt, sieht mir in die Augen, erbleicht, und ich drücke ab. Peng!

Unten Bremsenquietschen, Aufprall, Schreie, Explosionen, Rauch, Sirenen.

Brach schließt das Fenster, legt seine Piaf-Kassette ein. ›Je ne regrette rien‹. Das war ein Schuß, von dem wird man noch reden in den spätesten Zeiten.

MOHR Trago Patron. *Sie geht in die Küche. Brach folgt ihr.*

BRACH Tot. Zum Tode gehört das Vermächtnis, wie das

Amen in der Kirche todsicher aufs Gebet folgt. Und weil Mutter diesen verfluchten Schlüssel nicht vererbt, wie es sich gehört, sondern quasi mit ins Grab genommen hat, wirst du, Schrein meines Papas, jetzt säkularisiert. *Er versucht, das Tabernakel mit einem Küchenmesser aufzubrechen.*

MOHR Ingo, hör doch auf. Sei nicht kindisch. Da ist doch gar nichts drin.

BRACH Nichts?

MOHR Diese dumme Blüte ist drin. Briefe aus Omsk, Tomsk, Cognac. Briefe von deinem Vater.

BRACH *niest* Die Blüte. Nur die Blüte? Cognac, Briefe. Du weißt, daß sie mich immer rausschickt, wenn sie das Ding aufmacht.

MOHR Nur die Blüte. Briefe und Cognac, vielleicht trinkt sie heimlich.

BRACH Ehrlich?

MOHR Ich schwöre. Frag sie.

BRACH Post mortem? Sie ist ja schon gerächt. Das heißt, ich müßte auf der Polizei anrufen, Krankenhäuser, Leichenhallen und so weiter.

MOHR Es war schon ein Fehler deines Papas, daß er nicht wußte, wann aufhören mit einem guten Witz. Sie müßte wohl bald wiederkommen. Ich koche Kaffee.

BRACH Ich will einen Cognac.

Er geht wieder zum Kästchen.

MOHR Nicht, Ingo, wenn deine Mutter kommt, wird sie toben.

BRACH Nur einen Cognac.

MOHR Hör auf.

BRACH Laß mich.

MOHR Hör auf!

Brach öffnet das Kästchen mit dem Küchenmesser. Fanny Mohr will ihn zurückhalten. Brach ist ausdauernder. Das Kästchen ist offen. Holt die Flasche heraus, dabei fallen auch die Briefe zu Boden. Brach trinkt aus der Flasche.

MOHR Alkohol trinken, wo ich Kaffee kochen will.

BRACH Nicht schlecht, der Cognac, guter Jahrgang, wie ich. Verrückt, sich zu schämen wegen eines so guten Cognacs. Und was ist das? Feldpostbriefe, Nazigreuel wahrscheinlich. *Hebt die Briefe auf.*

MOHR Komm hör auf, deine Mutter kriegt einen Herzschlag. *Will ihm die Briefe wegnehmen.*

BRACH *schaut die Briefe an* Was ist das?

MOHR Sei nicht kindisch, gib her! *Brach holt auch die Blüte heraus. Riecht daran. Niest nicht. Schaut erstaunt.*

BRACH Was ist das, Papier?

MOHR Seide. Gib die Briefe her.

BRACH *läßt die Blüte fallen.* Was bedeutet denn das?

MOHR Gib mir die Blätter, ich koche Kaffee, sei lieb.

BRACH Was ist das denn, hier steht nichts von Omsk, auch nicht von Tomsk.

MOHR Ingo, dein Papa ist doch herzkrank.

BRACH Herzkrank? Da steht ja gar nichts drauf. Nichts von Novosibirsk?

MOHR Herrgott, das ist in Sibirien, glaube ich. Er war doch dienstuntauglich.

BRACH Untauglich, wie ich? Aber dann war er ja gar nicht in Rußland.

MOHR Nein. Paderborn. Hilfslehrer in Paderborn.

BRACH Ich dachte, eine Tretmine in Novosibirsk...

MOHR Eine Abiturientin in Paderborn. Dieses Flittchen.

BRACH Flittchen in Paderborn.

MOHR Er wohnt da, glaube ich, mit der. Zwanzig Jahre jünger als er. Junges Mädchen damals. Du weißt, wie das war. Die ganzen Männer in Novosibirsk. Als Kanonenfutter. Und dein Vater in Paderborn. Wie wir – ich meine, wie sich deine Mutter geschämt hat. Er ist Oberstudienrat geworden da. Gymnasium. Später Oberschulamt. Oberschulrat. Mittlerweile pensioniert, raucht Zigarren, trinkt Wein, geht spazieren, sitzt in Parks, schaut vermutlich kleinen Mädchen unter die Röcke. Würde ihm zutrauen, er treibt's noch mit diesem Flittchen.

BRACH Der treibt's jetzt noch mit einem Flittchen?

MOHR In Paderborn. Jetzt ist es raus.

BRACH Guter Cognac. Ich verstehe, du hast das vor Mutter verheimlicht.

MOHR Unsinn, sie kam auf den Wahnsinnsgedanken. Ich war dagegen. Jetzt glaubt sie allerdings selber dran, glaube ich.

BRACH Den Vater quasi weggeschwindelt, das heißt, in Gedanken auf eine Tretmine, ihn quasi um die Ecke gedacht in Novosibirsk.

MOHR Es könnte bei euch in der Familie liegen.

BRACH Wie meinst du das?

MOHR Sie sagte, weißt du, Fanny, für einen kleinen Jungen in einer neuen Zeit ist es doch besser, der Vater ist tot. Sie wollte dir nicht sagen, er lebt mit einem Flittchen in Paderborn. Sie glaubt selber dran. Sie übersieht gerne die Dinge, die ihr nicht gefallen. Das weißt du ja.

BRACH Tangostunden, Fruchtbarkeitstänze, was.

MOHR Mir hat er zweimal geschrieben. Ich habe nicht geantwortet. Ingo, ich bitte dich, sie bringt mich um. Sag ihr um Gottes willen nicht, daß du's erfahren hast.

Sie beginnen aufzuräumen. Brach öffnet die Fenster, um den Zigarettenrauch hinauszulassen. Sie setzen sich. Schweigen. Geräusch an der Tür.

MOHR Das ist sie.

Brach steht auf und geht in sein Zimmer. Zieht den Anzug aus. Die Mutter kommt herein.

MUTTER Bist du da, Fanny, ich dachte, du seist bei Frau Doktor Gerlach. Canasta.

MOHR Nur mittwochs, Liebe.

MUTTER Siehst du, also doch nicht Mittwoch heute.

MOHR Ich habe heute Bücher besorgt, für die Volkshochschule. Über javanischen Fruchtbarkeitstanz.

MUTTER Fruchtbarkeitstänze. Sag mal, fällst du da nicht auf, in deinem Alter.

MOHR Ich bin, glaube ich, ein Jahr jünger als du, Liebe. Außerdem wird man davon nicht gleich schwanger.

MUTTER Du hast Ordnung gemacht, Liebe.

MOHR Auch mit Ingo geredet, *laut* über seinen Vater.

Brach kommt in die Küche.

BRACH Mutter. Dachte schon, du seist überfahren.

MUTTER Überfahren? Unsinn. Ich habe Medikamente für dich gekauft, Ingo. Habe den Vögeln zugehört. Spazierengehen, Hinsetzen, Ausspannen. Auf dem Friedhof. Es wird Frühling. Ich bin sehr guter Laune. Wie wäre es, wollen wir noch ein bißchen spazierengehen? Ach nein, Ingo, mit seiner Allergie – die frische Luft hat mich hungrig gemacht; wollen wir vielleicht was essen? – Ach nein, Ingo hat ja schon was gegessen. Oder wollen wir uns zusammen was vorlesen lassen, Ingo, von Fanny. Sie liest so gerne vor.

MOHR Ich habe Ingo eben schon was vorgelesen.

MUTTER Schade. Aber, ich weiß, Fanny, wir spielen Karten, Canasta, du übst für Frau Doktor Gerlach. Und du spielst mit, Ingo!

BRACH Ich spiele doch nicht, Mutter.

MUTTER Unsinn, zu zweit spielt man doch nicht Canasta. Du spielst mit, Ingo.

Sie holt die Karten, teilt aus, zeigt ihr Blatt Fanny Mohr, die ihr die Farben ins Ohr flüstert.

Danke, Liebe. Joker. *spielt aus* Kinder, ich glaube, ich gewinne, was?

Sie küßt Ingo und Fanny auf die Wangen.

Untertier

Stück in vierzehn Szenen

Dekoration: Raum mit drei Duschen und einem großen Tisch, der auch als Bett dienen kann. Ein Spind.
Der Geschichte des Stücks liegt ein authentischer Vorfall zugrunde, jedoch ist der Umgang damit sehr frei.

Personen

WART, ein älterer Polizist
AYSE, junge Türkin, in Deutschland geboren
FRAU WART
KÖRPER, Polizist
Körper ist sein Spitzname, da er Bodybuilding betreibt. Ob mit sichtbarem Erfolg oder nicht, ist eine Frage der Inszenierung
LOHNER, Polizist, Freund Ayses
KERCH, Polizist
DENIZ, älterer Türke in Warts Alter oder älter. Sein Nachbar
KINDER, türkische und deutsche. Allerdings ist der Einsatz von Geräuschcollagen möglich

SPIELT: Jetzt.

1.

Nackte Männer im Dunst der heißen Duschen.

LOHNER Für was brauchst denn du so einen Körper?
Dieser Körper um dich rum, das ist bei
dir wie der Körper von einem andern.
Hast du den vom Kostümkörperverleih?
Hast du den an der Körpergarderobe aus Versehen
genommen statt deinem eigenen Fleisch?
Fragt ihr euch nicht, was der
mit so einem Körper macht?
KÖRPER Das kannst du mir glauben
daß das mein Körper ist.
Wenn du für deinen Körper
mehr arbeiten würdest
da hättest du ein anderes
Verhältnis – und zwar zu allem.
LOHNER Du und ein Verhältnis. Du hockst doch
bloß mit diesen Analfuckern auf
diesen Sado-Maso-Maschinen
und zu Hause knallst du dir dein
Körperkostüm mit Eiweiß voll.
Allein.
KÖRPER Was heißtn hier Analfucker.
Das ist ein blödes Vorurteil.
Bei uns gibts keinen Analverkehr.
LOHNER Wir sind vorurteilsfrei
das haben wir gelernt. Trotzdem

würd ich an deiner Stelle die Hanteln
mit Gummihandschuhen anfassen.
Bei diesen Leuten gehts doch so:
Nivea drauf und los.

KERCH Und das ganze glibberige Schweißzeugs
auf diesen Maschinen, da treten sich die Bazillen
doch gegenseitig auf die Füße, da sind die
doch wie die Ölsardinen, da holst du dir
am Ende was und überträgst es auf uns
in der Dusche, über das Leder oder sonstwo.

LOHNER Für was der sein Ding von Körper hat
sein Wahnsinnsding von Körper
das hätt er bloß hinhalten müssen
nicht mal sich bewegen hätt er müssen.
Lähmung durch Eiweißüberschuß.

KÖRPER Das war ein Aufsetzer.
Da mußt ich drüber.

LOHNER Dann wärst du eben drüber
du Geistesriese, und hättest
das Leder platt gemacht.
Du solltest öfter
über was drüber
dann hättest du nicht
so einen Eiweißstau.

KÖRPER Kümmer du dich mal um
dein eigenes Eiweiß.

KERCH Austern sag ich immer.

LOHNER Austern anschaun hilft nicht.
Die mußt du runterschlabbern
daß das Herzchen noch schlägt
Spritzer Zitrone als Narkose
erregtes Zucken, Herzspritze.

Und Schampus dazugegossen –
in diesem Klima schlägt es
noch stundenlang
das Muschelherzchen.
Angeblich gibt das Dauerlatten
bis es weh tut.

KERCH Bei der Razzia beim Werbegrafiker
diese Koksgeschichte – an die hundert Austern
aufgefressen – da lagen noch die Schalen.
Paar waren noch zu – das hätt mich schon
gejuckt. Eine Nase voll und eine Auster
und dann gleich nach Hause
über Siegrid drüber.

LOHNER Habt ihr die Geschichte gehört von dem
Mann, der sich Koks in den Pimmel
gespritzt hat? Da hielt das Glück tagelang
und wollte und wollte nicht wieder gehen.
Er mußte ins Krankenhaus, Eisbeutel erst.
Dann gabs Entzündungen, an allen Gliedmaßen
dann gabs Wundbrand, dann wurde zuerst ein
Zeh amputiert...

KÖRPER Hoffentlich nur der kleine.

LOHNER Erst der kleine Onkel, dann der große
dann ein Fingerchen, das kleine erst
und dann, ganz zuletzt, was wohl?

KÖRPER Ne?

LOHNER Beide Beine.

KÖRPER Mensch, ich dachte schon...

LOHNER Ach der, der war schon nach den
Fingern dran. Ab: beziehungsweise.

KERCH Manchmal denk ich mir
Mensch, Werbegrafiker sollte man sein.

Aber wenn ich so Geschichten höre.
Ne, danke.

Das Wasser der Duschen versiegt, nur noch schwaches Tröpfeln.

KÖRPER Herrgottzakra.
Herrgottzakra.
Himmelherrgottsack.
LOHNER *laut* He, ich hab Duschgel
in den Augen!
KERCH *laut* Dreh an! Dreh an!

Ein Mann in Sportkleidung – Wart – kommt in den Duschraum.

WART Seid ihr bald soweit?
Nicht so viel quatschen, duschen.
Jede Woche ist es so.
Wir wechseln uns ab
war ausgemacht.
Jede Woche
warten wir Stunden
und dann in diesen
Raubtierkäfig, so ein Deo
gibts gar nicht
das euern Körpergeruch
bannt, da brauchts einen
chirurgischen Eingriff
und die Schweißdrüsen rausgenommen
bei einem solchen Raubtiergeruch.
LOHNER Der Körper strömt das aus

den Raubtierdunst.
Geschmeidige Raubkatze
auf einem Auge blind
und lahm an drei Beinen.
Sieht blendend aus
ist aber null in Form.

KERCH *zu Körper* Tiger – dir fehlt
Killerinstinkt.

KÖRPER Ich hab Seife in den Ohren
Herrgottzakra.
Was redet der da: Keimdrüsen
will er sich rausnehmen lassen.
Dachte, das hättest du letztes Jahr
schon gemacht.

WART Weißt du, was du bist?

KÖRPER Wart, wir werden uns immer
verstehen.
Ich weiß, was ich bin.

WART Da verstehen wir uns.
Ab

LOHNER Kollegial war das nicht
mein Lieber.

KÖRPER Jede Woche dasselbe mit diesem
Spießerarsch.

KERCH Mit der Sterilisation
das hätts nicht gebraucht
so was trifft einen Mann.

KÖRPER Ach was, jede Woche tönt der rum
daß es jetzt viel besser geht
weil ohne Angst
der blöde Katholik mit seinem
Haufen Nachkommen.

Weiß nicht mal mehr
wieviel das sind.

LOHNER Auf alle Fälle sind seine Nachbarn
schon ganz neidisch.
In Türkei kannst du Dorf gründen
mit so viel Kinder.

KERCH Duzt der sich mit denen?

LOHNER Klar, nach fünfzehn Jahren.
Tolerant sind wir
das hast du doch auch gelernt.

KÖRPER Gelernt ist gelernt, und wenn
man übt, dann gehts noch besser.

LOHNER Klar, onanieren is schöner
aber beim Bumsen lernst du
mehr Leute kennen.

Plötzlich schießt aus allen Duschen sehr heißes Wasser auf die Männer, die aufschreien wegen des unerwarteten Schmerzes.

WART *tritt ein* Ich hab das Wasser wieder angedreht
Kollegen, damit ihr ganz sauber werdet.

Die Männer gehen zu einem Tisch, nehmen sich Handtücher und schieben den Tisch nach vorn. Der Tisch ist ein Bett. Die Männer wickeln sich die Handtücher um die Hüften und gehen ab.
Wart zieht sich aus und duscht, dabei singt er »Ich wollt, ich wär ein Huhn«. Er legt sich ins Bett.
Lichtwechsel

2.

Wart und seine Frau, morgens im Ehebett

FRAU WART Also erzwingen
kannst du nichts.
Im Gegenteil
ich hab gelesen
daß gerade das
die Kapillargefäße
sich verengen läßt.
WART Mach weiter mit der Hand.
Was soll sich verengen?
FRAU WART Die Kapillargefäße
das sind so winzig kleine
Äderchen, ohne die
gibts keine Erektion.
WART Mach trotzdem weiter.
FRAU WART Ich muß gleich
die Kinder wecken.
WART Was Erotischeres fällt
dir jetzt nicht ein?
FRAU WART Um die Zeit bin ich
noch nicht erotisch.
WART Gut so.
Früher schon.
Wann bist du denn
erotisch?
Nachmittags oder wenn ich
Schichtdienst schieben muß
oder mir in Wackersdorf die Eier
eintreten laß?

So ist gut
die Kinder wachen von allein auf.
FRAU WART Die ganze Nacht dieses Geschrei
der arme Deniz.
Hat er wieder Raki getrunken
mit seinem Cousin.
WART Laß Deniz aus dem Spiel
der bringt ihn mir jetzt
auch nicht hoch.

Türgong

WART Scheiße.
Scheiße.
Und nochmal.
FRAU WART Ich geh schon.

Sie zieht ihr Nachthemd an und geht an die Tür

WART Hätt ich den Eingriff bloß nicht
machen lassen. Fehler Nummer drei
in meinem Leben.
Scheiße.
Na, ihr zwei, wie gehts euch denn
so abgeschnürt, und du brauchst dich gar
nicht mehr so aufzuspielen.
Das hättest du mal vorhin
tun sollen, du Hänger.
Also rühren bitte.
Na also, hab ich
doch noch Befehlsgewalt.
Aber nur, wenns keiner sieht.

Er zieht ebenfalls einen Morgenmantel über und geht zur Tür. Dort steht, bereits angezogen für den Gang zum islamischen Kulturverein, Ayse, Deniz' Tochter.

WART Na, Ayse, alte Streberleiche.
Siehst aus wie die künftige
Bundestagspräsidentin. Gehts gut?
FRAU WART Sie hat sich entschuldigt für den Krach.
AYSE Es geht sehr gut
nur etwas müde bin ich.
WART Hat Papa wieder Raki getrunken
mit Tevfik?
AYSE Erst haben sie Wein getrunken
dann Raki, dann Asbach.
Hat Tevfik mitgebracht.
WART Muselmanen sollen doch nicht saufen.
AYSE Er hat so starkes Asthma.
Er hustet, und zur gleichen Zeit
bekommt er keine Luft
die Wohnung wird ihm zu eng
die Kleider werden ihm zu eng
dann muß er die Medikamente nehmen.
Bekommt Alpträume
besonders, wenn er was trinkt.
WART Allah hats sowieso verboten.
AYSE Papa sagt: In der BRD
sieht der uns nicht.
WART Quatsch, Allah sieht alles.
Ist nicht so schlimm gewesen
ich hab heute frei und leg mich
wieder hin.
AYSE Sie habens gut. Beamter

müßte man sein.
Ich geh zum Kulturverein.
Tschüß, Herr Wart.
Ab

WART Machs gut und bet schön.
Vergiß deinen Schleier nicht.
Die spricht besser deutsch als ich.

FRAU WART Kein Wunder. Ist doch hier geboren.

WART Na ja, aber die Erbmasse.

FRAU WART Quatschkopf.

Telefonklingel

FRAU WART Ich geh ran.

WART Laß mal, wer ruft um die Zeit
schon an, das erkenn ich doch
am Klingeln. Wer klingelt so
aufdringlich und hektisch
wenn nicht Kollege Kerch.
Nimmt ab
Wart. Morgen. Ich habs geahnt.
Muß das sein? Was ist mit Lohner?
Mit der Freundin, na, dem wünsch ich
viel Spaß.

FRAU WART Heute gehst du nicht.
Heute gehst du mit in die Kirche.

WART Ist einer krank in der Schicht
und Lohner ist nicht zu erreichen.
Was, da kann ich nicht mal mehr duschen.
Gut.

Eilig steigt er in seine Uniform, die für solche Fälle vorbereitet ist.

FRAU WART Ohne dich zu waschen.
WART Um mit Kerch im Wagen zu sitzen
brauch ich mich nicht zu waschen.
Eine Uniform ist immer sauber.
Ein Uniformträger stinkt nie
und den Elektrorasierer hat er
immer in der Tasche.
Außerdem:
Kerch ist die eingebaute Stand-
beziehungsweise Sitzheizung.
Kerch heizt durch Furzen.
Da muß ich mich nicht waschen.
Tschüß.
Ab

3.

Das Bett wird wieder Tisch. Drei Männer in Uniform. Wart, der sich rasiert, Körper mit zwei Kraftklammern, mit denen er die Handmuskeln trainiert, Kerch mit einer Zeitung, die er zwar in der Hand hält, aber nicht liest.

WART Mensch, Kerch, möchte einmal so
lesen können wie du.
KERCH Was soll das heißen?
WART Na, ohne hinzuschauen.
KÖRPER Habt ihr gehört
daß die geschossen haben?
Stell dir vor
dich knallt da einer ab.
Ob so ein Muskel

ein kleinkalibriges Geschoß
bremsen kann?

KERCH In deinem Falle schon
wenns nur kein Kopfschuß ist.

KÖRPER Auf alle Fälle ist der Ausschuß
größer als der Einschuß.

WART Der Ausschuß, das sind wir.

KÖRPER Handtellergroße Ausschußwunden
hab ich schon gesehen.
Stell dir vor, du bist dort
und stehst plötzlich
meinem Bruder gegenüber.

KERCH Dein Bruder, dort?

KÖRPER Und der hat ne Knarre
in der Hand.

WART Deine Knarre?
Liebe Güte, laß das Ding
doch im Revier.

KÖRPER Meinen Bruder seh ich so gut
wie nie. Obwohl wir uns so
ähnlich sind.

WART Seid ihr Zwillinge oder so was?

KÖRPER Das Gegenteil.
Er ist genau das Gegenteil von mir.
Ich rauch HB, und er raucht Drum.
Er haßt Schokolade, und ich muß
täglich mit mir kämpfen, daß ich
keine Schokolade eß.
Ich war ein schlechter Schüler
und er ein guter.
Wenn ich dick bin, ist der dünn
und wenn ich dünn bin, wird der dick.

Wenn ich eine reine Haut hab
kriegt er Pickel.
Wir stehen immer auf der anderen Seite
schon immer. Das Gegenteil.
Ja, das Gegenteil von Zwilling.
Unzwilling, Antizwilling.
Gegenteilsähnlichkeit.
Aber auf euch würde der
nicht schießen.

WART Aber auf dich.

KÖRPER Mich haßt er
weil ich Bulle bin.
Eben das Gegenteil.
Er hat Angst, daß wir
uns ähnlich werden.

KERCH Bullen sind wir auch.

KÖRPER Euch haßt man auch.

WART Dafür kommt dann
die Pension.

KERCH Wenn wir drüben geboren wären
wären wir jetzt beim Stasi
und hätten keine Arbeit mehr.

KÖRPER Quatsch, die kommen jetzt
doch alle rüber.

WART Wenn du dich mit dem Staat einläßt
dann hat er dich, ob hier oder dort.
Wenn einer eine Uniform trägt
ist er blind, taub und stumm.

KÖRPER Was?

WART Gewissermaßen. Bildlich.

KÖRPER Als ich zum ersten Mal dort
war, zum Einsatz

waren wir drei Wochen
kaserniert in einer Turnhalle.
Die haben uns fertiggemacht
wieder aufgebaut, fertiggemacht
wieder aufgebaut, wißt ihr, so von
Mensch zu Tier und Tier zu Mensch.
Am Ende war dann vor allem Tier
und ein Riesenhaß, ich wußte
gar nicht, wohin mit dem Haß.
Da hab ich angefangen mit
dem Körpertraining. In die Uniform
hab ich mich so hineingesteckt gefühlt
das war kein Kleidungsstück
das war eine Rüstung, aber viel zu groß.
Ich hab trainiert so lang, bis ich
reingepaßt hab.

KERCH Jetzt paßt du
in die Uniform, aber nicht in
deinen Körper.
Du bewegst dich wie ein junger Hund
so tapsig, und nie weiß man
was du jetzt gleich wieder
runterwirfst.
Wenn der mal ballern muß
trifft er im besten Fall sich selbst.
Du bist ja bloß
noch Masse, Mensch.

KÖRPER Aber den Schädel hinhalten
das kann ich, an mich wagt
sich keiner ran.

WART Wenn geschossen wird
bist du der erste

dens erwischt.
benutzt ein Rasierwasser
Ist das nicht die erotische Bombe?
For men only.
Riecht mal.

KERCH Mich erweichst du damit nicht.

WART Dafür bräuchte ich Schwefelsäure.
Aber konzentriert.

KÖRPER Ganz schön scharf
so für den Dienst.

WART Mach du mal Streife
mit Kerch.
Kerch ist die eingebaute
Stand- beziehungsweise Sitzheizung.
Kerch heizt durch Furzen.

KERCH Hab gestern Blumenkohl
gegessen. Das kommt gut.
Ich geh uns mal erleichtern.
Was jetzt rauskommt, bleibt dir
nachher erspart, Wart.
Ab

KÖRPER Sag mal, Wart, das nimmst
du mir nicht krumm?
Jetzt unter uns.

WART Was nehm ich krumm?

KÖRPER Neulich in der Dusche
mit den Keimdrüsen.

WART Ich glaub, das weiß eh
die ganze Welt
außer meiner Frau.
Die darf das nie erfahren.
Mann, ich bitte dich.

Sie glaubt
das war ein Leistenbruch.

KÖRPER Aber warum hast du das
denn machen lassen!

WART Als ich so alt war wie du
da hab ich geheiratet.
Wir hatten eine große Wohnung.
Die war gar nicht teuer.
Da kam das erste Kind.
Das war eine Riesenfreude
das war ein Ding, das stellst
du dir nicht vor, das mußt du
erleben, wenn du weißt:
Jetzt lebst du dafür!
Dann kam das zweite Kind
das war eine Freude
das erste war nicht mehr allein
die Wohnung groß genug.
Dann kam das dritte Kind.
Drei Kinder, das wär ideal
die wachsen in Gemeinschaft auf
keinem fehlts an was.
Platz war genug.
Manchmal, wenn Besuch kam
wurde es ein bißchen eng.
Dann kam das vierte Kind.
Das war eine Riesenfreude.
Wenn schon drei, warum nicht vier?
Die Wohnung war ein bißchen klein.
Aber man kann sich bescheiden.

KÖRPER Und dann?

WART Kannst du dir vorstellen

daß eine Wohnung schrumpft
und kleiner wird?
Als ob du einen Apfel
auf den Ofen legst.
Das Kerngehäuse trocknet aus.

KÖRPER Und warum seid ihr nicht umgezogen?

WART Du weißt, was ich verdiene
und was das Wohnen kostet.
Kannst mir glauben:
Manchmal denk ich
ich seh, wie alles schrumpft
um mich, die Wände drücken.

KÖRPER So ist das.
Allein ist manches leichter.

WART So ist das.

KÖRPER Sag mal, unter uns
hat sich was verändert?

WART Ich kann jetzt vögeln wie ein
Weltmeister und nichts passiert.
Meine Frau nimmt keine Verhütungsmittel
die ist katholisch.

KÖRPER Da ist nicht der Effekt
wie beim Kastrieren?
Hengst und Wallach.
Im Temperament?

WART Ich werd dich gleich kastrieren
von wegen Hengst und Wallach.
Da wird doch bloß der
Samenleiter abgeschnürt
die Eier bleiben drin und
die ganzen Hormone, Mann.
Ich bin potenter als du, du Pfeife.

KÖRPER Wart, du nimmst es mir
nicht krumm?
Ich frag aus Sympathie.
Hast du Lust, heute abend
trainieren, Reaktionstraining
bißchen quatschen?
WART Das kommt mir ganz gelegen.
Ich geh ganz gern aus; in der
letzten Zeit brauch ich
manchmal meine Ruhe.
KERCH *kommt* Wart, sitz auf
es ruft die Pflicht.
Nimm die MP mit. Und die KW (Kugelsichere Weste).

Alle ab

4.

Kerch und Wart, beide mit der MP, gehen auf und ab. Es könnte regnen, es könnte kalt sein, es ist nicht angenehm auf alle Fälle.

KERCH Glaub nicht, mein Lieber, daß ich das
nicht bemerke.
WART Was bemerkst du nicht, mein Lieber?
KERCH Ich bemerk es, daß du mich
für einen Büffel hältst.
WART Der Büffel, ein fleißiges und nützliches Tier.
Genügsam, treu und mutig. Im Fernsehen hat
neulich ein Wasserbüffel seinen Herrn
vor einem Tiger gerettet.

KERCH Das weiß ich, daß du mich für
einen Dienstbüffel hältst.
Du denkst, Kerch ist blöd
genügsam, treu und gehorsam
aber sein Hirn gibt er vor Dienstantritt
ab wie die MP nach Dienstschluß.
WART Wie kommst du denn jetzt
plötzlich darauf?
Das denk ich schon seit hundert Jahren
von dir und anderen, und nie hats
einen von euch gestört.
Ich hab neulich im Radio gehört
KERCH Im Radio, bist du blind?
WART Im Radio: Die Welt ist ein Schiff
auf dem Rücken von einem Büffel.
KERCH Wart, der Dienstochse bist du.
WART Laß meine Eier aus dem Spiel.
Die sind noch dran, wenn dus nicht
glaubst, dann faß mal hin.
KERCH Da hast du dir Tischtennisbälle
in die Hose geschoben.
WART Von mir aus, wenn dich der
Gedanke erregt, dann hab ich
Tischtennisbälle
in der Hose und einen Baseballschläger
konfisziert von den Chaoten in Wackersdorf.
KERCH Stell dir vor, früher hatten wir
bloß Gummiknüppel, diese kurzen Dinger.
Jetzt endlich wieder Buchenholz, einszwanzig.
WART Ich hab einen Baseballschläger
in der Hose.
KERCH Glaub nicht, daß ich kein Hirn hab.

Ich hab ein kritisches Bewußtsein.
WART Klar, das hast du gelernt
in der Staatsbürgerkunde
da kennst du dich aus.
Du bist tolerant und kritisch.
KERCH Du glaubst, ich glaub das alles.
WART Was glaubst du, glaub ich?
Meine Frau ist Katholikin
und ich will sie nicht kränken
weil sie mich sonst nicht mehr
drüber läßt.
KERCH Was die hohen Tiere erzählen.
Glaubst du denn
ich glaub das
was mir Schweinchen Dick erzählt?
Der erste, der für eine Revolution ist
der bin nämlich ich.
WART Red nicht so laut und nicht
vor den falschen Leuten.
Ich würd dich gleich verpfeifen,
es sei denn, ich werd
Innenminister nach deinem Putsch.
KERCH Du wirst nicht mehr lange
Witzchen machen.
Wart die nächsten Wahlen ab.
Ich sag dir, wir brauchen
keine Gewalt.
Gewalt kehrt sich nämlich um.
Gewalt hat Schweinchen Dick
gebraucht und wir haben unsere Eier
hingehalten.
Jetzt dreht sich das rum gegen die selbst.

Schweinchen Dick wird das Wasser
im Arsch bald sieden.
WART Was ist denn in dich gefahren –
du redest ja wie Rosa Luxemburg?
KERCH Du solltest mal kommen
zu einer Versammlung.
Da wird dir einiges klar
du Armleuchter.
WART Kerch, ich glaub ich ruf jetzt
den Verfassungsschutz.
Hier spinnt ein Radikaler
im Öffentlichen Dienst
und das in Uniform
und schwer bewaffnet.
KERCH Deine Türkenfreunde dürfen
dich duzen
und mich hältst du fürn Spinner.
WART Nicht mal das, nur
wie du weißt
ich mag dich nicht.
Ich schätze dich
als Kollege
aber ich mag dich nicht.
Den Türken mag ich.
Der ist zwar irre
du solltest den mal hören
wenn der 'n Anfall kriegt.
Ich hab schon paarmal
die Kollegen abgewimmelt
als die nachts kamen –
wegen Ruhestörung.
Der hat Alpträume

die möcht ich keinem wünschen.
Angst vorm Ersticken, Asthma
wenn der einen Schnaps trinkt
dreht er gleich durch.
KERCH Dann soll ers lassen.
WART Sag ich ihm auch.
Er sagt dann
gleichzeitig Muslim
und Alkoholiker zu sein
das hält keiner aus
den inneren Konflikt.
Und er will keins
von beiden aufgeben.
Die Staatsangehörigkeit
die hat er endlich.
KERCH Ist ja klasse.
Wird immer bunter hier.

5.

Der Tisch ist wieder Bett geworden, darin Lohner und seine Freundin Ayse. Beide rauchen die Zigarette nach dem Akt.

AYSE Schön.
So ist er schön
der Kulturverein.
LOHNER War korrekt, war korrekt.
AYSE Schön, daß du immer Zeit hast
in der letzten Zeit, mein ich.

Hat sie keine Zeit mehr für dich?
LOHNER Wer?
AYSE Die Frau neben mir.
LOHNER Nebenfrau. Bin ich ein Türke?
Schau mal.
Ich bin ein Unbeschnittener.
AYSE Stimmt, du bist ein Ferkel.
Schweinefleischfresser.
LOHNER *beißt sie* Genau, Honigschweinchen.
Deshalb hab ich dich so lieb.
Aber langsam hab ich ein
schlechtes Gewissen.
AYSE Wegen der andern?
LOHNER Ich bin monogam
wie ein Erpel.
AYSE Ein Erpel
was ist das gleich?
LOHNER Eine Ente, männlich
mit extragroßem Bürzel.
AYSE Bürzel?
LOHNER *hebt die Decke* So was.
AYSE Und damit ist die Ente zufrieden?
LOHNER Unter Wasser sieht alles größer aus.
AYSE Vielleicht sollten wir mal
ins Schwimmbad gehen.
LOHNER Schlechtes Gewissen hab ich wegen euerm
Nachbarn, Wart.
Der übernimmt seit Monaten meine Schicht.
AYSE Der hat zu Hause nie seine Ruhe.
Die Frau betet immer, und die Kinder
wollen Monopoly mit ihm spielen.
Papa sagt, wir könnten zusammen

in die Türkei gehen und ein Dorf
gründen.
LOHNER Da geh ich aber mit.
Als korrupter Dorfpolizist
verdien ich ganz gut nebenbei.
In der Türkei könnt ich
im Dorfzentrum wohnen
und nicht dreißig Kilometer
außerhalb.
Mit meiner Pension könnt ich dort leben
wie hier die Werbegrafiker.
Abends ein Pfeifchen und ne Prise Koks
und dann wärst du dran.
Oder meine erste Nebenfrau.
AYSE Nebenfrau, da mußt du
erst mal Muslim werden.
LOHNER Wenns sein muß.
AYSE Und dich beschneiden lassen.
Sie kneift ihn.
LOHNER Au!
AYSE Das war bloß ein
Vorgeschmack.

6.

Körper und Wart beim Reaktionstraining mit mehreren kleinen Bällen. Wart wirft, Körper fängt sie recht und schlecht.

KÖRPER Scheiße, das kann jeder Affe im Zirkus
das kann ja jeder Seehund mit der Nase
besser als ich mit meinen lahmen Pfoten.
WART Die Polizei ist der Primat der Politik.
Kennst du dich aus, Schöpfungsgeschichte?
Ich kenn mich aus, weil meine Frau
katholisch ist.
Ein Primat, das ist ein Herrentier.
Affe, Halbaffe und Mensch.
KÖRPER Willst du mir jetzt erzählen
daß ich ein Affe bin?
WART Du bist ein Ochse.
KÖRPER Der Ochse bist doch du.
WART Wenn du glaubst, daß ich ein Ochse bin
dann glaub das nur.
Es stört mich nicht.
Der Ochse, der arbeitet und zwar
mit seinem Kopf.
KÖRPER Ein Ochse mit dem Kopf?
WART Paß auf.
Dem Bauern ist die Frau gestorben.
Die Beerdigung hat tausend Mark gekostet
und der Pfarrer wollte noch ne Spende extra.
Wozu denn das und gleich so viel?
fragt da der Bauer.
Die Beerdigung, das war Kopfarbeit
die kost so viel.
Als dann im Herbst der Bauer dem Pfarrer
eine Fuhre Holz bringt, da verlangt er
tausend Mark und eine Extraspende.
Warum so viel, für eine Fuhre Holz?
fragt da der Pfarrer.

Der Ochs hat dir die Fuhre hergefahren
und zwar unter seinem Joch.
Und wo trägt der Ochs das Joch?
Auf seinem Kopf, muß da der Pfarrer sagen
und bezahlen.

KÖRPER So ist das mit den Bullen
und den Ochsen.
Da hat der Bauer recht.

Wart ab. Auftritt Lohner, diesmal in Uniform. Er holt eine Tasche aus dem Raum.
Körper liegt auf dem Bett und trainiert mit zwei Hanteln.

KÖRPER Bauchmuskel, gehorch und hoch.
Die Beine grad gestreckt
und hoch die Hantel, und still
und horizontal, und fünfundvierzig
Grad gehalten, und hoch die Beine
stramme Waden. Speckfalten
Schlabberbäuche sind das allerletzte.

Er steht jetzt auf und rührt sich ein Aufbaupräparat an. Trinkt mit verzerrtem Gesicht. Legt sich wieder hin. Auftritt Lohner.

LOHNER Körper, Körper, du platzt noch
mal aus allen Nähten.
Ich weiß ein besseres Fitneßprogramm.

KÖRPER Auch ich stell mir öfters
was Angenehmeres vor.
Sei mal Oswald Kolle.
Warum scheitere ich immer?

Woran liegt das
was glaubst du?
Unter uns.
Seh ich schlecht aus, stink ich
hab ich Mundgeruch?

LOHNER Also zuerst gehst du in eine Disco
dann tust du so, als ob du taubstumm
wärst, die Mitleidstour.
Dann hast du dir zu Hause
einen Zettel vorbereitet
mit deiner Telefonnummer.
Den gibst du ihr mit flehenden Augen.

KÖRPER Ich geb ihr eine Visitenkarte.

LOHNER Bloß nicht, Bullen stinken
wie du weißt, das wird dann danach
gebeichtet, dann mußt du auch
zugeben, daß du nicht taubstumm bist.

KÖRPER Es scheitert. Ich hab kein Telefon.

LOHNER Na, das ist das erste.

KÖRPER Mein Bruder hat Frauen
en masse, massenhaft.

LOHNER Die lernt er nach den Demos kennen,
in der Massenhaft.
Er lacht, ab.

KÖRPER Fünfundvierzig Grad, gchalten
hoch die Beine, Bauchmuskel gehorche.
Mensch, ich glaub, ich hab
nen Eiweißstau, der sich gewaschen hat.
Bauchmuskel hab ich gesagt.
Er legt ein Handtuch über die Lenden.
Kalte Dusche, Wasser marsch!
Er duscht.

7.

Wart und Ayse beim Entenfüttern.

WART Hast dus Deniz noch nicht gesagt?
AYSE Manchmal hört er ungern zu.
WART Also hast dus ihm nicht gesagt?
AYSE Was meinen Sie?
WART Was für dich heißt: Kulturverein.
AYSE Der Schwindel stammt von Ihnen, Herr Nachbar.
Und er will mit Vereinen nichts zu tun haben.
WART Jetzt könntest dus ihm sagen.
Dein Verein hat nur zwei Mitglieder.
AYSE Woher wissen Sie das?
WART Hab ich ermittelt.
Unter der Dusche seh ich
jeden fremden Knutschfleck.
AYSE Und?
WART Deinen Mund hab ich erkannt
den schönen
mit den kleinen scharfen
Schneidezähnchen.
Aber mich gehts ja nur dienstlich
was an.
AYSE Sie sind ein Sherlock Holmes
in Sachen Knutschfleck.
WART So ist es.
Hör mal, Deniz ist doch kein
Ayatollah, der ist doch ganz
vernünftig.
AYSE In manchem ist ers nicht.
Ich sags ihm bloß

wenn mein Freund ganz meiner ist.
Und wenn ich weiß, das ist mein Kulturverein
und kein anderes Mitglied
wird aufgenommen neben mir.

WART Du weißt es also noch nicht.

AYSE Bislang waren es Probeläufe.

WART Mensch, ich bin sozusagen
eine Kupplerin, oh Schande.
Du bist klug, Kind
kühl, und zur Not bist du
aus Klugheit grausam.

AYSE Bißchen grausam ist ganz gut.

WART Glaubst du, daß die Tiere
nicht wirklich grausam sind?

AYSE Na, der Tiger, der Löwe
der Panther, der weiße Hai und so weiter.
Raubtiere sind schon ganz schön grausam.

WART Bloß wenn sie was fressen wollen.

AYSE Wie bei den Menschen.

WART Jetzt hab ich gedacht
ich geb dir was Positives
mit auf den Weg, und jetzt
hast du mich überzeugt.
Tiere sind auch grausam.
Vor 'ner Woche hatte ich
Dienst mit deinem Mullah.
Wir waren im Park, das Wetter gut
die Enten guter Dinge.
Sagt Lohner: Mensch, Wart
eine Ente schwimmt den ganzen Tag.
Im Gegensatz zu uns, wir gehen zu Fuß.
Und werden nicht dabei gefüttert

sag ich.
Wir haben uns eine Wurst gekauft und kommen
zurück und schauen uns die Enten an.
Da stürzt sich plötzlich dieses bunte Tier
das Männchen, wie heißt es gleich ...

AYSE Erpel.

WART Eben, Erpel, stürzt sich
ein Erpel auf das Weibchen.
Siepel? Erpel, Siepel, wieso nicht.
Jedenfalls schauen die anderen Erpel
sich das Ganze an und schwimmen da so
erst ganz ruhig, dann aufgeregt drumrum.
Und plötzlich, wie auf Kommando
gingen die Biester los auf die Ente
und hocken sich auf die drauf
picken die in den Nacken
das war wie 'ne Vergewaltigung.
Das Tier ging richtig unter
wie eine Bohrinsel
unter dem Gewicht des Erpelpacks.
Und wir gucken so fasziniert
bis ich dann einen Stein geworfen
hab in den pickenden Fickhaufen ...
Entschuldige.

AYSE Wir sind unter uns.

WART Also in den Fickhaufen einen Stein.
Aber, was sag ich dir, die ließen
sich nicht stören.

AYSE Und dann?

WART Na, wie immer.
Wir mußten beobachten
ohne einzugreifen.

AYSE Tatenlos zuschauen.
WART War kein Zugriff möglich.
AYSE So ist das mit den Erpeln
wenns das Bürzel will, ist die Liebe eine Ente.

8.

Wart und Frau lesend auf dem Bett. Gewittergeräusche. Dunkel.

FRAU WART Stromausfall, wie früher.
WART Kaum sind die Grenzen offen
kommen auch schon die Unsitten rüber.
Gute Nacht.

Plötzlich erhebt sich ein Geschrei.
Unverständlich, lauter werdend, Brocken türkisch, vermischt mit Lauten panischer Angst.

WART Oh, Mensch!
Das ist Deniz. Ich glaub, es ist schlimm.
Ich muß nach oben.
Wo sind meine Klamotten?
Es werde Licht
aber es wird nicht.
Ich nehm die Uniform
die find ich im Schlaf.
Hier ist die Taschenlampe.
Ich geh schnell nach oben.

Klopfen und Warts Rufe, Stimme Ayses, das Geschrei wird lauter, auch Wart schreit jetzt:
Spinn nicht, laß los. Ecevit.
Ecevit. Ekmek, du Pfeife
reg dich ab oder ich tu dir weh.
Das Licht geht wieder an.
Nach einiger Zeit kommt Wart, zerzaust mit fast zerfetzter Uniform.

FRAU WART Oh je, das krieg ich nicht mehr hin.
WART Er scheint was
gegen Uniformen zu haben.
FRAU WART Bis morgen früh schaff ich
das nicht. Wie aus dem Reißwolf.
WART Gott sei Dank ist es nur Stoff.
Ich zieh die alte Jacke an.
Wird schon keiner merken
unter der Bleiweste.
FRAU WART Bleiweste. Warum denn das?
WART Sicherheitsempfindlich
mit automatischen Waffen
und Bleiwesten. Ist aber harmlos.
Ich grüße bloß Schweinchen Dick.
Salutiert
Sonst fühlt er sich nicht wohl.

9.

Kerch und Wart auf ihrem Posten. Beide wieder mit MP. Wart mit der alten Uniformjacke unter der Bleiweste. Mustert die alte Jacke.

KERCH Mensch, Wart, warum nicht gleich
mit Pickelhaube?
Die Jacke ist aus Kaiserszeiten.
WART Das würde Schweinchen Dick gefallen.
KERCH Hast du dich bekleckert?
WART So ist es, Sherlock Holmes.
Meine Frau hat ihre Tage.
KERCH Ist das ihr vierter Frühling?
WART Deinen Sinn für Takt
möcht ich bloß einmal haben.
KERCH Mein Sinn für Takt
ist längst erschöpft.
Mein Takt geht anders.
Achtung, Schweinchen Dick.

Geräusch der ersten Wagenkolonne.

WART Erwachsene Männer müssen Männchen machen.
In welchem Beruf mußt du das sonst.

Ein Wagen bremst. Jemand ruft: Hauptwachtmeister, können Sie mal bitte kommen!

WART Das gibt einen Anschiß.
Ab und zurück
Es gibt Tage, da ist man ganz
der Arsch unter den Ärschen.
Diese arrogante Jungsau, bei den Nazis
hätte der Karriere gemacht.
Aber hier ja auch.
KERCH Die Polizisten sind
der vierte Stand

im Staat.
Die Polizei ist das Gesicht
am Arsch der Politik
von Schweinchen Dick.
Wenn Schweinchen Dick
der Arsch ist
bin ich das Härmahoid.
WART Hämorrhoid, du Glückspilz
hast wohl keine.
Wo hast du denn die Sprüche her?
Der vierte Stand stammt das von dir?
Warst wieder bei den Scharfmachern.
Wart ihr wieder unter euch, ihr Helden.
KERCH Ist doch egal, wo man her hat
was wahr ist. Komm du ruhig
mal mit zu den Scharfmachern.
Wenn das Volk Schweinchen Dick fickt
dann muß ich bluten. Und du auch.
Und Schweinchen Dick, das
spürt 'nen angenehmen Kitzel.
So ist das, Kollege.
Ich bin mir selbst solidarisch
wenn ich abends Dienstschluß hab
und mein Schlaf ist ein Alptraum
aus Angst vor dem Erwachen.
WART Ich kann nicht einschlafen
aus Angst, daß ich dann träumen muß.
Mein Nachbar Deniz schreit nachts
sein Geschrei, zum Glück
versteh ichs nicht.
Als würde da ein Vieh geschlachtet.
KERCH Der hat bloß Heimweh.

10.

Am Tisch. Frau Wart versucht, die Uniformjacke zu flicken. Kinder spielen lautstark. Sie haben Zeitungen zu Knüppeln gerollt und spielen Demo.

FRAU WART Da hat Deniz zugegriffen, oh, oh.
Das sieht ja aus wie zerbissen.
Warum muß der Mann auch immer trinken.
Da brauch ich 'nen neuen Ärmel
das ist ja alles zerfetzt.
Wie soll er denn das erklären
mit der Jacke?

Türgong. Auftritt Ayse.

AYSE Ich hab eine Schachtel Pralinen
für Sie und eine Flasche Sekt
für Ihren Mann. Mag er halbtrocken?
FRAU WART Ist nicht nötig. Wir sind doch
alle mal krank.
AYSE Krank ist gut.
Er hat schwere Träume.
FRAU WART Und Asthma, denk ich.
AYSE Er hat Angst vor dem Ersticken.
Wenn er einschläft, hat er Angst.
Er kann auch nicht im Bus fahren
oder im Lift. Er kanns im Dunklen
nicht aushalten. Und Uniformen
kann er nicht ertragen.
FRAU WART Uniformen. Ach, drum.
AYSE Tagsüber schon, aber er hatte so einen

Zustand, so eine Panik, das war wie im
Schlaf, wie ein Traumwandler.
Zu Hause hatte er Probleme
mit Uniformen.
Er spricht nie darüber.

FRAU WART Sag mal, Ayse, wozu sind Bleiwesten da?

AYSE Für Taucher, damit sie
schwerer sind als Wasser
und untertauchen können.
Geben Sie mir die Jacke.
Meine Cousine ist Schneiderin.
Morgen ist sie fertig
oder noch heute abend.
Ja. Heute abend.

FRAU WART Abtauchen. Untertauchen.
Wonach will er denn tauchen
und wohin?
Manchmal glaub ich
das würde er am liebsten tun.
Einfach untertauchen.
Weiß nicht, wenn ich nicht
die Kinder hätte.
Vielleicht wär er schon lange weg.
Wenn nicht die Kinder wären.
In seinem Dienst, da taucht er unter
zieht die Jacke an
die Mütze auf und weg.
Das ist für ihn
was für mich die Religion ist.
Du glaubst schon auch?

AYSE Was?

FRAU WART Na, an Gott.

AYSE Ganz früher mal
hab ich an Gott geglaubt.
FRAU WART Und woran glaubst du jetzt?
AYSE An die Deutsche Bundesbahn.
Und früher hab ich auch
noch an die Deutsche Bundespost geglaubt.
FRAU WART *lacht* Wenn du so was sagst
muß ich lachen.
Bei meinem Mann nicht.
Aber du bist ja keine Christin.
Ich kann meinen Glauben
gut gebrauchen.
Bei dem Beruf, den mein Mann hat.
Kann ja sein, er geht morgens weg
und kommt nicht mehr.
Früher, da war ich nicht religiös
und hab keinen Glauben gebraucht.
Kannst du dir denken, wie
mir mein Glaube hilft?
AYSE Es hilft auch
wenn man darüber spricht.
FRAU WART Mit wem soll ich denn
darüber sprechen?
Außer Gott und den Kindern
ist ja niemand da.
AYSE Wenn Gott mal keine Zeit hat
klingeln Sie ein Stockwerk höher.
Kinderlärm
FRAU WART Macht doch nicht so einen Krach.
Ihr sollt nicht so brutale Spiele spielen.
Was kloppt ihr euch denn so?
KIND Wir kloppen uns wie Papa.

FRAU WART Unsinn, Papa kloppt sich nicht.
Mensch, Mensch.
Manchmal hätt ich auch gerne
eine Bleiweste.
Ayse, gehst du mit uns spazieren?
AYSE Klar, wir spazieren
zu meiner Cousine
und tauchen dann unter.

Alle ab

11.

Wart, Kerch, Körper im Waschraum. Auf dem Tisch einige Flaschen Bier und Schnaps. Wart trinkt, Kerch sieht zu.

WART Was der Mann am besten kann
ist Knöpfe zählen.
Der Mann sieht durch Blei
und zählt die Knöpfe
an der Uniform.
Kerch, bring mir den Uralt.
Den machen wir jetzt alle.
KERCH Der Uralt ist von deinem
Fünfundzwanzigsten.
Den säufst du,
wenn du in Pension gehst
in einem freudigen Moment
und nicht jetzt.
Jetzt schiebst du einen Haß.
WART Dann laß mich schieben.

Wenn ich einen Haß schiebe
dann schieb ich ihn
dann will ich saufen
bis ich uralt ausseh.

KÖRPER Das tust du schon jetzt.

WART Das ist meine Flasche
und meine Sache
wie alt ich ausseh.
Alles kannst du mir
nicht nehmen.

KÖRPER Ich nehm dir nichts
du Flasche.
Hier ist sie.

WART *trinkend* Und euch beneid ich nicht.
Ich geh bald in Pension.
Die paar Jährchen
die steh ich durch.
Ihr seid jung – auf euch
kommt die Zukunft zu
und zwar gewaltig.
Nicht denen
euch wird das Wasser
im Arsch sieden.
Nicht denen, euch.

KERCH Stell dich unter die Dusche, Mann
so kannst du dich nicht draußen zeigen.
Dann zieh was drüber über deine Uniform
sonst macht Schweinchen Dick
dich nochmal ein.
Du kriegst 'nen zweiten Anschiß.

WART *unter der Dusche* Wißt ihr, wie sie
so einen aussuchen?

Nichts muß er sein und hohl
ein Schwamm, den sie ausquetschen bei Bedarf.
Glaubst, dieser Machtschwamm
dieser Specknacken
er kann einen Mann einmachen
und seine Knöpfe zählen?
Da war ein Schwamm so leer
und trocken wie kein anderer
den haben sie benutzt
und er hat sich vollgesogen
mit lauter Macht.
Wenn uns der Angstschweiß ausbricht
saugt der sich voll.
KERCH Zieh dir den Mantel über die Uniform.
Wir bringen dich nach Hause.

Sie bringen ihn nach Hause. Er singt: Ich wollt, ich wär ein Huhn.

12.

Körper und Kerch.
Gewitter.

KÖRPER Lieber Himmel. Scheiß Herbstgewitter.
Jetzt werden wir naß.
KERCH Gut, daß nicht wir die Schwämme sind.
An uns perlt alles ab.

Das Geschrei des Türken.

KERCH Lieber Himmel
was ist das für ein Gebrüll?
Ist das Wart?
Schnell, wir müssen noch mal.
Bevor die Kollegen kommen.
Dann ist Wart erledigt.
Das ist nicht Wart.
Das ist hier.
Aufmachen, Polizei!
Aufmachen
oder wir treten die Tür ein.
AYSE Nicht. Kommen Sie nicht rein.
Es ist nichts.
Er hat Alpträume.
KÖRPER Machen Sie auf.

Sie treten die Tür ein.
Deniz hält Körper fest. Körper wendet einen Griff an.
Unter Kerchs Anleitung erwürgt Körper den Mann im Beisein der Tochter, ohne es zu wollen.

KERCH Drück etwas weiter oben
du hast den Griff doch geübt.
Nicht dort, drück nicht dort
dort ist der tödliche Nerv.
AYSE Lassen Sie ihn doch los.
Er ist schon blau
im Gesicht, er ist krank.
Er hat doch Asthma.
Lassen Sie ihn bitte.
KERCH Oben, weiter oben drück
das stellt ihn nur ruhig.

Siehst du, er wird schon
ganz ruhig.

KÖRPER Jetzt ist er ruhig.

13.

Lohner und Ayse.
Er trägt einen Trauerflor.

AYSE Was ist denn das?

LOHNER Das ist ein Trauerflor.
Das ist für deinen Vater.
Wir tragen fast alle
einen Trauerflor.

AYSE Wer hat das angeordnet?

LOHNER Niemand. Das ist freiwillig.

AYSE Von wem ist der Einfall?

LOHNER Das ist doch nicht wichtig.

AYSE Sags mir.

LOHNER Schweinchen Dick.

AYSE Zieh doch die Jacke aus.

LOHNER Seit wann stört dich die Jacke?
Gut, dann zieh ich sie aus.

AYSE Und das Hemd.
Das Hemd, kannst du
es ausziehen?

LOHNER Wenn du willst.

AYSE Darf ich dich anfassen?

LOHNER Wenn du willst.
Faß mich an.
Und?

AYSE Du fühlst dich an wie immer.
LOHNER Du glaubst, wie leid mir
das alles tut.
Du weißt, daß es ein Unglück war.
AYSE Es hat keiner gewollt.
Ich weiß.
Sie haben eine Trauerfeier
arrangiert.
Gehst du hin?
LOHNER Aber ja gehe ich hin.
AYSE Habt ihr die Uniformen an?
LOHNER Ja, wir müssen in Uniform kommen.

Ayse nimmt die Jacke und betrachtet sie, das Hemd nimmt sie und betrachtet es. Lange Zeit.
Sie gibt ihm das Hemd, die Jacke.

AYSE Lohner. Ich kann nicht kommen.
Meine Mutter kann nicht kommen.
Meine Brüder, meine Schwestern können
nicht kommen.
Es tut mir leid.
Ab

Lohner zieht sich das Hemd an, die Jacke.

14.

Szene wie 1.
Zwei Männer im Dunst der heißen Dusche.
Lohner kommt hinzu. Zieht sich aus und duscht.

KÖRPER Heute ist es das letzte Mal.
KERCH Was ist das letzte Mal?
Das letzte Mal gibt es nicht
weil alles von vorn anfängt.
Das letzte Mal kann
das erste Mal sein
und umgekehrt.
LOHNER Nicht umgekehrt.
Und außerdem
das gibt es schon:
das letzte Mal.
KÖRPER Das gibt es schon.
Ich komme heute
zum letzten Mal.
Ich wollte noch einmal
mitmachen.
Ich bin nicht der Mann
für Mannschaftssport.
KERCH Hör mal, wegen uns
da kannst du bleiben.
Die Sache, das war ein Unfall.
Und weil du immer Pech hast
warst du das Opfer.
LOHNER Er war das Opfer.
Er war doch nicht das Opfer.
KERCH Wie mans nimmt.
LOHNER Er war nicht das Opfer.
Er nicht.
KERCH Lohner, mit dir streite
ich mich nicht.
Hast du was dagegen,
daß er weiter mitmacht?

LOHNER Mitmachen kannst du schon.
Aber das Opfer bist du nicht.
KERCH Die Opfer sind immer die falschen.
LOHNER Kerch, du bist ein Philosoph.
Was du im Kopf hast
wünsch ich keinem.

Wie in 1. versiegt das Wasser.

KERCH Wart, laß das!
Ich hab Seife in den Augen!

Auftritt Wart im schwarzen Anzug.

WART Wo wir Seife haben überall
das wißt ihr nicht.
Wir haben Seife in den Augen,
in den Ohren
und im Hirn ist Seife.
Unsere Seife ist
aus Menschenfett gemacht.
Seife am Leib habt ihr
so seht ihr gut aus.
Alles sauber, weggewaschen aller Dreck.
So solltet ihr euch zeigen.
Ohne alles, nackt
und eingeseift.

Wart zieht sich aus.

KERCH Wart, wir wissen
daß du irre bist.

Zieh dir was an
oder dusch dich wenigstens.
Das ist unanständig
nackt, ganz ohne Seife.

WART Unanständig.
Unanständig ist
was anderes als nackt.
Ich zieh die Polizei
aus bis auf die nackte Haut.

Wart geht zu den Uniformen in den Spinden und zerreißt sie.

LOHNER Wart, hör auf damit.
Du machst dich strafbar.
Dich bringt man in die Psyche.

KERCH Mach nur alles kaputt.
Du wirst sehen
was dir blüht.
Ich geh nicht nackt.
Das nicht mit mir.

WART Ich will sehen, was darunter ist.
Das Land soll nackt sein.
Man soll sehen, was darunter ist.

KERCH Darunter ist überall das gleiche.
Das war immer, immer so.
Das gleiche.
Fleisch, Fett und Rippen darunter.
Das war nie anders.
Das Darunter immer gleich.
Wird immer sein.

WART Die Stadt soll nackt sein.

Das, was darunter ist, nach oben.
Und uns anschauen und wir sie.

KÖRPER Ich geh auch nackt
nach Hause.
Ich geh auch nackt.

Schluß

Irrlichter – Schrittmacher

Stück

Im Zimmer eines Autobahnmotels.

Eine plötzliche Herbstkälte läßt den Fluß des Verkehrs zum Erliegen kommen. Drei Zeitschriftenwerber erwarten die Ankunft ihres Vorgesetzten.

Tauben wie Menschen!

Personen

SCHLEICHER
PELZ, Kolonnenführer (Brillenträger?)
LEHMANN, der sich Tutte nennt
FRAU MACK
SAURE TAUBE
TRAURIGE TAUBE
GROSSMUTTER MACK
FERNFAHRENDES IRRLICHT
IRRLICHT IM NEGLIGÉ
TERMINFREIES IRRLICHT

ORT: Autobahnmotel. Vereister Stau.

ZEIT: Jetzt

1. Akt

Schleicher im Mantel. Auftritt Pelz

PELZ Du wirst doch jetzt nicht schlafen.
Die dümmsten Gedanken, das schwör
ich dir, kommen immer im Schlaf.
Gegen fünfzehn Uhr bin ich
eingeschlafen und habe mir
im Schlaf auf die Zunge
gebissen. Schmecke noch Salz, Blut.
Lauter
Auf die Zunge gebissen.
SCHLEICHER Psst!
Ich bin wach.
PELZ Manchmal kommt es einfach über mich.
Ich will dann was
zwischen die Zähne.
Besonders im Schlaf.
Das Allerdümmste
fällt mir im Schlaf ein.
Ein plötzlicher Beißzwang.
SCHLEICHER Psst! Psst!
PELZ Diese alte Frau, die unten manchmal sitzt,
mit dem Schal um die Ohren …
SCHLEICHER Die Taube.
PELZ Sie ist nicht taub. Du mußt nur leise
mit ihr sprechen.
SCHLEICHER Du und leise sprechen.

PELZ Wenn du leise mit ihr sprichst,
dann hört sie zu. Und manchmal spricht sie
auch: Schlafen Sie nicht zuviel,
junger Mann, den Schlaf hat der Tod erfunden.

SCHLEICHER *hält sich die Ohren zu.*

PELZ Weißt du, daß es eine Foltermethode gibt,
die heißt Ventilator.
Das habe ich geträumt.
Man hat einen Mann an den Beinen aufgehängt
und immer im Kreis gedreht.
Was für ein Traum, habe ich gedacht
noch im Schlaf.
Dann bin ich aufgewacht, schlage
ein Heft auf und was glaubst du
steht da drin?
Daß es eine Foltermethode gibt,
die Ventilator heißt.
Tropen, Diktatoren, Südamerika, Ventilatoren.

SCHLEICHER Hier gibt es keinen.
Gottseidank.

PELZ Weil's zu kalt ist.
Mach das Fenster zu.
Es ist eiskalt.
Lauter
Kaltfront, Polarluft, Island, Gefriergruft.

SCHLEICHER Psst.
Für mich ist Normaltemperatur.
Zieh doch deinen Mantel an.

PELZ Hab ich Lehmann geliehen.

SCHLEICHER Dem leihst du deinen Mantel?

PELZ Ich hab ihn zur Telefonzelle geschickt.

SCHLEICHER Er soll anrufen. Das ist gut.

PELZ Er soll nicht glauben
daß ich ein Schwein bin
das einen Kollegen verpfeift.

SCHLEICHER Pst!
Lausche mal.
Hörst du's?

PELZ Die Kälte hört man nicht.
Die spürt man auf der Haut.

SCHLEICHER Ich will die Autos hören.
Verkehr. Das ist Bewegung.
Ich will den Krach hören
vom Verkehr: die Fortbewegung.
Die Kolonne fährt von da
nach dort und kommt dann an.

PELZ Wenn sie Glück hat.
Wenn die Kolonne Glück hat
kommt sie an.
Wenn nicht, wird sie Schlange.

SCHLEICHER Nein.
Wenn sie Glück hat wird sie Schlange.
Wenn sie kein Glück hat wird sie Stau.
Die Schlange bewegt sich.
Der Stau verstopft den Weg.
Die Königskobra ist die
schnellste Schlange der Welt.
Auf Rettung wenig Hoffnung.
Auf den Baum steigen hilft nichts.
Ins Wasser springen hilft nichts.
Das einzige was du tun kannst, mein Lieber,
ist dich auszuziehen
und zwar im Laufen.
Du ziehst deine Jacke aus.

Die Königskobra greift die Jacke an.
Du ziehst dein Hemd aus.
Die Königskobra greift das Hemd an.
Du ziehst die Hose aus.
Die Königskobra würde die Hose angreifen.
Aber im Normalfall hat dich die
Königskobra längst.
Wenn ja, stirbst du in deiner Hose
wenn du viel Glück hast
stirbst du nackt.

PELZ Ein tödlicher Biß.

SCHLEICHER Sie beißt nicht.
Sie speit den Opfern das Gift
ins Auge.
Aus zehn Metern Entfernung
trifft sie ins Weiße.

PELZ Dann hilft eine Brille.
Wer viel liest, überlebt

SCHLEICHER Das ist nicht die Bildung
das ist die Krümmung, und zwar
der Hornhaut, die eine Brille
braucht. Eine schön gekrümmte Hornhaut
kann auch beim Gebildeten eine Brille
ersparen.

PELZ Schön gekrümmte Hornhaut hab ich
auf den Zehen.
Ist noch Pichelsteiner da?

SCHLEICHER Ist schon kalt.
Kalter Pichelsteiner
schmeckt wie Scheiße.

PELZ Gib her.

SCHLEICHER Dir graust's vor nichts.

PELZ Warmer Pichelsteiner schmeckt
wie aufgewärmte Scheiße.
Er geht zum Fenster, wo der Kocher steht, schließt es, nimmt die Büchse und ißt.
SCHLEICHER Pichelsteiner ist ein Nationalgericht,
aber zum Kaltessen nicht geeignet.
Aber wenn ich dir so zuschau,
krieg ich wieder Appetit.
Kein Nationalgericht
soll kalt gegessen werden.
Das kaltgewordene Nationalgericht
hat seine Seele verloren.
PELZ Nichts wird so heiß gegessen
wie's gekocht wird.
Auch kein Nationalgericht.
Schon mal Labskaus gegessen?
SCHLEICHER Ne, nur angeschaut
dann war ich satt.
PELZ Wieviel hast du denn heute schon
gegessen?
SCHLEICHER Anderthalb Dosen.
Fast.
PELZ Dir steht nur eine zu.
SCHLEICHER Wer sagt das?
PELZ Die Regel.
SCHLEICHER Ausnahmen bestätigen die Regel.
PELZ Die Ausnahme hier bin ich.

Tauben

Nachdem das Fenster geschlossen worden ist, der Lärm des Verkehrs gedämpft, hört man das Gurren zweier Tauben, die sich auf dem schmalen Fensterbrett der Toilette gegenseitig wärmen.

PELZ Jetzt schließ die Tür zum Klo.
SCHLEICHER Das ist das Essen, was so riecht.
PELZ Da kommt neuer Lärm raus.
SCHLEICHER Was willst du, die Tür ist zu.
PELZ Hörst du den Krach nicht?
SCHLEICHER Das ist kein Krach.
PELZ Was dann?
SCHLEICHER Das sind Vögel.
Vögel sind das.
PELZ Was Vögel sind, bestimme ich.
SCHLEICHER Gut. Es sind nicht Vögel.
Es sind Tauben.
Was du hörst ist Gurren
und nicht Krach.
PELZ Was Gurren ist bestimme ich.
Die Vögel – Tauben – sitzen
auf dem Fensterbrett und reiben
sich, durch Reibung entsteht Wärme
der Wärmeüberschuß wird ausgeschieden.
PELZ Schweiß.
SCHLEICHER Schweiß. Schon mal was
von Taubenschweiß gehört?
PELZ Ne. Aber von . . .
SCHLEICHER Der Wärmeüberschuß wird ausgeschieden
in Form von Gurren; das ist Zärtlichkeit.

Gurren.
Du hörst den Wärmeüberschuß, die Zärtlichkeit.
PELZ Was Wärme ist, bestimme ich.
Ich mag Normaltemperatur.
Wenn's zu heiß ist,
kommt die innere Unruhe über mich.
Die Hitze steigt in den Kopf.
Die ist wie selbstgebrannter Schnaps.
Die ist wie Hochprozentiger aus Spiritus
und Rübenzucker.
Sie verbreitet sich im Kopf
dehnt sich aus, und was als erstes
verdrängt wird aus dem Schädel
ist die Wut.
Was ist?
Warum machst du das Fenster wieder auf,
du Nullprozent, du Untersoll?
SCHLEICHER Damit dir wieder kühl wird.
Ich glaube, das ist sicherer.
PELZ Ich sag dir, wenn's zu kalt ist
kommt die innere Unruhe, du Umsatzzwerg.
SCHLEICHER Grad sagst du, wenn's zu warm wird
kommt die innere Unruhe.
PELZ Ich will Normaltemperatur.
SCHLEICHER Für mich ist jetzt Normaltemperatur
du Normalnull.
PELZ Ich setz dich gleich
auf die zweite Stelle
hinter dem Komma.
Was für dich normal ist
ist zu wenig, lies mal deine Bilanz.
Was für dich normal ist,

muß für mich noch lange nicht
normal sein.
Ich erzähl dir einen Schwank.
SCHLEICHER Ist er wahr?
PELZ Das kannst du mir glauben.
Es fährt ein Mann im Zug
Ratataratataratataratata.
Erster Klasse, weil die
Zwote voll ist.
Der Zug aus Budapest
ist schon lange unterwegs,
die Luft ein paarmal
ein- und ausgeatmet.
Da riecht's nicht bloß nach Bier.
Der Mann legt sich hin,
das Abteil ist leer.
Er macht eine Dose auf,
trinkt und rülpst und schläft,
erwacht und trinkt und schläft.
Erwacht und trinkt und schläft.
Erwacht, will trinken, die Dose: Leer.
Es kommt ein anderer Mann
zieht seinen Mantel nicht aus
behält die Tasche auf dem Schoß.
Geht wieder raus.
Soso, denkt der erste.
Es kommt der Schaffner, will den Mann
in die Zwote schicken.
Aha, denkt der erste, sagt:
Die Zwote ist voll.
Der Schaffner geht.
Der Mann mit Mantel kommt zurück.

Warm hier, sagt er, und stellt die Heizung
auf blau. Blau für kalt.
Der Schläfer friert, stellt
die Heizung wieder auf rot.

SCHLEICHER Rot für warm.

PELZ Rot für Hitze.
Sagt nichts.
Will wieder schlafen.
Der Mann im Mantel steht auf,
geht zur Heizung, stellt auf blau.
Hören Sie, sagt der Schläfer.
Und sagt nichts.
Und weißt du, was er tut.
Er spielt es vor.
Er steht auf.
Packt den anderen am Kragen.
Zieht ihm den Mantel aus.
Macht das Fenster auf, schmeißt den Mantel raus und schließt es wieder.

SCHLEICHER He, von was bist du gebissen!

PELZ Da fliegt er hinunter, flattert,
ein schwarzer Vogelmensch.
Deine Haut bläht sich im Wind
zum Parkplatz hinunter.
Da liegt er jetzt im Neuschnee
wie ein aufgeprallter Selbstmörder
und streckt die Arme weg.
Der wird jetzt eingeschneit und steif,
dann kannst du ihn aufstellen
wie einen Mann.
Weißt du, wer der Schläfer war?

SCHLEICHER Ein Arschloch war er.

PELZ Der Schläfer: war ich.
Weil, wenn die Temperatur nicht stimmt,
dann kommt eine innere Unruhe über mich.
Wenn Tauben gurren
kommt sie über mich.
Dann könnte ich . . .

Das Kochgerät

Klopfen an der Tür. Ohne ein Herein abzuwarten, kommt Madame Mack, die Frau des Ex-Besitzers. Schleicher und Pelz versuchen, die Kochstelle zu verdecken.

MACK Habe ich ein Herein gehört?
Sagen Sie mal, riecht's hier nach Essen?
Hier duftet's ja, zum Appetitkriegen.
Ich selbst riech es nicht
bin sozusagen riechblind
oder wenn Sie wollen nasentaub.
Mein Mann ist die Nase,
ich bin das Auge
und meine Mutter ist das Ohr.
Am Lärm kann man sterben.
Ich will aufs Land
wo es ruhig ist,
hat sie immer gesagt.
Hier war es ruhig.
Bis dann die Autobahn gekommen ist.
Meine Herren, wie lange wohnen Sie jetzt hier.
Zwei Wochen, ja. Drei?
Sind fast Stammgäste. Und kennen nicht
die Hausordnung.

Hier ist fast alles erlaubt,
das Haus ist tolerant geführt.
Was nicht erlaubt ist, ist lebenswichtig.
Rauchen im Bett, das gibt Brandflecke, garantiert.
Aus dem Brandfleck kann ein Schwelbrand,
aus dem Schwelbrand ein Zimmerbrand werden,
aus dem Zimmerbrand ein Hotelbrand,
aus dem Hotelbrand eine Feuersbrunst.
Das ist nicht gestattet.
Jede andere Form von Brunst.
Wenn die Geräuschentwicklung im Rahmen bleibt.
Meinetwegen.

SCHLEICHER Sie meinen Brunft?

MACK Brunst oder Brunft.
Was aber keinesfalls gestattet ist,
meine Herren, ich denke, das wissen Sie.

SCHLEICHER Laute Musik und Lärm ab 22 Uhr.

MACK Sehr gut.
Was noch?
Das Kochen in den Zimmern.
Das Zubereiten von mitgebrachten Mahlzeiten
in den Zimmern und auch in den Gängen.
Strengstens verboten.
Der Geruch, die Dünste setzen sich ab,
im Teppichboden, in der Tapete,
in der Bettwäsche, in der Matratze.
Das Kochgeschirr könnte umfallen,
ein Vorhang könnte vom Wind bewegt werden,
und was passiert, er fängt Feuer am Kochgerät.

PELZ Und was passiert, Blindschleiche,
antworte du.

SCHLEICHER Eine Feuersbrunft.

MACK Brunst. Wie auch immer.
Reden wir also nicht darum herum.
Sie haben im Zimmer gekocht, meine Herren.
Ich müßte das der Geschäftsführung mitteilen.
Pelz zieht seine Brieftasche.
PELZ Fünfzig? Hundert?
MACK Lieber Hefte. Für meinen Mann.
Hefte aus dem Stapel
da hinten links.
Bekommt die Hefte.
Guten Appetit.
Und öffnen Sie die Fenster.
Ab

PELZ Das zufriedene Gesicht!
Meine Füße fühlen
sich an wie Gefrierhähnchen.
Ah, ein Fußbad,
eine Fußmassage,
Fußgymnastik.
Die Zehen bewegen.
Das tut wohl.
Würde es dir was ausmachen,
eine kleine Fußmassage?
Der Fuß steht in direkter Verbindung
mit dem Hirn,
wenn was mit dem Kopf nicht stimmt,
dann stimmt was mit dem Fuß nicht.
Ah, den großen Zeh leicht kneten,
den sympathischen Kerl.
SCHLEICHER Pelz, mir graust's vor deinem Fuß,
der ist so leichig.

PELZ Ah, der kommt schon,
der ist harmlos,
kannst ruhig fester kneten.
Ich knet deinen Fuß auch bei Gelegenheit.
Auf den Füßen verbringt man den Tag.
Wenn ein Tag nicht enden würde,
das könnte schon der Fuß nicht aushalten.
Da gibt es eine direkte Verbindung.
Fuß und Kopf.
Komm, mit beiden Händen kneten.
Schau dir mal diesen Fuß an!
SCHLEICHER Ich seh sie beide.
PELZ Ist das nicht ein Prachtsfuß.
SCHLEICHER Ein Pfundsfuß.
PELZ Und der andere?
SCHLEICHER Ein Charakterfuß.
PELZ Komm, richtig heftige Massage.
Dann werd ich zum Sänger vor Wohlbehagen.
Drück mal rechts, den kleinen Zeh. Ja. *Singt* Jajajaja!
Und jetzt links. *Singt* Jaa!
Und jetzt den großen Zeh. *Singt* Jahahaha.
Los, komm weiter. Ich sing dir was vor.
SCHLEICHER Ich brauch jetzt keine Musik.
PELZ Wenn du rechts drückst, werd ich höher.
Wenn du links drückst, werd ich tiefer. *Singt*
SCHLEICHER Ich muß jetzt meinen Mantel holen.
PELZ Erst bring die Tauben zum Schweigen.
SCHLEICHER Wie denn?
PELZ Wie du willst.
SCHLEICHER Ich will nicht.
PELZ Du solltest.
Wir werden dem Chef

berichten müssen,
wie du dich führst.

SCHLEICHER Wie ich mich führe?
Bin ich im Knast?

PELZ Bring sie zum Schweigen.

SCHLEICHER Wie?

PELZ Geh ins Klo.
Und jetzt scheuch sie weg.
Mach chsch chsch.

SCHLEICHER Chsch chsch.

PELZ Lauter.

SCHLEICHER Chsch chsch.
Sie gehen nicht.
Sind taub.

PELZ Schnipp mit den Fingern.
Schneller!
Stärker!

SCHLEICHER Sie rühren sich nicht.

PELZ Klatsch in die Hände.

SCHLEICHER Sie rühren sich nicht.

PELZ Lauter.
Lauter.
Klopf gegen die Scheibe.
Fester.

SCHLEICHER Sie rühren sich nicht.

PELZ Fester.
Fester.

SCHLEICHER Au.
Das Glas ist kaputt.
Ich blute.
Ich hab mich geschnitten.

PELZ Sind sie weg?

SCHLEICHER Hast du Verbandszeug?
Ich blute.
Ab

Auftritt Tutte, den Kopf schief, ein Taschentuch an ein Ohr pressend.

TUTTE Ich bin getroffen.
Mir läuft Blut ins Ohr,
dann in den Kragen,
dann über die Brust,
über die Hüfte,
das Bein in den Schuh.
Es tut gar nicht weh.
Das ist der Schock.
Je weniger Schmerz,
desto schlimmer die Wunde.
Bin ich leichenblaß?
Hab ich blaue Lippen?
Fühl mir den Puls.
Der müßte rasen.
Ich bin zielgenau
getroffen.
Chirurgisch.
Ich muß das Ziel gewesen sein.
PELZ Ausgerechnet du getroffen.
Das muß ein Zufallstreffer
gewesen sein.
Dein Puls ist ruhig
und fest.
Wo bleibt der Chef?
TUTTE Müßte längst da sein.

Ist längst unterwegs.
Habe ihn wieder nicht
persönlich gesprochen.
So gerne hätte ich mal
seine Stimme gehört.
Es tut wohl, eine Stimme gehört.
zu haben, bevor man den Menschen sieht,
der spricht. Was hat der Chef für eine Stimme?
Hoch und schrill? Tief und ruhig?

PELZ Die Stimmen der Vorgesetzten
haben ruhig und tief zu sein.
Hohe und schrille Stimmen
bei Vorgesetzten
kenne ich nicht.

TUTTE Wie sieht er aus?

PELZ Gott, einen Anzug hat er an.

TUTTE Wann hast du ihn
zum letzten Mal gesehen?

PELZ Gott, einen grauen Anzug,
graue Schläfen, Schlips.

TUTTE Ob ich ihm erzähle, daß mich
einer treffen wollte, daß ich
das Ziel war?
Wie reagiert er, wenn man von
persönlichen Problemen spricht?

PELZ Betroffen.
Für wen sollst du schon Ziel sein?

TUTTE Beschreibe ihn mir genauer.

PELZ Vielleicht warst du Ziel
für Schleicher.
Er hat die Tauben weggejagt,
die Scheibe zerschlagen.

Vielleicht warst du Ziel
für Schleichers Splitter.
Wir holen ihn und nehmen ihn
ins Kreuzverhör.
Beide ab. Die Tauben dringen ein.

SAURE TAUBE Manchmal dringen wir ein
in die Wohnungen der Menschen.
Das Frieren im Nest aus Dreck
ist kein Vergnügen.
Das Nest aus Draht und Zweigen
mit Präservativen
ausgepolstert und
verklebt mit Sperma.
Der Hauch von Benzin
macht selig und zärtlich.
Die Waldtaube, die Landtaube
die Stadttaube und die Taube
am Transitgürtel.
Das Gefieder der einen
ist stahlblau und
grau wie Flugasche
ist unser Gefieder.
Wir überfliegen den Schornstein
des Kraftwerkes um Wärme
zu tanken im Flug.
Ohne Wärme keine Brut.
Die Wärme hebt uns weit hoch.
Die Höhe erleichtert
den Rückflug.
Die Brut bleibt fruchtlos,
nach wenigen Tagen oder Stunden

wird das Ei auf die Parkplätze
stürzen, und wir fliegen
ihm nach und fressen
den zuckenden Inhalt
bevor er gefriert.

TRAURIGE TAUBE Manchmal dringen wir ein
in die Wohnungen der Menschen.
Das Frieren im Nest aus Dreck
ist kein Vergnügen.

SAURE TAUBE Spar dir das Überflüssige.
Was gesagt werden mußte
habe ich gesagt

TRAURIGE TAUBE Reden darf ich nicht,
und wenn ich still bin
sagt er: Gurre.
Wo kein Gurren ist
ist keine Lust.
Die Lust ist alles
was wir haben.

SAURE TAUBE Ich sehe mich um,
ob ich noch mehr verwüsten kann
als schon verwüstet ist.
Das Anrichten einer Verwüstung
füllt den Tag
auf angenehme Weise.

TRAURIGE TAUBE So ist er, ein saurer Schwächling
der verwüsten will und keinen
Mumm hat zum Verätzen.

SAURE TAUBE Ich!
Zum Verätzen keinen Mumm.
Ich werd dir zeigen
wie ich verätzen kann.

Ich verätze den Teppichboden.
Die Betten, die Vorhänge
die Zeitschriften, das Kochgerät.
Die erboste Taube pickt an den Zeitschriften, dem Kochgerät, den Betten und beschmutzt, was zu beschmutzen ist.

TRAURIGE TAUBE Jetzt geilt er sich auf
beim Verwüsten
und danach ist er zu schlapp
zum Wärmetausch.

SAURE TAUBE Was für ein Fraß.
Erst fressen sie aus Gefäßen
aus Blech.
Dann fahren sie
bis zum plötzlichen Stillstand
in Gefäßen aus Blech.
Dann sterben sie
in Gefäßen aus Blech
und steigen als Rauch auf
aus Gefäßen aus Blech
und sammeln ihre Asche
in Gefäßen aus Blech.
Der Fraß und der Fresser
werden sich ähnlich
und ähnlicher und gleich
und gleicher.
Von Tag zu Tag.

TRAURIGE TAUBE Gleich und gleicher
und ähnlich und ähnlicher.
Wir werden uns nicht mehr
unterscheiden ohne Gefieder.
Das Geschlecht nutzt sich ab.

Warum verliere ich
mit den Jahren das Gefieder?
Am Schwanz fing es an
vom Sitzen auf Waschbeton.
Und die Füße wund vom
Herumhüpfen auf dem Mackadam
und das Arschloch wund
durch Ausscheidung von versehentlich
verzehrten Glassplittern.
Dem Schöpfer sei Dank
ist der Magen unzerstörbar
und die Därme überstünden
den Wiedereintritt in die Erdenluft
aus dem Weltall, ach beschichtet
die Shuttles mit meinem Gedärm.
Aber was meine Därme zerfrißt
und meinen Magen wendet
ist die Immergleichheit deines
Geschwätzes und die unübertreffliche
Ähnlichkeit deines Kopfruckens
beim Aussprechen des Wortes
Blech.
Erbost scheißt die Saure Taube in die Dose.
Spar deine Kraft
zum Wegfliegen, ich höre Geräusche.
Klopfen an der Tür, sie flattern hilflos gegen die Wände,
die Tür wird geöffnet.

MACK Hab ich Herein gehört, meine Herrn!
Ich komme wegen der Hefte.
Ich habe die falschen Hefte gebracht.
Keiner da?
Lüften und das Zimmer verlassen.

Kälte einlassen und gleichzeitig heizen.
Verschwendung, die Vermögen kostet.
Was ist hier los? Wie sieht's denn hier aus?
Tauben. Das Badezimmerfenster aufgelassen.
Hab ich nicht hundertmal gesagt:
Nicht das Fenster auflassen wegen der Tauben.
Sofort schließen.
Zerschlagen. Sie haben das Fenster zerschlagen.
Das kommt teuer. Und die Möbel und die Bettwäsche
und die Vorhänge und der Teppichboden. Das ätzt,
das gibt Löcher und Flecken im besten Fall.
Das kommt teuer.
Da sitzen sie noch die Biester. Chsch chsch.
Nein, ich jage sie nicht hinaus.
Wenn schon ein Schaden, dann ein richtiger Schaden.
Ein Schaden muß sich lohnen.
Was kaputt ist, muß sich auszahlen.
Was zerstört ist, profitabel sein.
Auf die Hefte! Was ein Glück für mich.
Beschmutzte Hefte bekomme ich umsonst.
Zumindest für die Hälfte.
Ab

DIE TAUBEN Warum flattern wir
blind gegen die Wand?
Warum nur finden
wir den Ausgang nicht?
Den Eingang ohne
Mühe gefunden,
warum den Ausgang,
warum den Ausgang nicht?
Lassen sich erschöpft nieder.

Kreuzverhör

In ein Gespräch vertieft – Pelz, Tutte und Schleicher in ihrer Mitte.

TUTTE Ich stehe und warte am vorderen Parkplatz.
Nichts.
Ich gehe um das Haus zum hinteren Parkplatz.
Nichts.
Und ich sage euch: Das Warten – es fällt mir schwer.
Ich kann nicht warten, konnte noch nie.
Du bist schon bei deiner Geburt aus meinem Bauch
hinausgehetzt, sagt meine Mutter.
Deshalb, wenn ich auf jemand warte, ich muß
ihm entgegen gehen, weil ich das Warten auf der Stelle
nicht ertrage.
Ich kann nur an einer verabredeten Stelle warten
wenn ich dem Erwarteten entgegen gehe.
Wenn ich nicht weiß aus welcher Richtung er kommt,
muß ich den verabredeten Ort umkreisen.
Ich denke mir ein Seil,
das mich mit diesem Ort verbindet,
und weil ich den Ort umkreise rollt sich das Seil auf, und
meine Kreise ziehen mich in die Mitte des Ortes.
Versteht ihr.

PELZ Ventilator.

SCHLEICHER Deinen Schock, hast du ihn
überwunden?

TUTTE Auf den Schock komme ich gleich zurück.

PELZ Ventilator.
Fasse dich kurz!

TUTTE Ich fasse mich kurz.

Am hinteren Parkplatz: Geräusch von oben.
Jemand gibt mir ein Zeichen, denke ich.
Ein Zeichen für mich!
Versteht ihr, ich stehe da in der Kälte
und warte und höre plötzlich ein Zeichen.
Jemand meint mich.
Tausende von Menschen unterwegs in dieser Nacht.
Und jemand meint mich.
Ich sehe also nach oben in die Höhe ...

SCHLEICHER Exzelsior.

TUTTE Sehe nach oben
und da war ein Licht.

PELZ Das Christkind.

SCHLEICHER Das war ich!
Ich bin dein Lichtermann.
Die Leuchtröhre zuckt im Bad.

TUTTE Dann, nach dem Licht kam das Flattern;
die Tauben flattern hoch im blauen Licht
und das Klirren und noch mehr Lichtblitze
zucken.
Und dann: Getroffen.

PELZ Du hast Tutte getroffen, Schleicher!

TUTTE Mein rechtes Ohr.

SCHLEICHER Ich blute auch.
Ich bin auch verletzt.
Hier, meine Hand.

PELZ Du hättest seine Schlagader
treffen können. Die Schlagader
treffen und öffnen.
Dann pumpt das Herz das Blut
aus dir bis du eine schlappe Hülle bist.

TUTTE Du hast mich gemeint.

Du hast mich getroffen. Chirurgisch.
Ich war das Ziel.

SCHLEICHER Zufall. Daß du da stehst.
Weil du nicht warten kannst.
Weil du nicht sitzen kannst,
hat der Splitter dich getroffen.
Du hast darauf gewartet, daß dich
was trifft und bist darauf zugegangen.

TUTTE Sonst trifft es immer die Falschen.

PELZ Ventilator.
Russisches Roulette.

SCHLEICHER Immer eilig. Immer hetzen.
Kein Wunder, daß dir das passiert.
Und außerdem: Ich blute auch.

PELZ Immer eilig, aber dann zu spät kommen.
Zu spät zur Arbeit, zu spät zur Freizeit,
zu spät zum Essen. Schleicher hat deine Ration
gefressen.

SCHLEICHER Wer sagt das?

PELZ Ich.

TUTTE Meine Ration.
Was ist hier?
Da ist Vogelscheiße drin.
Was war hier?
Alles durcheinander.

PELZ Ventilator.

TUTTE Hier ist was reingekommen.
Die Tauben. Da sitzen sie.
Chscht. Chscht.

PELZ Schnipp mit dem Finger.

TUTTE *schnippt*

PELZ Klatsch in die Hände!

TUTTE *klatscht*
SCHLEICHER Nicht. Laß sie sitzen.
Sonst erschrecken sie
fliegen hoch und machen
noch mehr Mist.
PELZ Angstschiß. Stimmt.
Du wischst dann auf.
SCHLEICHER Ich wische nicht.
TUTTE Ich wische auch nicht.
PELZ Glaubt ihr vielleicht ich wische?
Ins Leere
Wir müssen ihn wohl in die Mangel nehmen.
SCHLEICHER *ins Leere*
Wann hat man dich denn frischgemacht
zum letzten Mal.
TUTTE *irritiert, dann auch ins Leere*
Man sollte dir mal wieder
ganz ordentlich Bescheid stoßen.
PELZ Wer sich gegen die anderen stellt,
stellt sich gegen sich selbst.
SCHLEICHER Wo holt der Bartel den Most?
PELZ Das ist nicht die Frage.
Die Frage ist:
Wann holt er den Most?
Der zu früh geholte Most
hat null Prozent.
TUTTE Mit wem redet ihr?
Ich war ein guter Schüler.
Ich war beliebt.
Aus den Prügeleien
habe ich mich rausgehalten.
PELZ Wer bei jedermann beliebt sein will,

fällt auf die eigene Nase.

TUTTE Am schwersten fiel mir das Rechnen.
Aber auch das habe ich gelernt.
Am Ende haben die Mitschüler von mir
abgeschrieben.

SCHLEICHER Alle Zahlen, alle Tabellen, alle Statistiken
müssen öffentlich gemacht werden.
Nicht eine Zahl darf geheim bleiben.

PELZ Wer immer eilig ist, wer nie warten kann,
der hat ein schlechtes Gewissen.

SCHLEICHER Hat einer von euch Zahlen unterschlagen?
Hält einer von euch etwas geheim
was öffentlich ist?

PELZ Warum hat er ein schlechtes Gewissen?

TUTTE Es ist kein schlechtes Gewissen.
Es ist etwas anderes. Eine geheime Kraft
treibt meine Füße zum Gehen
wenn ich stehe; und wenn ich gehe
treibt die geheime Kraft die Füße
zum Rennen; und wenn ich renne
flüstert die geheime Kraft plötzlich
um die Kurve, nicht gerade gehe
sondern krumm renne, um die Ecke biege
und im Kreis laufe.

SCHLEICHER Man kann die Dinge freundschaftlich regeln,
aber verarschen läßt sich keiner gern.

PELZ Was hast du heute morgen gemacht?

SCHLEICHER Was er jeden Morgen macht.
Er geht in die Mitte des Zimmers und dreht
sich um sich selbst und geht wieder
zum Fenster, dann zum Tisch,
dann läuft er um den Tisch.

TUTTE Was er jeden Morgen macht.
Er öffnet das Fenster und legt sich
das Kissen auf die Fensterbank
und da die Ellbogen drauf
und die Augen macht er zu.
Er sitzt im – na wenn man das
noch Halbschlaf nennen kann.
SCHLEICHER Hast du die Hefte durcheinandergebracht?
PELZ Hast du zuletzt das Klo benutzt?
SCHLEICHER Hast du nach Verlassen
des Frühstücksraums die
Heizung nicht abgedreht?
SCHLEICHER Warum hast du ohne Widerspruch zu leisten
unseren Anweisungen Folge geleistet?
Hast du etwa gefragt:
Wer ist der Chef?
Was will er?
Bist ein Kriecher und kein Drücker.
PELZ Tutte will ihm wohl die Tür aufhalten
den Schlag aufreißen
den roten Teppich ausrollen.
TUTTE Von wem sprecht ihr denn?
Bin ich gemeint?
Ich bin es doch, der flinke Tutte
der jede Situation meistert.
Manchmal plagt mich meine Ungeduld
dafür bin ich aber weltgewandt
Pelz und Schleicher kommen bedrohlich näher
und habe eine kleine Blase.
PELZ Wann hat man dich frischgemacht das letzte Mal?
SCHLEICHER Tutte will Trittbrettfahrer sein
und ist bloß Abtrittsitzer.

PELZ Dir müßte man mal wieder
ganz ordentlich Bescheid stoßen.
Pelz öffnet die Klotür, zieht den Schlüssel ab und schließt Tutte ein.
TUTTE Wie versteh ich das?
Ihr könnt mich doch nicht einschließen.

Aufbruch in die Kälte

SCHLEICHER Wir müssen ihm entgegengehen.
Wir müssen ihn aufklären über den Kollegen,
der auf unsere Kosten lebt. Wir müssen
mit ihm sprechen, bevor Tutte mit ihm spricht
und ihm ein falsches Bild vermittelt.
Der ist weltgewandt und flink.
PELZ Was glaubst du, warum er so wild drauf ist,
den roten Teppich auszurollen?
SCHLEICHER Weil er uns anschwärzen will.
Der flinke Tutte, der jede Situation meistert.
PELZ Wir gehen ihm entgegen. Er muß ganz
in der Nähe sein. Wir führen ihn
ins Warme, wir kochen Tee
und lassen Cognac kommen,
dann kann er abrechnen mit dem Kollegen.
Summa summarum. Punkt um Komma.
SCHLEICHER Wir machen ihm die Lage schon klar.
PELZ Sag mal, erkennst du ihn?
Wir werden doch nicht
an ihm vorbei gehen,
ohne ihn zu erkennen.
SCHLEICHER Ich denke, du kennst ihn.

PELZ Ich hab ihn länger nicht gesehen.
SCHLEICHER Du hast gesagt, er hat graue Schläfen.
PELZ Er wird noch grauer sein, jetzt.
Koteletten grau, der ganze Kopf grau.
Aber keine Sorge.
Er erkennt uns.
SCHLEICHER Und wenn er die Haare färbt?
PELZ Das tut kein Vorgesetzter.
SCHLEICHER Die Tauben, was ist mit den Tauben.
PELZ Mach das Fenster auf, dann fliegen sie raus.
Pelz und Schleicher gehen ab, dem Chef entgegen.

Vorläufiger Abflug

TRAURIGE TAUBE Jetzt denken sie, sie gehen
ins Freie, frischer Wind
und bald wird es dunkel.
SAURE TAUBE Laß sie gehen ins Freie.
Im Sommer sah ich ein
altes Paar, die wankten
tatternd aus dem Heim
und wollten auch ins Freie.
Die wußten nicht wo oben
und unten ist, weil sie
immer Parterre waren
und gerieten in eine
böse Gegend.
Da kamen vier Kerle
und ein Weib war dabei,
die zerbrachen den Stock,
die Krücke, die Brillen

und die Gebisse.
Zogen aus den Taschen
Monatsfahrkarte und
so wenig Bares,
daß sie der Alten
aus Wut die Perücke
verbrannten.
Das war im Freien.

TRAURIGE TAUBE Das gab dir Auftrieb.

SAURE TAUBE Trieb und Auftrieb.
Ich kann die Fußgänger,
die Schrittmacher
nicht riechen.
Komm her, zum Wärmetausch.

TRAURIGE TAUBE Why don't we do it
in the road.
Du bringst es nicht.

Sie flattern, bis sie den Ausgang finden und folgen Pelz und Schleicher.

Zeigen was Lärm ist

Frau Mack und die Großmutter.

MACK Habe ich ein Herein gehört?
Keiner da?
Hier in dieses Zimmer setze dich.
Auf diesen Stuhl setze dich und sperr die Ohren auf.
Ich will dir zeigen, was Lärm ist. Täglich
deine Klage über den Krach in deinem Zimmer.
Wozu habe ich die Schallschutzfenster

einbauen lassen, Doppelglas und Vakuum dazwischen.
Was mich dieses Scheiß Vakuum gekostet hat.
Das hör dir an, das ist Lärm.
Hier bleibe sitzen.
Zeitschriften gibt es hier genug.

GROSSMUTTER Hier fröstel ich.

MACK Hier bist du nicht im Weg, Großmutter.
Dein Zimmer wird gebraucht.
Nur für ein Stündchen.
Unten ist es voll.

GROSSMUTTER Gestern war es warm, heute schneit es.
Gestern war es leer, heute ist es voll.
Und ich bin deine Mutter.
Sage nicht Großmutter.

MACK Grundsätzlich ist Kälte positiv.
Schöne Kälte draußen.
Schönen Stau wird das geben.
Kältestau.
Stau belebt den Umsatz.
Stau macht Hunger.
Stau macht Durst.
Nach einem schönen Stau
haben die Gäste Hunger,
wie der Soldat nach der Schlacht.

GROSSMUTTER Zu meiner Zeit gab's keine Staus.
Und trotzdem waren Gäste da.
Mein Mann war auch ein Versager,
ich war immer von Versagern umgeben.
Immer alles alleine machen.
Ihr habt alles niedergewirtschaftet,
den Besitz verludern lassen
und verdientermaßen verloren.

MACK Da war zu wenig Appetit,
zu wenig Umsatz.
Sozusagen, am Staumangel
sind wir gescheitert.
Kein Stau, kein Hunger.
Kein Stau, kein Durst.
Wenn die Herren wiederkommen
sagst du, du machst das Zimmer,
und wartest im Gang.
GROSSMUTTER Hier sitze ich, hier bleibe ich.
Daß ich noch einmal weggehe, kommt nicht in Frage.
Klopfen an der Tür zum Klo. Die Großmutter zögert, klopft dann ebenfalls. Erneutes Klopfen als Antwort.
Wer ist denn da?
TUTTE Ich heiße Tutte und komme aus Berlin.
GROSSMUTTER Tutte? Kein Mensch heißt Tutte.
TUTTE Mein wirklicher Name ist Lehmann.
In Berlin heißen alle Lehmanns Tutte.
GROSSMUTTER Berlin ist eine laute Stadt.
In der Stille wollte ich alt werden.
Dies Zimmer ist das lauteste. Kaputte Fenster.
TUTTE Was tun Sie denn hier?
GROSSMUTTER Das frage ich mich auch.
Im Elsaß wollte ich meine alten Tage verbringen.
Das Elsaß ist eine Insel der Ruhe.
Die Kriege haben die Ruhe zerstört,
aber wie lange dauert schon so ein Krieg.
Die Menschen essen Sauerkraut und Gugelhupf,
Hechtklößchen, die zittern, wenn man mit der
Faust auf den Tisch haut. Die Tische sind
aus Birnenholz und Kirsche.
Sie backen Pfannkuchen, die Flammkuchen heißen

und Schinken im Brotteig.
Aber das Elsaß ist so weit von hier,
daß ich nicht einmal sagen kann,
ob es noch an seinem Platz ist.
An der Grenze zu Lothringen, wo es Kohle gibt
und Stahlindustrie, wobei Lärm entstehen kann.
Aber die Stahlindustrie bleibt hinter der Grenze,
wo sie hingehört. Die Grenze Elsaß – Lothringen
ist eine Schallgrenze.
Geh doch ins Allgäu, das ist wenigstens deutsch,
das haben die Bajuwaren erobert, das Elsaß hat
der Franzos erobert, das ist Ausland.
Aber was soll ich im Allgäu, dieser
viehbestandenen Hügellandschaft. Der Viehbestand
hat die Hügellandschaft schon verwandelt
in eine Treppenlandschaft. Die Hügel im Allgäu sind
zu Treppen zuschanden gestanden. Das Allgäu
ist ein Land der Butter.
Allgäu: Gau der Milch.
Allgäu: Ballungsgebiet der Käseleiber
und der Joghurtkultur. Das Allgäu ist die
Heimat der Emmentalerfälscher.
Nein! Allgäu. Nie und nimmer.

TUTTE Auch mich hat es nie ins Allgäu gezogen.
Aber wer weiß, wo mein Beruf mich noch hintreibt.

GROSSMUTTER Mein verstorbener Mann war Allgäuer.
Ich kann Ihnen nicht sagen,
wie sehr ein einziger Fehler ein ganzes Leben
so gründlich verpfuschen kann.
Ich rate Ihnen eines: Meiden Sie das Allgäu.

TUTTE Am liebsten wäre ich in Berlin.

GROSSMUTTER Wie Sie meinen.

TUTTE Sagen Sie, ist denn dort ein Schlüssel?
GROSSMUTTER Sehen Sie doch selbst nach.
Ich stehe nicht mehr auf
von diesem Stuhl.
Hier sitze ich, hier bleibe ich.
Hier sitze ich und schneide Speck
bis einer kommt und holt mich weg.
TUTTE Aber ich kann nicht.
GROSSMUTTER Und warum nicht?
TUTTE Ich glaube, ich bin aus Versehen
eingeschlossen worden.
GROSSMUTTER Auch Berlin ist versehentlich
eingeschlossen worden.
TUTTE Das ist es nicht mehr.
Berlin ist offen.
GROSSMUTTER Das sagen Sie.
Vielleicht hat es seine Bewandtnis damit,
daß es eingeschlossen ist,
und daß Sie als Berliner
ebenfalls eingeschlossen sind.
TUTTE Könnten Sie nicht den Schlüssel umdrehen?
Es ist kühl hier drin.
GROSSMUTTER Hier draußen ist es auch kühl,
Herr Lehmann.
TUTTE Nennen Sie mich Tutte.
GROSSMUTTER Ich nenne Sie lieber Lehmann
und wäre sehr dankbar,
wenn Sie nicht so brüllen würden.
TUTTE Ich rede gegen den Lärm an.
GROSSMUTTER Im Gegenteil.
Sie vermehren den Lärm.
Würde ich die Tür aufschließen,

wäre Ihre Stimme noch lauter.
Sie sprechen bereits viel zu laut.
Wie alle Berliner.
Meinetwegen kann man eine Schallmauer
um Berlin herumbauen.
Niemand hört mehr auf mich.
Früher hatte ich meinen Platz.
Die Indianer und auch in China
gewisse Bergvölker – da ziehen sich die Alten
zum Sterben zurück, setzen sich irgendwo hin
und verhungern. Ich sterbe im Lärm.
Hier sitze ich, hier sterbe ich,
bis Ruhe ist.

2. Akt

Weißer Vorhang

In der Kälte, Irrlichter.

PELZ Es ist schon gut, den warmen Mantel zu haben.
SCHLEICHER Wenn ich nur bessere Schuhe hätte.
Die Sohlen sind zu glatt. Ich rutsche.
PELZ Meine Sohlen sind zu dünn.
SCHLEICHER Das wird Frostbeulen geben.
PELZ Naß bis auf die Socken.
Aber wenigstens ist der Mantel gefüttert.
SCHLEICHER In einem Land mit einer Unzahl von
Fahrzeugen leben wir,
aber anständige Schuhe

haben wir nicht
an den Füßen.

PELZ Weil man nicht geht, sondern fährt.
Wer fährt, braucht keine guten Schuhe.

SCHLEICHER Schau dir das an.
Diese Mengen von Fahrzeugen,
dieses Meer von Automobilen mit den Lastwagen
als Inseln dazwischen. Und nichts bewegt sich.

PELZ Eingefroren, das Meer.
Alles weiß und starr.
Mehr wie ein Winterwald.
Die Bäume dampfen.

Valium

SCHLEICHER Da bewegt sich was, da bewegt sich einer.
Er winkt uns.

PELZ Machen wir, daß wir wegkommen.

SCHLEICHER Und wenn er es ist?

PELZ Er geht doch nicht zu Fuß.

SCHLEICHER Was soll er machen, wenn nichts mehr fährt.

FERNFAHRENDES IRRLICHT *aus der Ferne*
Hallo, sind Sie vielleicht vom Roten Kreuz?

PELZ Vom Roten Kreuz?
Wir geben nichts!

FERNFAHRENDES IRRLICHT *nähert sich*
Hat Sie mein Notruf erreicht?
Ist einer von Ihnen Arzt?
Oder wenigstens Sanitäter.

SCHLEICHER Er glaubt, wir seien vom Roten Kreuz.
Welche Zeitungen lesen Sie?

FERNFAHRENDES IRRLICHT Eine, die aufs Lenkrad paßt.

SCHLEICHER Sie könnten uns sehr helfen, indem Sie ein, zwei kleinformatige Zeitschriften abonnieren.

FERNFAHRENDES IRRLICHT Ich bin es, der Hilfe braucht.
Das heißt, mir persönlich ist es gleich.
Sie sind doch vom Roten Kreuz.
Ich sehe es hier, an Ihrem Ärmel.
Ich brauche einen Arzt.
Oder einen Sanitäter.
Ich habe von der Notrufsäule aus
angerufen.

PELZ Wir sind unterwegs, um Menschen zu helfen,
indem wir Farbe, Freude, Unterhaltung,
Reisen und Sport aus der ganzen Welt ins Haus
bringen oder meinetwegen auf Ihr Lenkrad.
Alles reich und bunt bebildert, so daß Sie
fahren und lesen, zumindest die Bilder
zur gleichen Zeit anschauen können.

FERNFAHRENDES IRRLICHT Sie wollen nicht helfen,
bloß weil es keine Menschen sind?

SCHLEICHER Moment. Bloß weil sie nicht zu Fuß
gehen, sind es noch immer Menschen.
Was unterscheidet den Mensch vom Tier?
Daß er lesen kann.

FERNFAHRENDES IRRLICHT *während Pelz und Schleicher sich entfernen wollen*
Ausgerechnet mich muß es wieder treffen.
Sie müssen schnell was machen,
sind Sie Arzt oder Sanitäter?
Da sind welche drunter die sind richtige Beißer
da ist schon Blut geflossen eine fiel um die haben sie
gleich in den Hals gebissen

und in der Keule fehlt ein Stück.
Mein persönlicher Verlust ist es nicht
aber so kann das Produkt nicht an den Endverbraucher
und das Geschrei ertrage ich nicht mehr
warum trifft es denn schon wieder mich
das war zuerst ein Grunzen so ein mildes
aber ich habe es in der Fahrerkabine schon gehört
und die ist klimatisiert und gedämmt, sagen sie,
hören sie das nicht auch man muß etwas tun
vor der Abfahrt haben sie Spritzen bekommen Valium
oder was weiß ich was die waren so friedlich
und grinsten selig beim Verladen.
Vierundvierzig schlachtreife Sauen.
Haben Sie den spitzen Schrei gehört?
Jetzt müssen Sie was tun.

SCHLEICHER Falsche Adresse, Meister.

FERNFAHRENDES IRRLICHT Mir persönlich wär's ja egal,
aber dieser spitze Schrei eben,
ging der Ihnen nicht zu Herzen?

PELZ Das war ein Bremsen.

FERNFAHRENDES IRRLICHT Wer bremst denn
wo sich nichts bewegt?
Daß ihr mir auch pünktlich abladet,
hat mein Chef gesagt, daß da keine Zeit
verplempert wird, daß du schnell und ruhig fährst.
Aber sagen Sie, haben Sie denn nichts da
zum Beruhigen oder was weiß ich.

SCHLEICHER Wir sind selber aufgeregt.

FERNFAHRENDES IRRLICHT Ich habe doch
an der Notrufsäule gesagt,
daß ich Beruhigungsmittel brauche.
Nun stehe ich seit fast zwei Stunden

oder was weiß ich da läßt die Wirkung nach
die fallen mir reihenweise um das Herz
das sind doch sensible Tiere die riechen
daß da irgendwas nicht stimmt die riechen
ihr eigenes Ende. Hören Sie das ist ein
erbärmliches Geschrei ganz zu schweigen
von dem Materialverlust. Gott sei Dank
ist nicht Sommer, in der Sommerhitze
sind sie noch empfindlicher.

PELZ Die innere Unruhe.

FERNFAHRENDES IRRLICHT Unruhe ist gut, das ist
Todesangst.
Ihr laßt euch ja durch nichts erweichen,
habt ihr denn kein Herz. Das ist unterlassene
Hilfeleistung, kalt wie Hundeschnauze.
Mir muß das passieren wieder mal.
Mein Vertrauen in das Rote Kreuz
ist jetzt erschöpft, und die Caritas kriegt
von mir keinen Pfennig mehr.

PELZ Das sind nicht unsre Firmen, Meister.

SCHLEICHER Beruhige deine Sauen doch selbst.
Steig doch rein und streichle sie.

PELZ Finde ein paar zärtliche Worte.
Das hilft immer.

FERNFAHRENDES IRRLICHT Meint ihr, Jungs?
Ich sag euch, die haben scharfe Zähne.

SCHLEICHER Dich werden sie nicht beißen,
wo du doch helfen willst.

FERNFAHRENDES IRRLICHT Meint ihr, Jungs?
Vielleicht versuch ich's,
bis der Notarzt kommt.
Jungs, würdet ihr noch warten,

falls ich gebissen werde,
ich meine, holt ihr mich da raus?

SCHLEICHER Aber klar, Meister.
Geh nur, wir holen dich raus.

PELZ Wenn's sein muß, holen wir dich raus.
Keine Sorge.

FERNFAHRENDES IRRLICHT Ausgerechnet mir, Kollegen,
passieren immer solche Sachen.
Geht ab, zu seinem LKW.

SCHLEICHER Los Pelz, wir müssen weiter.

PELZ Und wenn er gebissen wird.

SCHLEICHER Kommt gleich der Notarzt.
Sie wollen weiter.

PELZ Hörst du das auch?

SCHLEICHER Das waren Bremsen. Komm.
Schau dich nicht um.

PELZ Man sieht sowieso nichts.
Komm singen wir was.
Lachend lachend lachend kommt der Sommer über das Land.
Ab

Die Tauben

SAURE TAUBE Die Welt dreht sich rum
er macht sich zum Futter
für das eigene Vieh.
Bald lernen sie krähen
und wecken die Hähne
bald lernen sie bellen
bewachen knurrend

die Hütten der Köter
den Pinschern das Filet
die Därme den Herrchen.
Ab

Zurückgelassen

SCHLEICHER Und das da vorn.
Siehst du das auch?
PELZ Ich weiß nicht mehr.
SCHLEICHER Wenn ich richtig sehe,
ist das ein schwarzes Nachthemd
oder wie heißt es, Negligé.
PELZ Reizwäsche, bei diesem Wetter.
Wir sehen nicht richtig.
IRRLICHT IM NEGLIGÉ Entschuldigen Sie, meine Herren.
Haben Sie nicht zufällig
ein silbernes Wohnmobil gesehen?
Entschuldigen Sie mein Stottern,
das ist die Kälte.
SCHLEICHER Ihre Garderobe ist nicht ganz passend,
gnädige Frau.
IRRLICHT IM NEGLIGÉ Deshalb bin ich ja so eilig.
PELZ Bei diesem Wetter auf Arbeit,
ihr seid ja hart im Nehmen
IRRLICHT IM NEGLIGÉ Ach, Sie denken ich sei . . .
wie kommen Sie denn darauf.
Wie komisch.
Sie täuschen sich. Ich wollte nur schnell
einen schwarzen Schneeball werfen
und schon war er weg.

SCHLEICHER Pelz, die Dame friert.
Biete ihr doch deinen Mantel an.
IRRLICHT IM NEGLIGÉ Sehr freundlich,
aber weit kann er nicht sein.
Ein silbernes Wohnmobil, Baujahr 82.
Seit 83 sind wir unterwegs.
Darf ich Sie ein Stück begleiten?
Ich will nicht stehenbleiben.
PELZ Wir müssen in die andere Richtung.
IRRLICHT IM NEGLIGÉ Nur ein kurzes Stück.
Vielleicht leihen Sie mir
Ihren Mantel, nur für
eine Minute.
PELZ Wir haben's eilig, gnädige Frau.
SCHLEICHER Für eine Minute
kannst du ihr deinen Mantel leihen.
PELZ Wieso ich?
SCHLEICHER Geh voran, ich komm gleich nach.
PELZ Geiler Bock, dafür ist jetzt keine Zeit.
SCHLEICHER Ich komm gleich.
IRRLICHT IM NEGLIGÉ Seit vielen Jahren fahre ich
mit meinem Mann, wir rollen so
durchs Land. Am schönsten ist es abends
wenn die Sonne untergeht
und unser Wohnmobil leuchtet
und strahlt; es ist ein feuriges Schiff;
wir fahren, und die Landschaft
spiegelt sich in unserem Lack;
dann sind wir ein Teil von ihr
überall gehören wir hin
und bleiben nie, aber waren
doch da und ein Teil davon.

PELZ Laß sie reden,
wir müssen weiter.
IRRLICHT IM NEGLIGÉ Wenn er nun für immer
weggefahren wäre.
Wenn es ihm zu eng war
ich ihm zu nah seit
den vielen Jahren.
Ich die beste Frau
die er je finden wird.
PELZ Der wird doch warten
auf die Allerbeste.
IRRLICHT IM NEGLIGÉ Noch eine Minute,
noch dreißig Sekunden,
Dein Mantel ist warm
von deinem Körper.
Bleib und wärme mich.
Bin ich nicht schön?
SCHLEICHER Ich muß weiter!
Gib mir den Mantel.
IRRLICHT IM NEGLIGÉ Das Land würde uns gehören.
Ach das Universum wäre deins.
Bleib noch.
SCHLEICHER Gib mir den Mantel wieder.
IRRLICHT IM NEGLIGÉ Sprich mir von Liebe,
du Arschloch.
Hole mir die Planeten herunter.
Entleere die Umlaufbahnen.
Ich schenke dir ein schwarzes Loch
darin können noch mehr verschwinden
als einer wie du.
Ich gebe dir Antimaterie, du mir Materie.
Materie und Antimaterie, verstehst du.

Ach was rede ich von Universum
wo du nur Ottomotor verstehst.

PELZ Sie ist verrückt.

SCHLEICHER *entwindet ihr Mantel und Negligé*
Ich bin nicht der Heilige
Sankt Georg und Sankt Nikolaus.
Ich muß arbeiten, wir suchen
unseren Chef, sag ihm das
wenn du ihn siehst.
Dein Negligé!

PELZ Sie kennt ihn nicht.
Eine wie die.

SCHLEICHER Sie ist weg.
Wo ist sie hin?

PELZ Die hat schon einen
anderen Freier. Komm!
Sing was!
Wann wird es endlich wieder Sommer so wie es früher einmal war.
Ab

Traurige Tauben

TRAURIGE TAUBE Bleiweiß im Herzen,
und Menninge im Hirn.
Er wär' gern noch geblieben
zum Wärmetausch, aber
die Angst frißt ihm die Eier.

SAURE TAUBE Die Welt ist doch gerecht.
Sie fressen unsere Eier.
Die Angst die ihren.
Ab

Terminfrei

TERMINFREIES IRRLICHT Hallo Sie da,
aus der Gegenrichtung.
Haben Sie den Stauanfang gesehen
oder das Stauende?
PELZ Anfang nicht und Ende nicht.
TERMINFREIES IRRLICHT Und wo die Mitte ist?
Sie werden doch um Himmels willen
wissen, wo die Mitte ist.
Ist die Mitte in dieser
oder in der Richtung?
Das werden Sie doch gesehen haben.
Oder sind Sie schon schneeblind?
PELZ Woher sollen wir denn wissen,
wo die Mitte ist.
TERMINFREIES IRRLICHT Sie sind also schon blind?
SCHLEICHER Vor einer halben Stunde
sind wir erblindet.
Auf Wiedersehen.
Sie wollen gehen.
TERMINFREIES IRRLICHT Nicht, daß ich
einen Termin hätte.
Dieser Tag ist einer der wenigen Tage
eines verteufelt langen Jahres,
der ganz und gar terminfrei ist.
Stellen Sie sich die Katastrophe vor
wenn ich einen Termin hätte.
Das Telefon funktioniert nicht
in dieser öden Gegend, der Schnee
stört oder wir befinden uns
in einem Funkloch.

Nicht einmal absagen könnte ich.
SCHLEICHER Beruhigen Sie sich,
Sie haben ja keinen Termin,
im Gegensatz zu uns.
TERMINFREIES IRRLICHT Alle kommen zu spät!
Was ist denn die Ursache dieses Staus?
Kennt denn niemand die Ursache?
Ich will den oder die Verantwortlichen
man muß sie dingfest machen.
Dies ist ein Vertragsbruch.
Wenn ich mich auf eine Autobahn
begebe, so schließe ich in meinem Herzen
den Vertrag mich in einen Strom
einen Fluß ein Miteinander
der Vorwärtsstrebenden einzureihen
und wenn sich einer einreiht und verletzt
den Vertrag den er gewissermaßen mit der Natur
wenn Sie wollen abgeschlossen hat
so wünsche ich, daß er die Folgen
tragen muß. Hier soll der Strom
fließen soll so wie die Natur
es will wie die Gestirne kreisen
die Brigach in die Donau
fließt durch Wien
wo sich das Riesenrad selbst bei Gewitter
dreht ein Mühlrad und die Zeit mahlt
an der Grenze zum Balkan
wo sie sich zermahlen ins Schwarze Meer
ergießt
wer sich widersetzt
den jage ich beiseite mit Hilfe
meiner sonnenhellen Halogenscheinwerfer

den grille ich auf meinem Kühler
und wer dann noch immer nicht weicht
den will ich mit meinen eigenen
Händen zur Verantwortung ziehen
auch an diesem terminfreien Tag und wenn es sein
muß gehe ich bis zum Äußersten
und würge ihn mit meinen eigenen Händen
bis sein eigener Kreislauf
zum Stillstand kommt damit er
am eigenen Leib erfährt
was es heißt das Fließende
anzuhalten und es zum verdammten
gotteslästerlichen Stillstand kommt.
Gegen die Gesetze der Evolution.
Oder sind Sie anderer Meinung?
Wo befindet sich überhaupt Ihr Fahrzeug?
Haben Sie Ihr Fahrzeug mutwillig verlassen
und es blockiert im Falle eines
ordnungsgemäßen Wiedereintretens des Flusses
des Verkehrs die eine Fahrbahnhälfte
oder auch nur den Sicherheitsstreifen
dann zögere ich nicht auch Sie
zur Verantwortung zu ziehen
mit dieser Hand und diesem Arm
ihre Hälse zu umfassen auch wenn jetzt
ein stechender Schmerz in meinem linken Arm
sich ausstreckt ein glühender Draht
durch meine Arterie zuckt und mir
dunkel wird vor Augen und eine
geballte Faust in meinem Brustraum
ihre stählernen Finger öffnet
und das Herz umgreift die Luft mir ausgeht

Luft mir ausgeht ... mehr Luft.

PELZ Ja, die Luft ist schlecht.

SCHLEICHER Da vorne, wo es so landwirtschaftlich
riecht, gehen Sie dort hin, dort
wird ein Arzt kommen oder ein Sanitäter.

Er taumelt davon und läßt das tragbare Telefon zurück.

SCHLEICHER *nimmt den Hörer ab*
Er hat recht.
Keine Verbindung.

PELZ Weiter!
Und sing was!
Ab

Saure Tauben

SAURE TAUBE Perfekte Waffe: ein fester
Zapfen aus knallhartem Eis,
die Spitze zwischen Rippe
vier und fünf, kein Abdruck,
alle Spuren schmelzen.

TRAURIGE TAUBE In Gütersloh sah ich
einen Säugling durchbohrt
samt Kinderwagen von
einem meterlangen Zapfen.

SAURE TAUBE Schrie er noch?

TRAURIGE TAUBE Der schrie nicht mehr.
Ab

SCHLEICHER Warum ist er da vorn?
Wir haben ihn doch
hinter uns gelassen.
FERNFAHRENDES IRRLICHT Sind Sie Arzt oder Sanitäter?
Ich brauche Hilfe.
Hören Sie mich?
Sehen Sie mich?
Ich kann Ihnen nur
mit einem Arm winken.
Binden Sie meine Arterien ab.
Ausgerechnet mir muß das passieren.
Helfen Sie oder ich verblute!
PELZ Du bist in die falsche Richtung gegangen.
SCHLEICHER Ich? Bin dir nachgegangen.
Du bist der Kolonnenführer.
PELZ Zwei sind keine Kolonne.
Du hast dich verlaufen.
SCHLEICHER Du hast dich verlaufen.
Wir müssen da lang.
PELZ Da liegt einer.
SCHLEICHER Geh nicht hin.
PELZ Das Nachthemd.
Ist es.
Wir müssen da lang.
Nimmt das Nachthemd und läuft in eine andere Richtung.
SCHLEICHER Falsch.
Die falsche Richtung.
Oder der Wind.
Das Telefon.

PELZ Gleich kommt sie.
SCHLEICHER Wer?
PELZ Die innere Unruhe.
SCHLEICHER Halt dich zurück.
PELZ Hörst du's nicht?
SCHLEICHER Was denn?
PELZ Die Vögel.
Ich ertrag das nicht.
SCHLEICHER Jetzt höre ich sie.
Die Tauben.
PELZ Da sind sie. Jag sie weg.
Dreh ihnen den Hals rum.
SCHLEICHER Nein, nein.
Genau dieselben kahlen Stellen.
Erkennst du sie nicht?
Die Tauben zeigen uns den Weg.
Das sind unsere Tauben.
Wir dürfen sie nicht
aus den Augen verlieren.
Die Tauben finden immer zurück.

3. Akt

Angekommen

Pelz und Schleicher kommen unverrichteter Dinge zurück und finden die eingeschlafene Großmutter vor.

SCHLEICHER Was macht die hier?
Was macht die Taube hier?
Wieso sitzt die da?

PELZ Eingeschlafen ist sie.
Wieso schnarcht sie nicht
wie sonst die Alten schnarchen?
Ich wecke sie.
Den Schlaf hat der Tod erfunden.
SCHLEICHER Die atmet gar nicht mehr.
Ist die jetzt hier gestorben.
In unserem Zimmer.
Es ist ein Eishauch hier,
der war vorhin noch nicht.
PELZ Lehmann, laß mal Lehmann raus.
SCHLEICHER Der wird die Situation schon meistern.
PELZ Der ist Tiefkühlfleisch
geworden.
SCHLEICHER Der taut schon wieder auf.
Er öffnet die Tür.
LEHMANN *halbgefroren*
Ich freue mich, Sie hier begrüßen zu dürfen.
Ich hoffe, Sie hatten eine angenehme Fahrt.
Leider ist das Wetter nicht das schönste.
Mein Name ist Lehmann, nennen Sie mich Tutte.
Streckt die Hand aus so gut es geht.
SCHLEICHER Das hat er sich ausgedacht da drin.
PELZ Er hat sie nicht mehr alle.
LEHMANN Freut mich, sehr angenehm.
Wo ist er denn?
PELZ Ist das Hirn ein Eisklotz.
Gefriergut, Frostbrand, Frostschutz.
SCHLEICHER Was macht sie hier?
LEHMANN Wo ist er?
Ich will mich vorstellen.
PELZ Bildest du dir ein,

er muß pünktlich sein?
Er kann kommen
wann er will . . .
SCHLEICHER Ich will jetzt mal was klarstellen.
Ich bin nicht mehr gewillt,
einen Kolonnenführer anzuerkennen,
der nicht weiß wo's langgeht.
PELZ Wen meinst du?
Mich kannst du nicht meinen.
Ohne mich bist du ein Dreck.
LEHMANN Nicht so laut, sonst wacht sie auf.
PELZ Nicht so leis, sonst wacht sie auf.
GROSSMUTTER Wer hat mir Hechtklößchen gekocht?
Wer hat mir Speck gebracht?
Oh, ich muß wohl eingenickt sein.
Auftritt Frau Mack mit der Rechnung.
MACK Habe ich ein Herein gehört?
Meine Herren, wo waren Sie?
Lüften und das Zimmer verlassen.
Ist Ihnen klar, daß diese Verwüstung
auf Ihre Kosten geht?
PELZ Wir waren unterwegs, um Menschen zu helfen.
SCHLEICHER Menschen in Not.
MACK In Not kommen Sie, wenn nicht
genügend Bargeld vorhanden.
Hier die Rechnung.
PELZ Kein Problem.
Ah. Diese Summe ist . . .
da müssen wir . . .
Nein, das . . .
SCHLEICHER Sagen Sie, war vielleicht ein Herr hier?
Ein Herr, grau, mit einer sonoren Stimme.

GROSSMUTTER Ich habe keinen gesehen
und einen gehört, bin eingenickt.
Auf diesem Stuhl hier sitz ich bis zum Ende.
MACK Was wäre das für ein Herr?
PELZ Unser Vorgesetzter, er regelt das.
MACK Solche Herren kenne ich.
Du bleibst hier und paßt auf,
daß die nicht abhauen.
GROSSMUTTER Bis zum Ende.
Frau Mack geht ab und verschließt die Tür.
PELZ Bis zu welchem Ende?
GROSSMUTTER Meiner Tage.
PELZ Das kann ja noch lange dauern.
GROSSMUTTER Allerdings.
PELZ Aber wir wohnen hier.
GROSSMUTTER Sie stören mich nicht mehr.
Im Gegenteil. Sie beschleunigen mein Ende.
SCHLEICHER Aber wir haben einen Termin!
GROSSMUTTER Ich auch. Den wichtigsten.
PELZ Wir erwarten unseren Vorgesetzten.
GROSSMUTTER Hier würde ich ihn nicht erwarten.
Es ist nicht sehr gastlich in
diesem Zimmer.
SCHLEICHER Was verstehn Sie davon.
PELZ Was verstehen Sie von Vorgesetzten.
GROSSMUTTER Ich für meinen Teil, ich war eine
Vorgesetzte.
Ich kann Ihnen sagen, daß Sie nicht den
günstigsten Eindruck machen werden.
Weder Ruhe in den Bewohnern noch Ordnung
im Zimmer. Sie sind erschöpft und schwitzen,
obwohl von Hitze keine Spur. Kurzatmig

und wirrköpfig stehen Sie vor mir. Nein.
So nicht.

PELZ Meinen Sie?

SCHLEICHER Sie kann ich mir nicht vorstellen
als Vorgesetzte.

PELZ Vielleicht sollten wir auf Sie hören.

GROSSMUTTER Eine Parfümerie, dann ein Hotel habe ich
geführt an der Seite eines unfähigen Allgäuers.
Nun bin ich schon hier, also lassen Sie mich
die Chefin verkörpern, ich werde Sie schon
auf Vordermann bringen. Wer durch meine Mangel
gegangen ist, dem können wenige noch etwas
antun; ich kenne die Schlichen und die bösartigen
Fallen, meine Herren, und ich sage Ihnen in kürzester Zeit,
wer von Ihnen fähig und wer unfähig ist.

PELZ Und wie sollten wir ihn empfangen?

GROSSMUTTER Im Halbkreis. Versuchen Sie's.

Sie stellen sich im Halbkreis auf.

GROSSMUTTER Wie aufrichtig und offen Sie mir
mitten ins Gesicht schauen.
Und dabei lächeln können Sie,
daß sich die Herzen öffnen.
Ihre Beinstellung signalisiert
höflichstes Interesse, und Ihre
Hände sagen, wenn du willst, kann ich
dich streicheln.
Sie sind ganz Ohr, und
aller Augen warten auf mich.
Sogar die Schweißdrüsen
in Ihren feuchten Achselhöhlen sondern
Moschusgeruch ab wie auf Bestellung.

Und der Atem riecht nach Rosenwasser
und Pull Moll.
Ich erinnere mich, meine Herren,
erinnere mich, als ob es
gestern gewesen wäre.
Nur eine Woche war ich verreist.
Ich war die junge Besitzerin einer
Parfümerie und kaum eine Woche verreist,
da treten mir meine Angestellten
und meine Geschäftsführerin mit
ebensolchen Beinstellungen und
Schmeichelhänden gegenüber,
blicken ebensolche Blicke.
Und duften nach den Parfums,
die sie aus meinen Flaschen stahlen.
Das Gestohlene durch Wasser ersetzen.
Ich kenne das Bild, meine Herren,
das ist nicht neu, dies Bild,
das Sie mir bieten.
Ich kenne den Duft von Betrug.
Die Menschheit wiederholt sich,
meine Herren!

SCHLEICHER Sie können nicht die Chefin sein.
Alles ist vereist, alles steht.
Erklären Sie, warum Sie hier sind.

GROSSMUTTER Eine Luftreise hat viele Vorzüge,
die vereiste Fahrbahn läßt
den Luftreisenden kalt.

PELZ Na, was sagst du jetzt.
Laß sie Chefin sein.
Das ist eine Übung.

SCHLEICHER Die wickle ich gleich um den Finger.

Gnädige Frau, der Kälteeinbruch ...
GROSSMUTTER Der Kälteeinbruch! Sie wollen mit mir plaudern?
Wie charmant. Kleine Plauderei am frühen Abend.
Längst noch nicht das Tagwerk beendet
und schon zum Plaudern aufgelegt.
SCHLEICHER Gnädige Frau ...
GROSSMUTTER Gnädige Frau. Die Jahrhundertwende,
meine Herren, liegt bereits hinter uns,
wir nähern uns der Jahrtausendwende.
Nur weil ich eine Frau bin muß ich längst nicht
gnädig sein. Sie glauben, Charme sei Ihr Geschäft.
Da irren Sie. Ihr Geschäft ist Härte. Sie sind
keine Charmeure. Sie sind vom Schicksal Gebeutelte,
vom Mitleid anderer Abhängige, von einem
vermessenen Tiefflug Abgestürzte.
Sie sind aggressive Verlierer, die nicht auf Verständnis
bauen, sondern auf ein Gemisch von Angst und Mitleid.
Sie profitieren dadurch, daß man Sie loswerden will,
und zwar so schnell wie möglich.
SCHLEICHER Aber, liebe Dame ...
GROSSMUTTER Liebe Dame ...
Und Euer Geruch. An manchen Tagen,
meine kostbare Zeit
erlaubt es so selten, sitze ich allein für mich
und erbaue mich an meinem Geruch.
Ich lecke sanft meine Hand
und sauge meinen Duft ein.
Zeigen Sie doch mal was Sie können,
meine Herren. Sie, mein Guter
kommen Sie, mal unter uns.
Ihre Kollegen beklagen sich über Sie.

Persönlich finden sie Sie in Ordnung
aber Ihr Umsatz, die Zahlen,
die Sie hinterlassen, die bleiben.
Die Zahlen heften sich an Ihre Fersen,
die Zahlen sind Ihre ständigen Begleiter,
wo Sie gehen und stehen sind Zahlen
Ihre Hinterlassenschaft.
Man sagte er – wie heißt er –

LEHMANN Pelz.

GROSSMUTTER Pelz ist eine Null.

PELZ Ich, ausgerechnet ich, eine Null?

GROSSMUTTER Ausgerechnet sind Sie eine Null.
Sagt man.
Ich bin Ihnen nicht schlecht gesonnen.
Was wir hier reden bleibt unter uns.
Sie sprechen mit keinem Menschen darüber
und schon gar nicht mit Ihren Kollegen.
Neid würde entstehen. Sie bevorzugt ihn,
würde es heißen. Das wäre schlecht
für uns beide. Eifersucht. Unfrieden.
Von mir haben Sie nichts gehört.

PELZ Was Sie mir sagen, bleibt unter uns.
Aber wer sagt ich bin eine Null?
Wer sagt ich bin eine Null, vortreten.
Wer sagt, Pelz ist eine Null
der bindet mir jetzt meine Schuhe.
Der massiert mir jetzt meine Zehen.
Damit ich spür daß ich nicht träum
daß da noch Leben steckt
in meinen Zehen. In meinem kleinen
Zeh mach ich noch mehr Umsatz
als die beiden in ihren Hohlköpfen

da ist meine Vorhaut noch intelligenter
als denen ihre Hirne da hab ich in meinen
Hühneraugen noch mehr Klarsicht.
Los vortreten wer glaubt Pelz ist eine Null.
Ausgerechnet ich. Der Kolonnenführer.

GROSSMUTTER Psst.
Die beiden anderen Herren treten
für einen Augenblick zurück.
Nun Pelz, zeigen Sie mal,
was Sie können, zeigen Sie
was in Ihnen steckt. Wir
sind die Käufer, Sie verkaufen.
Bitte.

PELZ Noch kaum Mama sagen konnte ich,
schon habe ich unter meinen
breiten Schultern leiden müssen.
Dieses Kreuz hat mich zum Sündenbock
gemacht für alles, was angerichtet wurde.
Wie oft hab ich mein eigenes Kreuz
blau geprügelt, so! Sie sehen wie
mühselig das ist. Man kann nicht richtig
ausholen, es sei denn man nimmt einen Stock,
einen Besenstiel.
Schwer ist es sich am Rücken zu kratzen
aber schwerer ist es sich den Rücken zu prügeln.
Das Kreuz, der Buckel, dieser arme Buckel
muß für alles herhalten weil viel Platz
darauf wird alles draufgelastet und geladen
und wird immer breiter und breiter und noch mehr
Unglück und Schiefes hat drauf Platz.

GROSSMUTTER Gut so, machen Sie weiter, weiter.

PELZ Der Buckel drückt mich auf die Erde

Das kostet Kraft, sich grad zu halten
das ist die Hälfte der Tagesarbeit
sich grad zu halten. Die Verantwortung drückt
das Gewissen drückt der Kummer drückt
der ganze graue und blaue Himmel und
seine Gestirne drücken die Nasenspitze
in die Erde. Ein Joch, ein Maulwurfsjoch
und Einsamkeit und Schweißausbruch und
Körpergeruch keine Zeit
und kein Geld für Massagen
nie zum Arzt gehen können, sich niemals
krankschreiben lassen können
kein Geld für die Masseurin, daß sie mal
die ganze vollgeladene und steifgewordene
Kreuzeslast hinwegmassieren könnte.
Seit Jahrzehnten keine Massage.
Und kein Geld für die Kosmetikerin
vom Sonnenstudio ganz zu schweigen
für die Mitesser die gnadenlos zum Pickel werden.
Furunkelübersät und Karbunkelgeplagt
die ganze Sternenkarte auf meiner Visage
und auf meinem Rücken Mars und Orion
Großer Wagen und Jupiter, Jungfrau
und Eiter und Mönch und Eiger.
Unterschreiben Sie bitte hier.
Auf meinem Rücken.

GROSSMUTTER So gefallen Sie mir, Pelz.
Um Ihre Zukunft mache ich mir
keine Sorgen, wenn Sie so weitermachen,
mal sehen wie es mit Ihrer Vergangenheit steht.
Ihre Zahlen, bitte.

PELZ Eine Auflistung sämtlicher Zahlen

finden Sie hier.

GROSSMUTTER Alles einzeln aufgelistet?

PELZ Das Mittel! Das arithmetische Mittel!
Wir sind ein Team, wir arbeiten zusammen.

GROSSMUTTER Das Mittel kann man nur errechnen,
wenn man die Einzelzahlen zusammennimmt.
Die Einzelzahl, die brauche ich, bitte.

SCHLEICHER In meinem Leben nie hat mir einer geglaubt,
daß ich etwas bin – einzigartig
und nicht noch einmal da.
Wenn ich mit meiner linken Hand nach einer Gabel
gegriffen hab, haut mir die Mutter auf die Finger und
drückt mir die Gabel in die Rechte; und wenn ich
im Haus ohne Hausschuhe gehen will, dann sie mich in
Pantoffeln und wenn ich …

PELZ Pantoffeln.
Damit kannst du keinen Blumentopf gewinnen.

GROSSMUTTER Fair Play. Unterbrechen Sie ihn nicht.

SCHLEICHER … und wenn ich. Nein, so kann ich's nicht.

PELZ Da steckt der Versager, da wohnt die Null.

SCHLEICHER So geht das nicht. Ich brauch den Realismus.
Ich kann auch nicht Samenspenden ins Reagenzglas.

PELZ Wer will schon deinen Samen?

SCHLEICHER Oh, oh, mein Samen ist schon
öfters gewünscht worden, von meinem
Samen und meinem Blut hab ich schon
monatlang gelebt, und nicht mal schlecht.
Aber das war unter meiner Würde.

GROSSMUTTER Weiter, erzählen Sie.

SCHLEICHER Wollen Sie meine Narben sehen
und die Einstiche vom Blutzapfen?
Ich steh noch unter Vertrag, wenn die mich

erwischen dann zapfen sie den letzten
Tropfen aus mir ab wenn ich
meine Stellung verliere bin ich ein
toter Mann, soviel Medikamente hab
ich schon fressen müssen daß ich meinen
eigenen Namen nicht mehr schreiben konnt.
Ich führ Ihnen die Hand haben die gesagt
und meine Hand unter einen Vertrag geführt
den ich nicht lesen konnte. Ich brauch Geld
ich muß mich loskaufen. Da sind meine Narben
für meine linke Niere hat man mir Summen
geboten daß ich in der Karibik leben
könnte aber was für ein Leben wie eine
ausgenommene Weihnachtsgans der nicht mal
das eigene Blut mehr gehört. Ich brauch Geld.
Ich muß mich loskaufen wenn ich meine
Körpersäfte und Innereien behalten will.
Da unterschreiben Sie.

GROSSMUTTER Das kann sich hören lassen.

PELZ Das lügt er doch.

SCHLEICHER Ich zeig meine Narben.

PELZ Bleib mir vom Leib
mit deinen Narben.

SCHLEICHER Ein Glas Wasser, mir wird schlecht.
Darf ich mich bitte setzen?

TUTTE Wenn Sie nun auch sagen ich lüge
ist es wahr und ich schwöre es
daß ich schon als Zellklumpen
im Bauch meiner Mutter gelitten habe da die
Nabelschnur eine übernatürliche Länge hatte.
Da saß ich im Bauch der Mutter und konnte ihr nicht
näher sein als dort in ihrem Bauch aber dann

wieder war ich übernatürlich weit von ihr entfernt durch die verfluchte Nabelschnur die mich bald würgte und drosselte und strangulierte und wenn ich mit meinen Stummelärmchen sie von meinem Hals gewunden hatte und erschöpft war wie so ein Embryo nur erschöpft sein kann und meine Mineralien haben wollte dann verloren sich die Nährstoffe in dieser unnatürlich langen Nabelschnur so daß nur der kleinste Teil in meinen mickerigen dürren Körper kam.

GROSSMUTTER *lacht*

So früh hat er sich gekrümmt
um ein guter Wurm zu werden.

TUTTE Die einzige Rettung war für mich als Embryo den Mutterleib und die düstere Fruchtblase so schnell als irgend möglich zu verlassen.

Das Wasser in das ich plumpste aus den roten Händen einer derben Hebamme war nicht kälter als mein trübes Fruchtwasser. Im Brutkasten erfüllte mich zum ersten Mal eine angenehme Wärme. Ich wollte nicht gedeihen wozu, denn dann hätte ich doch den wunderbaren Ort verlassen müssen. Ich lag dort und ungesundes Wasser sammelte sich in meinen Beinen.

Man mußte mich entwässern – die untere Körperhälfte angeschwollen ich war ein praller Sack und man flößte mir Medikamente ein die alles Überflüssige aus mir hinausspülen sollten ich sollte ausgetrocknet werden auf ein normales Maß.

Noch heute plagen mich die geschwollenen Beine wie Sie hier sehen und als Kind wollte ich das Wasser aus meinen Gliedern quetschen und walken hinausprügeln und keine Beinbehaarung wollte wachsen da ich die

Haarwurzeln niedergewalkt und geprügelt habe und noch heute sind meine Beine dick und kahl wie Maden. Glaubst du es kann schön sein mit diesen Maden im Bett sagte meine erste letzte Liebe und verließ mich in derselben ersten Nacht.
Nein der Brutkasten ist meine Heimat geblieben die summende Maschine. Teil der Maschine will ich sein. Ach gebt mir eine Maschine schließt mich an damit ich ein Rädchen werde oder ein Transistor meinetwegen Kondensator. Ein Teil der Maschine will ich sein in den Schaltkreis integriert. Abonnieren Sie eine Zeitschrift damit ich Ihre Unterschrift vorweisen kann und zeigen daß ich ein Glied der Kette ein Teil bin der Maschine.

Wem gebührt der Preis

GROSSMUTTER *applaudiert*
Donnerwetter Tutte, das hätte ich
einem Lehmann niemals zugetraut.
Ich bin erschreckt, gerührt,
erschöpft und unterschreibe alles.
SCHLEICHER Sie wollen sagen, diese schwache Nummer
hat Sie überzeugt?
GROSSMUTTER So ist es.
PELZ Keine schlechte Nummer, bißchen lahm
am Anfang. Daß sich ältere Menschen
überzeugen lassen, gut, aber den
Jüngeren fehlt eine Spur Gewalt.
GROSSMUTTER Nein, Pelz, dem Mann gebührt der Preis.
Nehmen Sie sich ein Beispiel, und

Sie überzeugen alle.
Ich bin so erschöpft. Ich könnte
schlafen. Völlig willenlos.
Schläft ein.
TUTTE Ihr habt's gehört.
Man reiche mir den Pokal.
SCHLEICHER Und wenn sie recht hat.
Jetzt weißt du nicht mehr weiter,
Führer.
PELZ Laß mich denken!
Gurren der Tauben aus dem Bad.
PELZ Halt die Schnauze.
Er geht ins Bad
TUTTE Was ist mit meinem Pokal.
Pelz erwürgt die Traurige Taube und wirft sie Tutte vor die Füße.
PELZ Da hast du den Pokal.
SCHLEICHER Das ist der Weg.
Anders geht es nicht.
TUTTE Ob die genießbar ist?
PELZ *wirft die Taube aus dem Fenster*
Fliegen kann sie nicht mehr.
SCHLEICHER Wir lassen Tutte hoch leben.
PELZ Hoch.
Sie nehmen Tutte.
PELZ UND SCHLEICHER Lehmann lebe hoch.
Hoch.
Hoch.
Sie werfen ihn aus dem Fenster.
PELZ Wie so ein schwarzer Vogel
fliegt und flattert der im Wind
und bläst sich auf.

Jetzt liegt er da unten
wie ein aufgeprallter Selbstmörder.
SCHLEICHER Wenn es hell wird ist er steifgefroren.
PELZ Da kannst du ihn aufstellen
wie einen Mann.
SCHLEICHER Und jetzt?
PELZ Aufräumen.
Aus dem Bad die Saure Taube, am Fenster erscheint Tutte.
SAURE TAUBE Das sind zwei Kerle
wie Salz und Seife.
Das sind zwei Kerle
wie Messer und Nadel.
Das sind zwei Kerle
wie Essig und Natron.
Das sind zwei Kerle
wie Strick und Ofen.
Das sind zwei Kerle
wie Kohle und Gas.
Das sind zwei Kerle
und ich bin einer.
Ich muß eine andere
suchen zum Wärmetausch.
Wie bekommt dir das Fliegen?
TUTTE Das Fliegen ging überraschend gut.
Zwar beim Aufprall auf die Zunge gebissen.
Zwar den Schädel zerschmettert
der Unterkiefer von seinem Platz gerutscht
und schief seitlich abstehend
beim Sprechen hinderlich
läßt sich aber durch einen Schlag wieder richten
an den rechten Fleck.

Schlägt den Kiefer an den rechten Fleck.
Zwar Hirnmasse zerquetscht
und innere Blutung.
Paar Knochen zerschmettert und Milz zerrissen
aber eine Klarheit hat sich eingestellt
und eine Leichtigkeit wie früher nicht
plötzlich solche Leichtigkeit, daß ich mich
erhob zum Flug die umgekehrte Bahn
zurück. Na, und jetzt sitz ich hier.
Ich bin der Sieger. Ich der Sieger.
PELZ Was siehst du, Schleicher?
SCHLEICHER In der Aufregung Gespenster.
PELZ Das ist die innere Unruhe.
Ich hab schon paar frischgemacht.
Man ist dann sehr unruhig.
Aber normalerweise sind die ruhig
und reden nichts. Was hörst du?
SCHLEICHER In der Aufregung: Stimmen.
PELZ Früher waren die immer still
mit den ganzen Wunden und
sich selbst beschäftigt.
Räum weiter auf, oder sing was.
Die Tür öffnet sich.
ZURÜCKGELASSENES IRRLICHT Wenn du mit mir kommst,
haben wir unser Glück gefunden.
Für immer im Fahren.
Der Einarmige kann nicht mehr lenken,
dann lenkst du das Fahrzeug
und mein künftiges Leben im Fahren.
SCHLEICHER Hörst du das auch?
PELZ Nein. Es ist jetzt still.
Sing was.

FERNFAHRENDES IRRLICHT Wie soll ich lenken?
Du mußt mitkommen auf die Fahrt.
Unterschreibe, schmier mir eine Stulle und ab.
TUTTE Mensch, Schleicher,
ich beneide dich.
Schleicher geht mit.
PELZ Heh, wo gehst du hin?
Bleib hier.
Ich hau auch ab.
Die Tür ist zu. Pelz rüttelt daran. Sie öffnet sich. Das terminfreie Irrlicht.
PELZ Was wollen Sie hier.
Geht's wieder besser?
Ihr Telefon ist nicht beschädigt.
Ich wollte es in Sicherheit bringen.
TERMINFREIES IRRLICHT Was mich immer
in meinem Inneren
vorwärtsgejagt hat, steht jetzt still.
Fühlen Sie, da schlägt nichts mehr.
Was mich schnell sprechen ließ
steht jetzt und ich weiß nicht
ob ich lalle kein Takt mehr in mir.
Morgen habe ich einen Termin und
ich weiß heute schon daß ich
zu spät bin und versäume. Wenn ich
angekommen bin ist der mich erwarten soll
längst weg: Geschäft geplatzt.
Schadenshöhe unermeßlich. Gesichtsverlust.
Sagen Sie: Ich spreche zu langsam?
Sie müssen mich begleiten und auf meine
Zeiten achten damit ich nicht stillstehe
müssen Sie mich vorwärtsjagen.

Sie sind der Kräftigste von allen
Sie können mir das innere Klopfen
ersetzen den Takt schlagen die Uhr sein.
Sie sind von jetzt an Mitarbeiter,
mein Schrittmacher, gut bezahlt.
Unterschreiben Sie hier.

TUTTE Unterschreib ruhig.

PELZ *unterschreibt und geht mit.*
Das Autotelefon piepst.

DIE GROSSMUTTER Hallo. Wer spricht.
Nein. Es ist keiner zu Hause.
Auf Wiederhören.

Schluß

Die Liebe zu den drei Orangen

(frei nach Gozzi)

Danke, lieber Peer Martiny,
für Deine Reanimation
in Stunden der Schwäche

Personen

THEO TRÜFFEL, Zahn- und Possenreißer, Vertreter für diverse Qualitätsprodukte und zeitweise Knappe des

PRINZEN TORTE, der lange Zeit an hypochondrischer Melancholie erkrankt war, zur Freude der

PRINZESSIN MORTADELLA, die nach seinem Ableben selber Königin werden will, und das mit Hilfe des

KAMMERHERRN SUPPE, der ein wenig entscheidungsschwach, aber schon von schlechtem Charakter ist.

LOTTE LANGUSTINE, eine sehr bösartige Seehexe, ist auf ihrer Seite.

MAGIER SELLERIE, hilft wiederum der Gegenseite, tritt auch als Schweizer Bankier Stützli und als Teufel Rösti auf.

KÖNIG KÄSE, ein resignierter König, der endlich in Rente will.

MAMMA MASCARPONE, eine liebeshungrige, fette Köchin.

3 ORANGENMÄDCHEN, stecken in den drei Orangen. Limone, die einzige Überlebende, wird von Torte geehlicht.

3 KAPAZITÄTEN, für grüne, rote und schwarze Säfte.

2 RITTER, ein weißer und ein schwarzer, wie üblich, außerdem ein sprechender Kloß, ein Tor, ein Brunnen, eine Sandspinne.

Die Geschichte spielt im Königreich Käse und im fernen Reich Polenta.

1. Akt

Der von Schlafsucht, von Unlust, von Pickeln und Schuppen, von Körpergeruch – nur übertroffen von seinem Mundgeruch, da er seine von giftigem Fußschweiß gequollenen Füße Tag und Nacht in warmen Bädern wässern muß – befallene Prinz Torte, wird von drei der besten Ärzte des Königreiches Käse untersucht und über seinen fürchterlichen Zustand nicht aufgeklärt.

PRINZ TORTE Meine Herren, wie Sie hören,
macht mir das Sprechen Mühe.
Deshalb frage ich kurz
und ohne Umschweife:
Wie lange habe ich noch zu leben?

DIE KAPAZITÄT FÜR GRÜNE SÄFTE
Wie Sie wissen, Prinz,
bin ich eine Kapazität
auf dem Gebiet
der grünen Säfte.
Ein schmerzloser Einstich
mit dieser harmlosen Spritze.

PRINZ TORTE Aber nicht zu tief.

DIE KAPAZITÄT FÜR GRÜNE SÄFTE
Und ich weiß über Ihren Zustand
alles, was man darüber wissen kann.

PRINZ TORTE Mich überfällt die Schlafsucht.
Schnell, klären Sie mich auf.
Beginnt einzunicken.

DIE KAPAZITÄT FÜR GRÜNE SÄFTE

Zu seinen Kollegen

Oh, oh, oh, Matrix Exitus, Brimborium Präfix.

DIE KOLLEGEN KAPAZITÄTEN FÜR ROTE UND SCHWARZE SÄFTE

Oh, oh, oh, Präfix, Präfix, Präfix.

PRINZ TORTE Nun? Gleich schlafe ich.

DIE KAPAZITÄT FÜR GRÜNE SÄFTE

Ah, Prinz, Sie sind ein Muster
an Gesundheit, blühendem Leben.
Gesünder kann man nicht sein.

DIE KOLLEGEN Und wie gut er aussieht,
blendend, blendend, blendend.

KÖNIG KÄSE Dann ist er also gesund?
Und warum diese Unlust,
Schlafsucht, diese Pickel,
dieser Fuß- und Mundgeruch?

DIE KAPAZITÄTEN Da er schläft, bedauernswerter Vater,
edler König Käse, klären wir Sie offen auf.
Sie sehen diese Säfte:
den grünen,
den roten,
den schwarzen
Saft, wir sagen Ihnen
und bedauern Sie und ihn,
daß seine Säfte üble Säfte sind,
das zeigt schon der Geruch,
lange wird er nicht mehr leben.
Wir hoffen, Sie sind gut versichert;
angemessen ist die Rechnung, doch horrend.
In diesem Falle ziehen wir uns zurück.
Machen Sie ihm das Leben angenehm:

Champagner, Austern, Fernsehen,
damit er möglichst sanft entschlummert.
Wir empfehlen uns.
Ab

KÖNIG KÄSE Mein lieber Sohn, wach auf,
schlürfe Austern, Champagner,
sieh doch ein wenig fern!
Er schläft und wacht nicht auf.
Lieber Himmel, wenn er jetzt stirbt!
Vierhundertzehn Kapazitäten
habe ich zu Rate gezogen,
Tröpfe und Blutegel,
Vitamine und Moorbäder,
Kuren an der See,
Kuren in den Bergen,
kalte Wickel, heiße Wickel,
nichts hat geholfen.
Schaut, wie er da schläft
und langsam stirbt.
Sohn, wach auf, wer soll denn
König werden, wenn du stirbst.
Soll die blöde Gans Mortadella,
die doofe Kuh, deine Cousine
Königin werden,
die du doch auch nicht leiden kannst?
PRINZ TORTE *im Schlaf* Nein!
KÖNIG KÄSE Ach, Suppe, komm her
und bring mir Austern mit!

Auftritt Kammerherr Suppe
SUPPE Edler König Käse,

Sie haben mich gerufen,
hier bringe ich Austern und Champagner
für den Prinzen.
Wie geht's ihm denn?
Er sieht ja wieder blendend aus,
ein Muster an Gesundheit, blühendem Leben.
Gesünder kann man nicht sein.

KÖNIG KÄSE Versuche nicht, mich zu trösten.
Ich weiß genau, daß du gelauscht hast.
Weder die Kapazität für rote
noch die für grüne Säfte
gibt ihm noch lange zu leben;
und die Kapazität
für schwarze Säfte war erstaunt,
daß er noch alleine atmen kann.
Keine Hoffnung, sagen sie
und schreiben ihre Rechnung.
Suppe, geh und hole noch
mehr Kapazitäten –
alle, die du finden kannst.

SUPPE Edler König, so weit bin ich gereist
und bin jetzt sicher, daß es keine Kapazität
mehr gibt, die nicht schon den Tod des Prinzen
in wenigen Tagen angekündigt hat.

KÖNIG KÄSE Du bist der Kammerherr,
gib mir einen Ratschlag,
und ich mach dich zum Minister.

SUPPE Zum Minister, Minister, Minister?
Versprochen, edler König Käse?

KÖNIG KÄSE Versprochen. Versprochen. Versprochen.
Gib mir noch einen Ratschlag,
und ich mach dich zum Minister.

SUPPE Ehrenwort?

KÖNIG KÄSE Superkönigsehrenwort. Ich schwöre es,
beim Leben meines Sohnes.
Ich ziehe mich jetzt zurück in mein königliches Gemach
und weine ein wenig über das furchtbare Unglück
und dann halt ich ein Nickerchen.
Du weckst mich, wenn dir was eingefallen ist.
Käse ab

SUPPE Mortadella, mein Täubchen, er ist weg.

PRINZESSIN MORTADELLA *aus ihrem Versteck kommend*
Dieser alte, ekelhafte Widerling!
Hast du gehört, was er gesagt hat?

SUPPE Daß du eine blöde Gans bist,
eine doofe Kuh, und daß er nicht will,
daß du sein Königreich erbst, ich hab's gehört.
Hast du gehört, daß ich Minister werde,
wenn mir was einfällt?
Es gibt da noch einen Arzt in Wien,
der sicher helfen könnte ...

MORTADELLA Bist du verrückt, je schneller Torte stirbt,
desto schneller bin ich Königin,
da kann der alte Sack nichts machen.

SUPPE Na gut, dann werd ich eben nicht Minister.
Obwohl, ich wäre schon gerne Minister, zum Beispiel
Minister für das Innere oder das Äußere
oder Minister des Inneren und des Äußeren,
wahlweise im Sommer oder im Winter.

MORTADELLA Du bist ein Quatschkopf.
Wenn Prinz Torte stirbt,
geht König Käse in Pension,
und dann werd ich die Königin

und dich mach ich zu meinem Gemahl,
das ist viel mehr wert als Minister.

SUPPE Dann bin ich sozusagen, ha,
bin ich sozusagen Kö . . .
bin ich sozusagen König?

MORTADELLA Sagen wir mal Unterkönig.

SUPPE Bloß Unterkönig?
Vielleicht werd ich lieber doch Minister.

MORTADELLA Stell dir vor: Als Königin
schlaf ich in einem Riesenbett aus Gold,
kriege vom Hühnchen immer die Brust
und jeden Tag Pommes frites,
und alle machen, was ich sage.
Die schönsten jungen Männer liegen mir zu Füßen,
und wenn ich kein Fußball sehen will,
dann schalt ich einfach um und basta.

SUPPE Was? Kein Fußball?
Aber vom Hühnchen krieg ich dann die Schenkel!

MORTADELLA Klar kriegst du die Schenkel,
einen mindestens, und wenn ich gut gelaunt bin,
kriegst du beide.
Aber was wir jetzt brauchen ist ein Plan,
eine Intrige, ein Komplott.
Wir müssen geschickt die Fäden spinnen,
keiner darf was merken, und der alte blöde Sack
schon gar nicht, sonst geht er am Ende nicht in Rente,
und wir müssen ihn auch noch
um die Ecke bringen.

SUPPE Wir mischen Torte Rattengift
in den Champagner . . .

MORTADELLA Blödsinn, zu auffällig, der stirbt doch sowieso.

Wir suchen einfach einen Arzt,
der so schlecht ist, daß Torte
die Behandlung nicht mehr übersteht.
SUPPE Auch Quatsch, weil ich schon
alle schlechten Ärzte engagiert hab.
Aber hör mal, wie wär es, wenn wir
als König und Königin einen zweiten Fernseher kaufen?
MORTADELLA Kommt nicht in Frage,
das ganze Volk sieht,
was die Königin will. Bleib jetzt bei der Sache.
SUPPE Wir stecken ihn in einen Badezuber,
drehen das heiße Wasser auf,
er schläft ein und wird gekocht.
MORTADELLA Aussichtslos. Unter den Fingern der Ärzte
hat Torte viel schlimmere Therapien überlebt.
Das beste wäre, zu warten, bis er stirbt,
aber warten ist was für Leute, die Zeit haben,
und die habe ich nicht. Dafür bin ich
zu jung, und beim Gedanken an mein Königsbett
und meine Königinnenwürde beginne ich zu zittern
vor Gier, ach Suppe, du bist ein Versager, ich glaub,
ich such mir doch einen anderen Unterkönig;
außerdem bin ich so schön,
daß sämtliche Königssöhne der Region
auf mich stehen werden, wenn ich erst Königin bin.
SUPPE Dann geh ich zum König
und erzähl ihm deinen üblen Plan.
Und werd Minister.
MORTADELLA Ach Unsinn, Süppchen,
ich mach bloß Spaß.
Vielleicht kennst du eine Hexe, einen Zauberer,
vielleicht hilft uns schwarze Magie,

den gemeinsten aller Pläne, die übelste aller Intrigen,
das ausgefuchsteste aller Komplotte durchzuführen.

SUPPE Mortadella, wie boshaft du bist.
Die Schlimmste, die Gemeinste unter den Mädchen.
Ich kriege eine Gänsehaut, wenn du so schlecht bist,
es graust mir und zur gleichen Zeit gefällt es mir.
Ich kenne eine böse Hexe, die dir gefallen wird;
sie ist mir wohl gesonnen und haßt um so mehr
den König. Sie lebt in einem See,
und der ist vollgestopft mit Schätzen,
der König hat bei der letzten Erhöhung der Steuern
einen großen Teil des Goldes eingestrichen,
und ich hab ihr gegen geringe Gebühr geholfen,
eine Riesensumme zurückzugaunern.
Die rufe ich jetzt an,
und wir fragen sie um Rat,
sie ist so schlecht, daß ihr bestimmt was einfällt.

MORTADELLA Sie ist noch schlechter, noch böser als ich?

SUPPE Ein wenig, aber dafür ist sie eine Hexe
und du eine Prinzessin.

MORTADELLA Dann ruf sie doch mal an!

SUPPE In meinem Büchlein hab ich ihre Steuernummer,
die schreibe ich mit Krötenblut hier auf,
spucke mir dreimal über die linke Schulter
und beschmiere mir die Finger mit dem Fett
eines neugeborenen Kindes,
stelle mich auf den Kopf
und spreche eine geheime Zauberformel:
Böseste, gemeinste, häßlichste aller Hexen,
lege dir an dein schönstes Kleid
und steige herauf aus deinem See,
eile, fliege, eile herbei, es geht um deinen

Lohnsteuerjahresausgleichsrückzahlungsbescheid.

Mit allen herkömmlichen Attributen einer magischen Erscheinung zuzüglich Alphorn-, Kuhglocken- und Jodelgeräuschen erscheint ein seriös gekleideter Herr mit Schweizer Akzent.

BANKIER STÜTZLI Grüezi, die Härrschafte.
Min Name ischt Stützli,
Vereinigte Kantonalbank Züri.
Sie haben soeben ihr Zürcher Nummernkonto
angewählt, womit kann ich Ihnen behilflich sein?
SUPPE Oh, Sie entschuldigen, Herr Stützli, fürchte,
ich hab mich in der Nummer vertan.
Sie entschuldigen und belasten
mein Konto mit den Spesen.
BANKIER STÜTZLI Das ischt mir sehr rächt,
wir haben gerade eine Aufsichtsratsitzig,
wenn Sie mir hier noch unterschriebe.
Merci und uf Widerluege.
Piff. Stützli verschwindet.
SUPPE Falsche Nummer, kann passieren.
MORTADELLA Gut zu wissen, daß du
ein Schweizer Konto hast, mein Schatz.
SUPPE Eine Kleinigkeit hab ich gespart,
nicht wert, daß man darüber redet.
Ich schreib die richtige Nummer auf.
Böseste, gemeinste und häßlichste aller Hexen,
lege an dein schönstes Kleid
und steige heraus aus deinem See,
eile, fliege, eile herbei, es geht um deinen
Lohnsteuerjahresausgleichsrückzahlungsbescheid...

Es erscheint, Rauch, Blitz, Donner, ein Wasserschwall mit schleimigem Seegetier vermengt, die Hexe Lotte Langustine, in deren Haar sich Aale winden und allerlei Krebse, Meerspinnen und Seeigel.

LOTTE LANGUSTINE Hier bin ich – Suppe –,
die du rufst, Lotte Langustine.
Die allerböseste, allergemeinste
und allerhäßlichste Seehexe,
die so furchtbar ist, daß nur der schleimige Seeaal,
die blinde Meerspinne, der Krebs mit den 13 Augen,
der kahle Seeigel und der schreckenverbreitende
und schneckenverzehrende Seeteufel
meinen Anblick ertragen können.
Hier bin ich, aus kalten grünen Algen ist mein Kleid.
Was ist denn schon wieder los mit meinem
Lohnsteuerjahresausgleichsrückzahlungsbescheid?
Dein fettes Schmiergeld ist längst
auf deinem Schweizer Nummernkonto.
SUPPE Meine liebe, sehr verehrte Frau Langustine,
ich grüße Sie, ich bin entzückt,
Sie sind blendend häßlich heute.
Darf ich Ihnen meine heimliche Verlobte,
de facto Prinzessin,
in spe Königin Mortadella, vorstellen?
LANGUSTINE Sehr angenehm, Prinzessin.
MORTADELLA Bin entzückt,
endlich Ihre Bekanntschaft zu machen.
Ach, lassen Sie sich anschauen, dieses Kleid,
ganz besonders kalte, glitschige
und übelriechende Algen, zum Erbrechen häßlich,
Kompliment, mir wird ganz schlecht.

LANGUSTINE Sie schmeicheln, liebste Prinzessin,
auch Sie sind heute ganz besonders häßlich
und Ihr Lächeln, wie hinterhältig, wie boshaft,
wie verlogen, und dabei noch so jung.
Gratuliere, Kammerherr Suppe, gratuliere.
Sie haben außerordentliches Glück.
Der Abschaum schwimmt doch immer oben.
SUPPE Danke Ihnen, liebste, verehrte Frau Langustine,
lassen Sie uns zu den Geschäften kommen.
Sie sehen hier den todkranken Prinzen verwelken
und sich auf seinem Lager wälzen,
wie schlecht es ihm geht,
lange hat er nicht mehr zu leben.
LANGUSTINE Habe von dem jungen Mann schon gehört,
man freut sich doch,
wenn man von anderen Schlechtes hört,
ach, ihm geht es herrlich schlecht, und dieser
wunderbare, muffig modrige Geruch,
der von ihm ausgeht.
SUPPE Es geht darum, seinen ohnehin sicheren Tod
dergestalt zu beschleunigen,
daß die übergroße Machtgier
meiner entzückenden Verlobten,
die zitternd darauf wartet, auf den Thron zu steigen,
so bald wie möglich ihre Befriedigung findet.
Denn: Wenn der gute Prinz Torte stirbt,
geht der widerliche König Käse
aus Trauer und Gram in Pension,
und unsere köstlich üble Prinzessin Mortadella
ist die rechtmäßige Nachfolgerin.
Königin Mortadella, und ich,
ihr Gemahl, König Suppe.

MORTADELLA Unterkönig Suppe.
SUPPE Immerhin.
Wir bitten nun also Sie, in Hinblick auf unsere
zukünftige Zusammenarbeit,
da wir ja gewissermaßen den Fiskus darstellen,
uns ein wenig zu helfen, mit Rat und Tat,
mit Ihrer ausgezeichneten Bosheit und Gemeinheit,
das langsame Sterben zu beschleunigen.
MORTADELLA Sie können sich
unseres Entgegenkommens sicher sein.
LANGUSTINE Und wann soll's denn um ihn geschehen?
SUPPE Lieber diese als nächste Woche.
MORTADELLA Lieber heute als morgen.
Nein, lieber jetzt als später.
LANGUSTINE Ausgefeimte Bosheit, ausgekochter fieser Plan!
MORTADELLA Nicht wahr?
Ach, ich spür den güldenen Reichsapfel
schon in meiner königlichen Hand,
die vor lauter Aufregung ganz feucht ist,
fühl mal, Suppe.
SUPPE Stimmt, ganz feucht, die Hand.
LANGUSTINE Es müßte ein unaufwendiger,
ein schleichender, aber ein schneller Tod sein,
ein Mord, der nicht als solcher nachzuweisen ist.
Kennen Sie Literaten, die sterbenslangweilig sind?
Das wär ein guter Weg.
MORTADELLA Keine Romane, lieber Kurzgeschichten
und Gedichte.
LANGUSTINE Ich habe eine Lösung,
die dürfte schnell
zum Ziel führen.

Als ich auf meinem fliegenden Seepferd hierherritt,
überflog ich auch den Marktplatz,
wo ein Haufen Pöbel einen Scharlatan,
einen Zahn- und Possenreißer,
einen Salben- und Rasierklingenhändler,
obendrein ein Verkäufer
von Traktaten und ein mieser Sänger,
mit Tomaten, faulen Eiern, Pferdeäpfeln bewarf,
da er, um den Pöbel anzulocken,
so schlechte Witze erzählte,
daß die Menge wütend wurde
und, statt zu lachen, ihn verprügelte.
Wenn man nun diesen Mann, unter dem Vorwand,
Prinz Torte von seiner Traurigkeit zu heilen,
als Hofnarr engagieren würde,
ich wette, der Prinz verschiede innert fünf Minuten.

MORTADELLA Fünf Minuten, vielleicht noch schneller.
Wo ist der Mann, wie heißt er?

SUPPE Ich lasse nach ihm schicken.

LANGUSTINE Er heißt so plump und dumm er ist,
wie der Pilz, den nur die Schweine finden,
der unter der Erde wächst.
Trüffel ist sein Name, so schlicht und kurz
wie seine Witze dumm und lang sind.

MORTADELLA Trüffel?
Wie findet man ihn?

LANGUSTINE Wie Sie wissen bin ich eine Hexe,
ich löse mich – Piff – in Luft auf,
und er wird – Paff – an meiner Statt erscheinen.
Piff!

Rauch, Donner, Blitz, Wasserrauschen. Langustine ist weg, Trüffel steht da, bedeckt von faulen Eiern, Tomaten, Pferdeäpfeln, die Arme über dem Kopf, um sich vor den wütenden Schlägen der aufgebrachten Menge zu schützen. Er hat einen Bauchladen um.

THEO TRÜFFEL Laßt mich doch, was habt ihr bloß,
die Pointe kommt doch noch,
laßt mich zu Ende erzählen,
sagt also der Mann zu seiner Frau,
seht ihr, jetzt hört ihr auf zu schlagen,
jetzt seid ihr gespannt.
Holla, wo bin ich denn hier,
wo ist der Marktplatz, wo ist die aufgebrachte Menge,
wo ist der Patient, dem ich schmerzlos den Weisheitszahn gerissen hab?
Meine Herrschaften, Sie gestatten,
Trüffel ist mein Name, zu dienen,
ein Heilkundiger, ein Entertainer, Sänger und Vertreter
diverser seriöser Firmen für erstklassige Produkte,
hier zum Beispiel die stumpfe Rasierklinge,
Sie schneiden sich nie mehr, andernfalls Geld zurück,
und den patentierten Blutstiller gratis,
wenn Sie gestatten, erzähle ich dazu folgende Anekdote,
sagt ein Mann zu seiner Frau, Schätzchen, ich brauch ...
MORTADELLA Guter Trüffel,
verschleudern Sie nicht Ihr Talent an uns,
hier wartet eine Aufgabe auf Sie,
an der Sie sich beweisen können.
SUPPE Guter Trüffel, Sie wissen nicht, wo Sie sind.
Erschrecken Sie nicht, wenn ich Ihnen sage,
wer gleich kommen und Sie engagieren wird ...

TRÜFFEL Engagieren. Und die Gage?
SUPPE Wird königlich sein.
TRÜFFEL Und wird mir schriftlich zugesichert.
SUPPE Selbstverständlich.
Klatscht in die Hände
Man gehe und wecke und bringe die Majestät hierher.
Man sage der Majestät, der Kammerherr Suppe
habe einen genialen Mann gefunden,
der den Prinzen heilen wird.
TRÜFFEL Bis die Majestät kommt,
erzähle ich noch ein Geschichtchen.
Es treffen sich zwei alte Freunde auf der Straße,
der eine geht nach Norden, der andere nach Süden,
fragt der eine den anderen ...
SUPPE Hören Sie auf! Still! Schweigen Sie!
Fanfaren, der König kommt!

Die Fanfaren übertönen Trüffels Witz. Auftritt des verschlafenen Königs Käse.

KÖNIG KÄSE Warum weckt man mich?
Ist mein Sohn gesund?
Im Traum ist mir ein Mann erschienen, der sagte mir,
mein Sohn wird bald gesund. Ach, ich bin so müde,
ich glaube, ich leg mich wieder hin.
SUPPE Nein, edler König, bleiben Sie wach,
ich habe Ihnen hier den Mann gebracht,
der den armen Prinzen heilen wird.
Er ist eine Kapazität, im Ausland weltberühmt ...
TRÜFFEL Im Ausland weltberühmt
als Zahn- und Possenreißer,
einer, der den Rheumatismus nimmt,

der treffliche Salben und Essenzen anzurühren weiß
und vor allem die besten Anekdoten und Witze . . .

SUPPE Ich stelle Sie schon vor, das verlangt die Etikette.
Dieser Mann hier, sein Name ist Trüffel
wie der edle Pilz, ist gegen die Melancholie,
die Hypochondrie, die Hypertonie, die Hysterie,
die Mono- und die Polyphonie
das beste Heilmittel, das man kennt.

KÖNIG KÄSE Trüffel, sagt Ihr, ist sein Name?
Genau das hat mir der weise Mann im Traum gesagt:
Es wird kommen einer, der zunächst ein Tölpel
und ein unverschämter Dummkopf ist,
geschickt von einer bösen Hexe,
der dann aber kraft einer zauberischen Macht
das Böse zum Guten lenken wird, was aber eines
angestrengten und gefährlichen Kampfes bedarf.
Sagen Sie mir, Trüffel, sind Sie der Mann,
der die Rasierklingen verkauft, mit denen man sich
garantiert nicht schneidet,
und der dazu gratis einen Blutstiller mitverschenkt?

TRÜFFEL Soweit ist mein Ruf und Ruhm gedrungen.

KÖNIG KÄSE Nur im Traum hat man mir das erzählt.
Und Sie sind der, der schmerzlos Zähne reißen will,
und die Patienten schreien, als ob man sie in
heißem Öl rösten würde.

TRÜFFEL Das hat man Ihnen im Traum erzählt?
Träume sind Schäume, sagt das Sprichwort.

MORTADELLA Was redest du von einer zauberischen
Kraft, mein lieber edler Onkel?

KÖNIG KÄSE Es war nur ein Traum, nur ein Traum.
Und im Traum sagte mir der weise Mann,
ich soll ein Wort aussprechen, ein magisches Wort:

célerie et pieds de célerie-rave
célerie et pieds de célerie rêve
qu'est-ce qu'on veut, qu'est-ce qu'on bouffe
pigeonneaux aux petits truffes.

TRÜFFEL Truffes, Truffes, das bin doch ich …

Nach der Zauberformel verfallen die Anwesenden in eine Art Trance, der Magier Sellerie erscheint, der zuvor schon als Bankier Stützli erschienen war.

SELLERIE Trüffel, du dummer Tropf, du hörst,
was ich dir sage
und du weißt es nicht, du tust, was ich will,
du bist das tumbe Werkzeug meiner Zauberkunst,
komm her und laß mich hauchen in dein Ohr
meinen süßen magischen Zauberatem,
und du wirst Dinge tun, die du noch nie getan hast.

TRÜFFEL So, werd ich das … wieso?

SELLERIE Weil ich das sage.
Ich ziehe diesen magischen Kreis um dich,
da trittst du nicht heraus
und dir kann nichts geschehen.
Du wirst den Prinzen retten,
hörst du mich?

TRÜFFEL Jaja.

SELLERIE Wenn du mich brauchst
und du mich rufen willst,
dann sprich die Formel, die zuvor der König sprach,
ich werde immer bei dir sein,
doch sehen kannst du mich nicht.
Und ruf mich nur, wenn dir mein Atem ausgeht.

TRÜFFEL Wird gemacht.

Die Anwesenden erwachen aus ihrer Trance, Sellerie beobachtet als Unsichtbarer das Geschehen.

MORTADELLA Mir ist schwindelig, ich muß mich setzen.
SUPPE Mir ist so komisch, ich glaube, ich muß eine rauchen.
KÖNIG KÄSE Mir ist auch so flau, ich glaube, ich muß bald etwas essen.
TRÜFFEL Eure Majestät, edler König Käse,
darf ich Sie etwas näher bitten, hier ins Licht,
um die Augendiagnose durchzuführen.
Ich sehe schon, Sie plagt die Fett- und Freßsucht,
Ihr Blick ist etwas trüb, es fehlt Bewegung,
und Sie nehmen zuviel Eiweiß zu sich
in Form von Austern,
zuviel Alkohol in Form von Champagner,
die Lider sind ein wenig eckig, zuviel Fernsehen.
Gewöhnen Sie sich das ab
und Sie werden alt wie Methusalem.
KÖNIG KÄSE Ist das so? Und wieso?
TRÜFFEL Weil ich das sage.
KÖNIG KÄSE Ein einzigartiger Arzt scheint er zu sein.
Kammerherr Suppe, ich muß wohl gratulieren.
Und nun, zu meinem Sohn, dem Prinzen.
TRÜFFEL Oh, oh, oh, es steht nicht gut,
das sehe ich von hier,
ich muß ein wenig näher zu ihm gehen, mal sehn.
Er will aus dem Kreis treten, Sellerie hindert ihn daran mit einer magischen Fernbackpfeife.
TRÜFFEL Kammerherr Suppe, wären Sie so gut
und rollen seinen Sessel hier ins Licht?
SUPPE Nun, wenn's denn sein muß.

Suppe schickt sich an, den Sessel in den Kreis zu rollen, bekommt aber ebenfalls eine gewaltige magische Backpfeife von Lotte Langustine verabreicht.

SUPPE Au, aua, wer hat mich geschlagen!

KÖNIG KÄSE Ich habe zwar des öfteren daran gedacht,
doch war zu träge, es zu tun.

MORTADELLA Packt dich jetzt der Irrsinn?

TRÜFFEL Entschuldigen Sie, hier riecht es plötzlich
abscheulich nach Fisch.
Doch das tut uns nichts, bringen Sie ihn nur.

Die Szene wiederholt sich, Suppe bekommt eine unsichtbare Backpfeife.

SUPPE Au, jetzt reicht es, das bist du,
Prinzessin Mortadella.

MORTADELLA Ich? Hab mich nicht vom Fleck gerührt.
Wenn du zu blöd bist,
den Sessel zu schieben,
dann mach's eben ich.

Sie fängt auch eine.

MORTADELLA Au! Was tust du? Da, hast du sie wieder.

Sie klebt Suppe eine.

SUPPE Da haben wir's, jetzt hab ich's gesehen,
du warst das.

KÖNIG KÄSE Ach, Kinder, wenn ihr euch zankt,
dann mach ich das eben,
ich brauche sowieso Bewegung.

Auch er fängt eine.

KÖNIG KÄSE Jetzt geht der Spaß zu weit.
Immerhin bin ich der König.

TRÜFFEL Dann mach ich es eben doch selbst.

Er fängt eine gewaltige Schelle, geht in Boxerposition.

TRÜFFEL Wer hier Ärger will,

soll's nur laut sagen,
er kann ihn kriegen.
Ich geh jetzt da rüber,
ganz ruhig, ich geh rüber
und schau mir den Prinzen an.
Er fängt eine, dreht sich um und schlägt zu.

TRÜFFEL Sellerie noch mal!
Jetzt geht Sellerie kurz k. o., rechter Schwinger, genau auf den Punkt, Trüffel tritt aus dem Kreis.

LANGUSTINE *fürchterliches Lachen aus dem Off*
Nun, Kollege Sellerie, das kommt davon,
wenn man sich in fremde Angelegenheiten mischt.

SELLERIE Lotte Langustine, du Miststück,
zeig dich, wenn du hier bist,
oder bist du nicht nur häßlich, sondern auch noch feige!

LANGUSTINE Kannst du haben, hier bin ich.
Sie erscheint wie gehabt. Die anderen sehen sie nicht.

TRÜFFEL Ich hab irgendjemand gewaltig eine verpaßt,
au Mann.

SELLERIE Ekelhafter Fischgeruch! Der geht von dir aus!
Pfui Teufel!

LANGUSTINE Brechreizerregender Geruch nach frischen
Gemüsen! Du stinkst so!

SELLERIE Ich kann dir raten, so schnell es geht
in deinen See zu tauchen, sonst gibt's Stunk!

LANGUSTINE Alles, was ich dir raten kann,
ist, dich in Luft aufzulösen,
und zwar plötzlich.
Hier verspritze ich
das Gift der Bosheit.

SELLERIE Das Gegengift versprühe ich.

TRÜFFEL Hab ich Sie erwischt, Majestät!

KÖNIG KÄSE Das will ich ihm nicht raten!
Mach Er sich an seine Arbeit
und untersuche Er den Prinzen.
LANGUSTINE Dein Tölpel Trüffel
ist aus dem Kreis getreten,
jetzt wird sich zeigen, wer hier der beste Magier ist!
Erzähle ihm einen Witz, Trüffel!
Trüffel wird von ihrem magischen Hypnosestrahl getroffen.
TRÜFFEL Es gibt nur eine Möglichkeit,
den Prinzen zu heilen.
Die Wurzel seiner Krankheit
ist seine tiefe Traurigkeit.
Wenn er nur einmal lachen würde,
dann wäre er geheilt.
SELLERIE Genau, Trüffel, so blöd bist du ja gar nicht.
TRÜFFEL Aus diesem Grunde, meine Damen und Herren,
gestatten Sie, daß ich folgenden Witz erzähle ...
LANGUSTINE Genau Trüffel, erzähle ...
MORTADELLA Sie sind bekannt für Ihren Witz,
Herr Trüffel.
SUPPE Wir sind gespannt auf Ihren Witz, Herr Trüffel.
SELLERIE Nein, Trüffel, nicht diesen Witz,
Fritzimitzispuzzi! Panade au célerie!
Verstärkter magischer Hypnosestrahl Selleries.
TRÜFFEL Der Witz ist vielleicht doch nicht so gut.
Wir werden ein Volksfest für den Prinzen
arrangieren, übermäßig fressen soll das Volk;
Saufen, Ausschweifungen aller Art
und einzigartige Darbietungen
werden den armen Prinz Torte
zum Lachen bringen und auf der Stelle heilen.

KÖNIG KÄSE Hörst du, Suppe, geh auf der Stelle
und arrangiere Saufereien, Lustbarkeiten,
Ausschweifungen aller Art.
Edles Freibier und königlicher Freiwein
fließen selbstverständlich in Strömen.
Was brauchen Sie außerdem, Herr Trüffel?

TRÜFFEL Das Volk soll sich festlich
in bunten Farben kleiden,
außerdem brauche ich ungefähr
zwohundert wunderschöne Pferde
mit den dazugehörigen Rittern,
darunter einen schwarzen und einen weißen Ritter,
denn die Attraktion des Festes
ist ein Turnier, wie es das Königreich
noch nicht gesehen hat.

KÖNIG KÄSE Auf Suppe, du hast's gehört.

SUPPE Ich tu mein Bestes.
Ab

TRÜFFEL Derweil bringen wir
den Prinzen auf den Balkon,
damit er das Geschehen überblicken kann.
Weg mit den Infusionen, Transfusionen,
Spucknäpfen, Speikübeln, Stechbecken, Nachttöpfen.
Den Spritzen, Töpfen, Tröpfen, weg mit dem Zeug,
den Röntgenapparaten, Sauerstoffflaschen,
wie Sie sehen, öffnet der Prinz die Augen
und muß jetzt schon beinahe lachen.

PRINZ TORTE Nein.

TRÜFFEL Weg mit den Fußbädern, Moorbädern,
Blutegeln, Einläufen.

PRINZ TORTE Mein Fußbad!

TRÜFFEL Nun Prinz, wie steht es, geht es?
Nicht gut? Ich helfe Ihnen,
der Anblick wird Sie entzücken.
Das Gehen fällt Ihnen schwer?
Kein Problem, Sie setzen sich auf meinen Rücken.

PRINZ TORTE Oh. *Beginnt leise, dann immer lauter zu schreien*
Ah, ungedämpftes Tageslicht,
fürchterliche Menschenmenge,
unerträglicher Lärm, ach ...

SUPPE *eilt herein*
Hier bin ich, Auftrag ausgeführt.
Freigetränke fließen.
Volk festlich kostümiert,
die schönsten Pferde
und edelsten Ritter.
Das Turnier kann beginnen.
Fanfaren!
Der Prinz sitzt auf Trüffels Rücken, Trüffel spricht wie ein Sportreporter in das Hörrohr des Prinzen.

1. KLÄGLICHE FIGUR AUF HOLZPFERDCHEN
mit schwacher Stimme
Majestät, Prinzessin, Prinz, nehmt meine Ehrerbietung,
meinen ritterlichen Gruß,
für Euch werd ich den Sieg erringen,
ich, der Weiße Ritter, vor dem alle zittern.

2. KLÄGLICHE FIGUR AUF HOLZPFERDCHEN
mit schwacher Stimme
Majestät, Prinzessin, Prinz,
Ihr nehmt natürlich meine Ehrerbietung,
meinen ritterlichen Gruß,
natürlich werde ich für Euch den Sieg erringen,

ich, der Schwarze Ritter, vor dem alle zittern,
der Weiße Ritter ist ja schon ganz blaß.

TRÜFFEL Einen solchen Menschenauflauf
haben wir hier im königlichen Stadion seit
langer Zeit nicht mehr gesehen.
Kein Platz mehr auf den Rängen,
die Ehrentribünen überfüllt,
aus allen Teilen des Landes sind Gäste angereist,
um den fürchterlichen Schwarzen Ritter
auf seinem edlen Zelter
antreten zu sehen gegen seinen Kontrahenten,
dessen feinnerviges Roß
schon vor Aufregung tänzelt
und durch die Nüstern bläst.
Die Kämpfer nehmen Aufstellung, die Menge erblaßt,
plötzliche Stille, geballte Spannung im Stadion.

Sogar die Haltung des Prinzen auf Trüffels Rücken zeugt von einer gewissen Spannung. Langustine muß nun einschreiten.

LANGUSTINE Forelle blau und Aal in Dill,
Seegurke grün und Kaviar.
Trüffel tut jetzt, was Langustine will.
Erzähl einen Witz!

TRÜFFEL Prinz, Sie sind ja reichlich
schwer auf meinem Rücken,
ist Ihnen das nicht zu hoch da oben,
also mir wäre da schwindlig.
Was schauen Sie denn so angestrengt,
etwa auf diese beiden kläglichen Figuren
auf den klapprigen Holzpferdchen mit ihren Besen
und Mülleimerdeckeln, wie lächerlich das ist.
Das ist ja traurig grotesk.

Und das Volk, schauen Sie mal raus,
zu zwei Dritteln schwarz gekleidet,
von wegen festliche Kostüme.
Da erzähl ich doch lieber einen Witz, passen Sie auf,
treffen sich zwei in einer Kneipe . . .
Er überlegt, schaut in einem Büchlein nach.

LANGUSTINE Dazu fällt dir nichts mehr ein,
Kollege Sellerie!

SELLERIE Du infames Mistvieh, du schleimige Qualle!

TRÜFFEL Verdammt, wie war der Witz noch mal,
treffen sich zwei, nein.
Höchste Not, mir geht der Atem aus,
wie ging der Zauberspruch nochmal?

KÖNIG KÄSE Was ist denn los,
was faselt er von Zauberspruch?

MORTADELLA Suppe, das hast du wunderbar gemacht,
wie kläglich das Fest ist,
wie trist die beiden lächerlichen Ritter.
Und Torte ist ganz schlapp.

SUPPE Du hast schon wieder feuchte Hände
vor lauter Machtgier, Täubchen.

TRÜFFEL Célerie et pieds de célerie-rave
Täubchen und kleine Büffel
Fressen immer gerne Trüffel
Nein . . .

KÖNIG KÄSE Meinen Sie vielleicht den Zauberspruch
célerie et célerie-rave, célerie et célerie rêve
qu'est-ce qu'on veut, qu'est-ce qu'on bouffe
pigeonnaux aux petits truffes.

TRÜFFEL Genau!
Allgemeine Verzauberung. Piff. Sellerie tritt wieder in Aktion.

SELLERIE Trüffel, reiß dich zusammen
und tritt in den magischen Kreis!
Tu, was ich dir sage
und hör nicht auf die fischköpfige Qualle.
LANGUSTINE Trüffel, hör nicht auf die blöde Gurke,
erzähl deine köstlichen Witze.
Gleich ist Torte erledigt, ah, wie gemein,
grausame, üble, fiese Falle.
TRÜFFEL Also, auf Sie beide kann ich
beim besten Willen nicht hören.
Wer ist denn der stärkere von euch Zauberern?
wenn ich das wüßte, wär mir wohler,
und ich wüßte, was ich machen sollte.
SELLERIE Die Frage, Trüffel, ist nun wirklich blöd.
Ich bin ihr haushoch überlegen,
mein Talent ist bekanntlich gigantisch.
LANGUSTINE Unsinn, ihn kennt man
höchstens im Süden des Landes,
ich dagegen bin der Liebling der Presse
und des Publikums im In- und Ausland.
TRÜFFEL Ich glaube Ihnen beiden gerne,
aber das beste wäre doch
ein offener Wettstreit,
ein faires Turnier:
man wüßte, woran man ist.
LANGUSTINE Wettstreit?
SELLERIE Turnier?
TRÜFFEL Ich schlage vor, Frau Langustine übernimmt
die Rolle des schrecklichen Schwarzen Ritters,
und Herr Sellerie schlüpft in die Rolle
des furchtbaren Weißen Ritters,
da können Sie sich nach allen Regeln der Kunst

die Zähne aneinander ausbeißen.

LANGUSTINE Ich gegen ihn, Frau gegen Mann.

SELLERIE Ich gegen sie, Mann gegen Frau.

TRÜFFEL Genau.
Aber bitte überlegen Sie nicht zu lange,
der arme Prinz Torte ist keine leichte Last.
Die Schwermut hat ihn schwer gemacht.
Er drückt mir auf mein Kreuz.

LANGUSTINE Abgemacht, Kollege.

SELLERIE Wenn Sie meinen, Kollegin.
Aber Pardon, das sag ich gleich, wird nicht gegeben.

LANGUSTINE Sie wissen, daß ich von Natur aus
schlecht und grausam bin
und rate Ihnen, sich darauf einzurichten.

Sie bewaffnen sich und hängen sich die Pferdchen um.
Die anderen erwachen aus ihrer Trance.
Fanfaren.

TRÜFFEL Nun, Majestät, Kammerherren, das Spiel geht weiter. Zum ersten Mal haben die Fanfaren schon geschmettert, die Kämpfer prüfen ihre Waffen, ziehen die Gurte nach. Dic Fanfaren schmettern jetzt zum zweiten Mal, beim dritten Stoß ins Horn beginnt der Kampf, die gute und die böse Macht, sie krachen scheppernd aufeinander. Die feuchte Zauberin Langustine führt den ersten Streich, ein riesiges Ungeheuer, der dampfenden See entstiegen, windet schlangengleich den schuppenglänzenden Leib; fürchterliche Hörner ragen auf dem Medusenhaupt, und vor dem Pferd des edlen weißen Ritters Sellerie reißt es das Riesenmaul auf. Das edle Pferd, ohnehin schon weiß, er-

bleicht noch mehr, es bläht die Nüstern, es bäumt sich auf, der Recke wankt und stürzt. Die Rüstung hält den giftigen Biß des Ungeheuers, er zückt sein Schwert, ein einziger Streich streckt den Drachen hin. Nun spricht der knapp dem Tod Entronnene die magische Formel, und aus dem königlichen Garten steigt ein Gurkenungetüm, bedroht die tapfere Zauberin, geschickt fängt sie mit ihrem Schild die Wut der ungeheuren Gurke ab, versetzt ihr einen um den anderen Hieb, weidwund spuckt das Monstrum Gurkenkerne aus.
Doch zuckt es noch und windet sich, daß nun auch des schwarzen Ritters Zelter scheut und seinen Kämpfer schleudert auf die von Schweiß, Fisch und Gurkenblut getränkte Bahn. So stehen sie, die beiden Recken, vom Kampf schon schwer gezeichnet, sich ohne Rösser gegenüber – nie sah ich einen zornerfüllteren Kampf! Da, es murmelt jetzt mit allerletzter Kraft der Zauberer Sellerie den magischen Vers, und der Himmel, seht, er verfärbt sich rot wie Blut, es dräut ein blutig Ungewitter, und wie Blut, vermischt mit Blitz und Donnerschlag, regnet es Tomaten auf die Magierin, die schwer getroffen niedersinkt, bedeckt mit Ketchup wie ein Würstchen. Der Zauberer sieht sein furchtbar Zauberwerk und blickt vom Sieg erstarkt zur königlichen Loge, woher er sich den Wink erhofft, der über Tod und Leben der schwarzen Magierritterin entscheidet. Nun, Majestäten, an Euch ist es, Frau Langustines Schicksal zu besiegeln.

PRINZ TORTE Was ist mit mir,
mich rührt der Anblick sonderbar,
die fürchterliche Frau, so ketchupfischbedeckt,
wie sie da liegt.
Mein edler Vater, schau doch mal den Hut,

den sie da trägt,
ein Hut aus Aalen, Kugelfischen, kahlen Igeln!
Sieh, den Blick beschämt und zugleich wütend.
Madame, Ihr Blick steht Ihnen gut,
ja, wenn ich Sie genau betrachte,
nehmen Sie den Hut, die Brille doch einmal ab
und öffnen Sie Ihr Haar,
Sie wecken in mir Wünsche und Gefühle,
die mir neu sind.
Schaut doch mal, wie sie da sitzt inmitten der Gemüse.
Ich fühle was in meiner Brust,
es zieht nach oben wie nach unten,
es juckt mich etwas innerlich,
es zuckt ein Muskel im Gesicht,
was ist das bloß, neue Krankheit?
Nein, es tut mir wohl, es ist...

TRÜFFEL Das kenn ich, Prinz, Sie müssen lachen.

PRINZ TORTE Lachen. Und wie geht das?

TRÜFFEL Einfach so: Hahaha, so ungefähr.

PRINZ TORTE Ach, das ist lachen. Also bitte.

Der Prinz bricht in ungeheures Lachen aus, steckt alles an, natürlich außer Mortadella, die Suppe einen Rippenstoß versetzt, und Lotte Langustine, deren Blick immer haßerfüllter wird.

KÖNIG KÄSE Mein Sohn, er ist geheilt!
An meine Brust!
Laß dich umhalsen!

SELLERIE Sie sollten sich mal sehen,
Kollegin Langustine,
allerliebst, zu drollig, wirklich!

LANGUSTINE Glaubt nicht, daß Ihr, nur weil ich einmal in den Staub gezwungen bin, nun schon gewonnen habt. Mit meiner allerletzten Kraft spreche ich den Fluch aus, der den Prinzen niederstrecken wird, und sei's auch nicht durch meinen zornigen Arm. Mein Fluch ist fürchterlicher als der der Pharaonen und der, den wütend König Flunder sprach über sein Volk, das fortan platt sein Leben fristen mußte.
Du, Prinz Torte, wirst auf der Stelle dich verlieben in die drei goldenen Orangen, die du finden wirst vieltausend Meilen von hier, und nicht eher wirst du Ruhe finden, auch wenn nun dein Geist geheilt ist. Dein Herz wird dich zwingen über Berge und Seen, durch Steppen und unendliche Wüsten ins Reich Polenta, wo die fürchterliche Köchin Mamma Mascarpone über die Orangen wacht. Und ich sage dir eines, Prinz, aus diesem Reich Polenta kam nie wieder einer zurück. Piff. Piff, verdammt noch mal.
Die gedemütigte Langustine verschwindet.

MORTADELLA Oh, Mann. Ich dachte schon,
unser Plan sei geplatzt.
SUPPE Wart's ab.
PRINZ TORTE Warum verschwindet sie jetzt, die Süße?
Na egal, ich muß jetzt auch weg.
Mein edler Vater, Cousine, Kammerherr,
ich muß mich gleich verabschieden,
denn, wenn es so ist, wie's die Literatur beschreibt,
bin ich verliebt, und zwar in drei Orangen.
Es sind gleich drei, goldene, wunderbar ...
Mein lieber Trüffel, Sie engagiere ich als Knappe,
Suppe, wo bleibt meine Rüstung, und bring

für Trüffel eine mit,
sowie Lanze, Schild und Speer ...

KÖNIG KÄSE Sag mal, Sohn,
was ist denn plötzlich los mit dir?
Meine Freude ist doch übergroß, daß du geheilt bist,
und du willst gleich schon wieder ausgehen
und auch noch so weit. Die feuchte Hexe hat gesagt,
aus diesem fremden Reich Polenta sei noch nie
ein Mann zurückgekehrt.
Nein, ich als königlicher Vater,
ich befehle dir ganz einfach, hierzubleiben.

PRINZ TORTE Tut mir leid, väterliche Majestät, die
Liebe zu den drei Orangen brennt so heiß
in meinem Herzen,
daß ich nicht bleiben kann,
Suppe, was ist mit der Rüstung?

KÖNIG KÄSE Die eiserne Rüstung
wird dich nicht retten, Sohn.
Dies fremde Königreich Polenta –
es ist so weit von hier,
daß du eiserne Schuhe brauchen würdest,
um dorthin zu kommen.

PRINZ TORTE Suppe, bring mir außerdem
noch eiserne Schuhe mit!

SUPPE Ist recht, eiserne Schuhe, bitte.

SELLERIE Prinz, ist dieser Fluch so eingebrannt
in Ihr königliches Herz? Die fette Köchin
Mamma Mascarpone, die die drei Orangen bewacht,
wurde nie besiegt, weder von Schwert noch List,
und nie ist ein Held aus ihrer Küche entronnen.

PRINZ TORTE Ich muß dorthin, mich kann nichts halten,
ich muß die drei Orangen haben.

TRÜFFEL Ich geh ja mit, dann kann nichts schiefgehen.
MORTADELLA Ich weiß nicht, was ihr alle habt,
laßt ihn doch gehen in dieses Reich Polenta,
wenn er glaubt, er muß dahin.
SUPPE Hier bitte:
eiserne Schuhe und Rüstung,
Schild, Schwert, Lanze.
Ich finde auch, es kann ihm nichts passieren.
Trüffel ist doch immerhin dabei.
Prinz Torte und Trüffel rüsten sich.

KÖNIG KÄSE So muß ich den eben gesundeten Sohn,
der mir in diesem Moment
zum zweiten Mal geschenkt,
schon wieder verlieren. Ach.
MORTADELLA *zu Suppe*
Wird der fiese miese Plan nun doch aufgehen.
Prinz Torte wird in der Wüste elend verdorren,
und wenn er die Wüstenhitze übersteht,
gelangt er ins Reich der fetten Mamma Mascarpone,
und, wie man hört, ging dort noch jeder ein.
KÖNIG KÄSE Dies furchtbare Unglück,
dies grausame Geschick,
Suppe, ordne an, daß die Untertanen
Trauerkleider tragen,
laß schreinern einen königlichen Sarg,
ich zieh mich in mein Gemach zurück,
um mich in den Tod zu weinen,
denn den erneuten Verlust des Sohnes überleb ich nicht;
was will denn der Depp mit drei Orangen?
Und, Suppe, sorg dafür, daß man mir stündlich
neue Taschentücher bringt.

SUPPE Bemitleidenswerter, edler König,
auch diesen letzten Wunsch erfüll ich freudig ...

MORTADELLA *zu Suppe*
... und freudig bügle ich die Taschentücher,
und wenn es sein muß, polier ich seinen Sarg.

SELLERIE Solche magische Mühe hab ich mir gegeben,
soll die beispiellose Machenschaft der Schufte
nun doch zum glücklich bösen Ende kommen?

Pause

2. Akt

Seitenbühne, Proszeniumsloge o. ä.

Die Zauberin Lotte Langustine, noch angeschlagen von dem Zweikampf mit Sellerie, erfüllt von Haß und Bosheit, vor einer großen ekelerregenden Schale mit Seegetier. In der Mitte schwimmt ein allsehendes Fischauge. Bei ihr Suppe und Mortadella.

LANGUSTINE Einen Haß wie diesen,
einen größeren Durst nach Rache
habe ich noch nie gespürt.
Der Haß ist wie kleine Splitter aus Glas
vermischt mit Schlangengift, und er durchdringt
jede Pore meines kalten Herzens.
Köstlich. Köstlich, wie ich mich ergötze
am Unglück der beiden Tröpfe.
Schaut hinein in mein magisches Fischauge.

Fürchterliche Qualen mußten sie schon überstehen,
aber das Schlimmste steht ihnen noch bevor;
uns wird kein Gran ihres Unglücks entgehen!
Schaut hinein, ihr beiden Intriganten.

MORTADELLA Ah, Suppe, schau, wie sie schwitzen,
wie er sich schleppt in den eisernen Schuhen!

SUPPE Der Triumph ist umso schöner,
nachdem die Schlacht schon
fast verloren war!
Herrlich, wie ihnen das Licht
in die Augen sticht.
Frau Langustine, Sie verstehen
Ihr Handwerk trefflich.

LANGUSTINE Schaut hinein, damit euch nichts entgeht.

Lichtwechsel

Der durch Zauberei gesundete Prinz Torte und sein Knappe Theo Trüffel durchqueren die unendlich scheinende namenlose Wüste, in der es nie Nacht wird. Der Prinz hat seine Rüstung und seine Waffen Trüffel anvertraut und quält sich in seinen eisernen Schuhen langsam durch den glühenden Sand.

PRINZ TORTE Ein helleres Licht,
eine gleißernde Sonne hab ich nie gesehen.
Der Sand ist so fein, daß er durch alle Poren
meiner Kleider pfeift.
Ist die Hitze schwerer zu ertragen
als die Kälte in der Steppe,
die wir zuvor durchquerten,
die Steppe der immerwährenden Nacht?

Und wenn hier den Wanderer
die Müdigkeit übermannt,
und er wartet auf die Nacht,
lachen ihn die Wüstenfüchse aus,
denn hier herrscht immerwährender Tag,
und immer steht die Sonne im Zenit.
Aber die Liebe zu den drei Orangen,
sie brennt so heiß in mir,
daß diese Wüste hier
ein Eisschrank ist dagegen, Trüffel.

TRÜFFEL Schön für Sie, Prinz,
daß die Wüste hier ein Eisschrank ist.
Für mich ist sie ein Backofen, nach wie vor.

PRINZ TORTE Jetzt hör auf zu jammern,
Trüffel, sieh mich an
in meinen eisernen Schuhen,
wie ich wacker ausschreite.
Gib mir mal einen Schluck aus dem Kanister.

TRÜFFEL Gerne geb ich Ihnen den Kanister,
ich schlepp ja schon Ihre Rüstung,
meine Rüstung, die ganzen Schwerter,
Speere, Schilde, den Proviant,
den königlichen Nachttopf
und das Teegeschirr aus Silber.

PRINZ TORTE *trinkt*
Ah, das tut gut, aber müssen's einteilen.
Weißt du, mein lieber Trüffel,
allmählich wird mir in diesen eisernen Schuhen
doch ein bißchen warm.
Sei doch so gut und laß uns die Schuhe tauschen,
eigentlich tragen sie sich angenehm,
aber so auf die Dauer, weißt du . . .

TRÜFFEL Edler Prinz, bei aller Knappentreue,
das geht zu weit.
Seit einer und einer halben Woche,
ich hab die Tage gezählt...
PRINZ TORTE Wie kannst du das,
bei immerwährender Nacht
und dann bei immerwährendem Tag!
TRÜFFEL Das hat man im Gefühl als Lohnabhängiger,
der pro Tag bezahlt wird. Seit anderthalb Wochen also
keine Mark mehr gesehen, und jetzt auch noch
die eisernen Schuhe!
Tut mir leid, ich setze mich auf der Stelle in den Sand.
PRINZ TORTE Was willst du in dieser Gegend mit Geld?
TRÜFFEL Das braucht man fürs Gefühl
als Lohnabhängiger.
PRINZ TORTE Na gut, hier hast du ein Goldstück.
Er wirft das Goldstück in einen Schlitz in Trüffels Rüstung.
TRÜFFEL Zu wenig, Prinz, zu wenig.
PRINZ TORTE Na gut, hier, noch eins.
Trüffel steht auf, setzt sich wieder.
TRÜFFEL Immer noch zu wenig,
weit unter Tarif.
PRINZ TORTE Im Moment hab ich kein Bares hier,
aber du akzeptierst doch einen Scheck?
TRÜFFEL Was soll ich denn mit einem Scheck
in dieser Gegend?
Nein, nein, wenn das so ist, kündige ich,
wäre ich doch in meinem alten Beruf geblieben,
ab und zu mal Prügel auf dem Marktplatz,
das ist immer noch besser,
als in dieser Dose hier zu braten und zu backen,

für mich als Trüffel ist das nicht das Richtige,
mein Prinz.
Nee, nee.

PRINZ TORTE Wie kannst du mich jetzt
im Stich lassen, Trüffel?
Du brauchst auch gar nicht die Schuhe zu tauschen.
Und ein Schwert kann ich dir schon noch abnehmen.

TRÜFFEL Nee, nee.

PRINZ TORTE Ach komm, jetzt sei nicht beleidigt.
Wir müssen doch zu den drei Orangen.

TRÜFFEL Sie vielleicht. Ich nicht.

PRINZ TORTE Ich gebe dir auch eine ab.

TRÜFFEL Was soll ich mit einer Scheißorange?

PRINZ TORTE Scheißorange?
Du mußt auch nicht mehr Prinz zu mir sagen.
Ich heiße Torte.

TRÜFFEL Nee, nee, kein Interesse, sobald Sie
Ihre drei Orangen haben, kennen Sie mich nicht mehr.
Das haben wir schon oft genug erlebt.
Sie sind der Boß, ich bin der Knappe,
und was zwischen uns zählt, ist bare Münze.

PRINZ TORTE Verflixt, wir sind so nahe dran,
ich fühl's genau.
Höchste Not, was mach ich jetzt?
Wenn man Bargeld braucht,
dann hat man keines.

TRÜFFEL Was ist das da hinten, Prinz,
ein Turm, mitten in der Wüste,
sehen Sie das auch?

PRINZ TORTE Ja, ich seh's, aber er bewegt sich,
er kommt auf uns zu.

TRÜFFEL Jetzt können wir einpacken,

das ist ein Sandsturm,
eine Windhose. Wär ich bloß bei meinen
Rasierklingen geblieben, Trüffel, Trüffel
das kommt davon.

PRINZ TORTE Die Hose kommt immer näher.

Der Himmel verdüstert sich, Wind heult, durch den Wind hört man Kuhglocken, Alphörner, Jodler, es erscheint, piff:

BANKIER STÜTZLI Grüezi mitenand, die Härrschafte,
so ä rüediger Zuefall,
daß ich Sie in dere Wüeste treffe,
Stützli min Name, Vereinigte Kantonalbank Züri.
Wäret Sie interessiert an günstige Barkredite
zu ungewöhnlich billige Konditione,
mir hättet do diverse Angebote.

PRINZ TORTE Gestatten, Prinz Torte, Königreich Käse,
mein Knappe, Theo Trüffel,
wir sind auf dem Weg zum Reich Polenta.

STÜTZLI Königreich Käse, jawoll,
do pflägt üsers Hus scho Verbindige.

PRINZ TORTE Ein glücklicher Zufall,
daß Sie hier vorbeikommen,
Herr Bankier Stützli. Wäre es vielleicht möglich,
mir diesen Scheck einzulösen,
ich bräuchte etwas Bargeld,
Goldstücke, wenn möglich.

STÜTZLI Sälbschtverschtändlich, Prinz,
wenn Sie mir do unterschriebe,
es choschtet ä chleini Gebühr.
Er löst den Euroscheck des Prinzen ein.
Polenta, das ischt ä unwirtliche Gägend,

da betreiben wir keine Filiale mehr.
Guete Reise, die Härrschafte.

PRINZ TORTE Auf Wiedersehen, Herr Stützli.
Hier Trüffel, wir tauschen Schuhe,
da hast du den Kanister wieder.
Komm, komm, bald sind wir da.

TRÜFFEL Diese Leute haben immer so ein Glück.
Ab

STÜTZLI Da hat Trüffel völlig rächt,
im Gegensatz zum Prinzen,
denn nach Polenta ischt es noch furchtbar weit.
Aber Sie haben Freunde, die ihnen gut gesonnen sind.
Zum Beispiel mich.
Wenn ich den Hut abnehme, die Brille, das Köfferchen
den schweren Mantel,
hab ich mich blitzschnell, piff,
verwandelt in den Zauberer Sellerie.
Und paff,
verkleide ich mich als Teufel Rösti,
der die beiden Helden
mit seinem magischen Blasebalg
ins ferne Reich Polenta bläst,
zu Fuß würden sie noch Jahre brauchen –
mit meinem Balg geht's fast mit Überschall.
Schon praktisch, wenn man zaubern kann.

Trüffel und Torte sind im Kreis gegangen.

TRÜFFEL Ah, was ist das
für eine schreckliche Erscheinung?

PRINZ TORTE Bleib ganz ruhig,

das ist eine sogenannte Fata Morgana.
Geh du voraus, du hast die Waffen.

RÖSTI Kommt nur näher, ihr beiden elenden Helden!
Habt ihr den Mut verloren?
Wie wollt ihr aus dem Bannkreis
der fetten Mamma Mascarpone entkommen,
wenn euch mein zugegeben fürchterlicher Anblick
so erschreckt, daß ihr versteinert.
Kommt näher, ich bin euch wohlgesonnen,
ich bin der Teufel Rösti,
der hier allein in dieser Wüste haust.

TRÜFFEL Ob man einem Teufel glauben kann?

PRINZ TORTE Sei nicht so mißtrauisch, geh einfach hin.

RÖSTI Komm her, Trüffel, komm, Prinz Torte!
Ich tu euch nichts. Hier ist der Punkt,
an dem ihr umkehren könnt. Ihr wißt,
wie fürchterlich die Köchin ist,
wie fett und schwitzend sie auf die Helden lauert,
die die drei Orangen haben wollen.
Und wahrhaftig hat sie noch keinen entfliehen lassen,
die raffiniertesten Heldenaufläufe kann sie zubereiten,
dafür ist sie berühmt. Wollt ihr als Auflauf enden?

PRINZ TORTE Frag ihn, wie weit's noch ist.

TRÜFFEL Ich soll Sie fragen, Herr Teufel,
wie weit's noch ist.

RÖSTI Es ist so weit, daß nicht einmal
die sieben Meere die Entfernung
überschwemmen könnten.

TRÜFFEL Ach du Scheiße, ich hab's gewußt.

RÖSTI Die Entfernung zu überwinden ist ein Kinderspiel,
verglichen mit den Gefahren, die in Polenta lauern.

TRÜFFEL Prinz, wir drehen um.

PRINZ TORTE Mir dreht sich ja schon
der Magen rum vor Angst!
Aber andererseits: ich bin verliebt,
ich muß dahin, da gibt es nix!
TRÜFFEL Nun, Herr Teufel,
was macht man mit so einem Herrn,
der nie weiß, was er wirklich will,
und immer bin ich der Depp, der's ausbaden muß.
TEUFEL RÖSTI Wollt ihr wissen, was dort auf euch lauert?
Das erste Hindernis ist ein Riesenkloß
aus Maismehl, den müssen die Helden essen.
TRÜFFEL Ein Kloß aus Maismehl,
mit einer Füllung aus Speck?
TEUFEL RÖSTI Mit einer riesigen Füllung aus Speck.
TRÜFFEL Kein Problem, Prinz, die erste Gefahr
ist ganz nach meinem Geschmack,
vorausgesetzt die Füllung ist aus Räucherspeck.
PRINZ TORTE Na gut, mach du das, Trüffel, mit dem Kloß.
Und dann?
RÖSTI Hinter dem Kloß beginnen erst die Schrecken.
Da lauert ein sprechendes Tor, das stellt euch ein Rätsel,
und wenn ihr das Rätsel nicht lösen könnt,
dann quietscht das Tor so laut, daß es die Köchin hört,
und ihr landet sofort in ihrem Heldenauflaufofen.
TRÜFFEL Sind Rätsel Ihre Stärke, Prinz?
PRINZ TORTE Ich hasse Rätsel, mach du das lieber, Trüffel.
TRÜFFEL Logisch lös ich jedes Rätsel.
Fragen Sie mich mal was.
PRINZ TORTE Also. Nachts ist es blind,
und tags ist es stumm,
in der Dämmerung
fliegt es im Kreis herum,

wenn es kalt ist,
ist es aus Stahl,
und wenn es warm ist,
sind es fünf an der Zahl.
Was ist das?

TRÜFFEL Fünf an der Zahl, Stahl,
stumm, im Kreis, warm, heiß.
Ein Tier, oder was anderes?

PRINZ TORTE Weiß nicht, ich hab's auch nie gelöst.

RÖSTI Noch unüberwindlicher ist die Tücke
der nimmermüden nimmersatten Sandspinne.
Das gefräßige Untier gräbt sich
eine Höhle in den Sand,
kommt dann ein ahnungsloser Wanderer vorbei,
springt sie aus ihrem Loch,
fängt den Erbarmungswürdigen mit ihren Stricken
und verzehrt ihn bei lebendigem Leib
auf grausame Weise.
Sie saugt mit ihrem Rüssel sein Innerstes heraus
und verdaut es ohne Gnade.

TRÜFFEL Man hat mich so oft einen Hohlkopf genannt,
daß ich glaube, sie kann lange saugen,
und es käme nichts heraus.

PRINZ TORTE Du bist ein besserer Knappe,
als ich angenommen hab, Respekt.

TRÜFFEL Ich bin von mir selber überrascht.

RÖSTI Ich sage euch, wenige Helden
haben diese Gefahren überwunden,
doch keiner entkam der Köchin Mamma Mascarpone
in ihrer Leibesfülle.
Wie ihren Augapfel bewacht sie
die drei goldenen Orangen.

TRÜFFEL Ich schwör euch,
mindestens eine knöpfen wir ihr ab.
PRINZ TORTE Bist du verrückt? Alle drei muß ich haben,
sonst findet das brennende Herz keine Kühlung!
RÖSTI Ihr seid nun gewarnt und kennt die Gefahren,
die in Polenta lauern. Seid ihr
immer noch entschlossen, hinzugehen?
TRÜFFEL Wir sind's.
PRINZ TORTE Wir sind's, furchterregender Rösti.
RÖSTI Nun gut, ihr habt gewählt.
Nehmt euch bei den Händen,
haltet euch gut fest.
Hier hab ich einen Blasebalg,
der macht einen Wind,
auf dem man reiten kann.
Auf diesem Wind reitet ihr
vieltausend Meilen
ins Reich der fetten Köchin.
Doch eines vergeßt auf keinen Fall:
Sollte es euch gelingen,
die drei Orangen
zu erobern, so öffnet sie auf keinen Fall,
wenn nicht eine Quelle in der Nähe sprudelt.
TRÜFFEL Logisch, Herr Rösti.

Mit seinem Blasebalg bläst Rösti/Sellerie die beiden weg. Helikopter-, Düsen-, Überschallgeräusch.

Lichtwechsel

MORTADELLA Schon wieder dieser
Schweizer Bankier Stützli,
der in Wirklichkeit der Magier Sellerie ist.
Was mischt sich der schon wieder ein?
SUPPE Und diesem Menschen
vertrau ich mein Vermögen an,
ich dachte, wenigstens auf die Schweizer sei Verlaß.
Frau Langustine, kann man da nichts machen?
LANGUSTINE Unbesorgt, die beiden Tölpel
werden mit Sicherheit platzen,
ausgesaugt oder
zum Auflauf aufgebacken.
In der Wüste
kann ich nichts tun,
die Trockenheit und Hitze
nimmt mir meine Zauberkraft.
Ah, seht euch das an,
gleich landen sie in Polenta.

Fluglärm, die beiden setzen zur Landung an.

Lichtwechsel

TRÜFFEL Sehn Sie, da unten, das muß Polenta sein.
PRINZ TORTE Auf alle Fälle ist es ganz gelb.
TRÜFFEL Och, diese winzige Kugel
soll mein Maisklops sein?
PRINZ TORTE Warte, bis wir gelandet sind,
von oben sieht alles so klein aus.
TRÜFFEL Ohohoh, der Landeanflug
ist ein bißchen schnell.

PRINZ TORTE Schnall dich an und halt dich fest.
Sie landen scheppernd.
TRÜFFEL Der Kloß ist doch ganz ordentlich,
bist du auch gut gefüllt mit Räucherspeck, Kloß?
KLOSS Ich bin gut gefüllt mit köstlichem Räucherspeck
und bin geformt von den Händen der fetten Köchin,
Mamma Mascarpone, die mich aus bestem Maismehl
zubereitete.
Wenn ihr hinein wollt in ihr Reich, müßt ihr mich essen,
ich bin so groß und dick, daß ihr ganz sicher platzt,
versucht es nur.
TRÜFFEL Da mach dich auf Trüffels Appetit gefaßt,
dich hab ich gleich gegessen, Mickerkloß.
KLOSS *während Trüffel sich hindurchißt*
Du kitzelst mich, Trüffel.
Gleich kommt der fette Speck.
TRÜFFEL Köstlich bist du, Kloß.
Kompliment für Mamma Mascarpone.
Wenn ich ein so guter Auflauf werde,
bin ich mit meinem Schicksal froh. Mmmh.
KLOSS Au weia, gleich bist du durch.
TRÜFFEL Ein wunderbarer Kloß, eine kleine Vorspeise.
PRINZ TORTE Du bist durch, kann ich kommen?
KLOSS Ich hab vielleicht ein Loch im Bauch,
meine schöne Füllung aus Speck.
TRÜFFEL Nur zu, Prinz Torte, hier steht das
angekündigte Tor, es ist ganz rostig.
PRINZ TORTE Ich komme.
TOR Halt, ihr beiden fremden Helden.
Bevor ihr mich öffnet
und ich euch passieren lasse,
müßt ihr mir ein Rätsel lösen.

TRÜFFEL Wir wissen Bescheid, Tor,
stell nur dein Rätsel.
TOR Ihr müßt wissen,
ich bin das traurigste Tor
der Welt. Vor lauter Gram
bin ich ganz rostig.
Denkt gut nach,
sonst seid ihr verloren:
Warum muß ich
so grausam quietschen?
Lieber würde ich mich
leise öffnen, wie es sich
für ein Tor gehört.
TRÜFFEL Das ist dein Rätsel?
Ich glaub, die Helden
haben keinen praktischen Verstand!
Man muß dich ölen, Tor,
dann mußt du nicht mehr quietschen.
Hier hab ich noch ein Stück
fetten Speck vom leckeren Kloß,
damit schmier ich dich,
und du bist erlöst.
Fiel das vorher keinem Helden ein?
TOR Die forschen Helden,
die mich überwunden haben,
sind einfach, Schande,
über mich geklettert.
Wie schön, daß ich jetzt
nicht mehr quietschen muß!
PRINZ TORTE Du bist ein Mordskerl, Trüffel,
schmieren, darauf wär ich nie gekommen.
TOR Nehmt euch in acht

vor der tückischen Sandspinne,
die sitzt dort hinten
in ihrem Loch.

TRÜFFEL Wir passen auf, mach's gut, Tor!

TOR Für euch bin ich immer offen, tschüß!

TRÜFFEL Sehen Sie, Prinz, ein bißchen schmieren,
damit kommt man überall durch.
Man muß die Augen aufhalten,
immer mit wachem Verstand bei der Sache,
dann kann nichts passieren ...

PRINZ TORTE Trüffel, paß auf, die Spinne!

TRÜFFEL Ah, hier ist ein Loch,
plötzlich ist es finster,
Ahhhh!

Schmatzen der Spinne, Rülpsen.

PRINZ TORTE Trüffel, edler Knappe,
kann ich dich retten?
Am Ende saugt sie mich dann auch noch aus,
die gräßliche Spinne!
Trüffel, lebst du noch?

SPINNE *steigt schmatzend aus ihrem Loch*
Mhmm, mhm, köstlich, dieser Leckerbissen!
Lange nicht mehr so gut gegessen.

PRINZ TORTE Tückische Sandspinne, hast du Theo Trüffel
denn gefressen?

TRÜFFEL *aus dem Loch*
Nein, Prinz, ich lebe noch!
Freut mich, Spinne, daß dir der
feine Speck so gut geschmeckt hat.

SPINNE Mit Speck fängt man Spinnen,
wie schon das Sprichwort sagt.
Köstlich, dieser Rauchgeschmack.

Nach diesem ganzen faden Heldenschleim,
den ich in mich reingesogen hab,
ist er doppelt lecker.
Endlich feste Nahrung, nicht immer dieser Brei.
Laß dir ein Bein schütteln!
Trüffel, wenn du wieder mal vorbeikommst,
bring mir ein Hühnchen mit,
ich laß dich auch von meinen Helden kosten,
nicht übel, nur auf die Dauer fad.

TRÜFFEL Mach's gut, tückische Sandspinne,
wenn du uns noch sagen kannst,
wo die drei Orangen liegen,
würd ich auf den Heldenschleim verzichten.

SPINNE Die drei goldenen Orangen
liegen im siebten Zimmer
gleich neben der Küche. Aber paßt auf,
mit der fetten Köchin ist nicht zu spaßen!
Schon viele Helden,
die mir entkommen sind,
hat sie zwischen ihren riesigen Brüsten zerquetscht.

TRÜFFEL Wir passen schon auf,
tschau, Spinne.

PRINZ TORTE Ich schmeck nicht besser
als die andern Helden,
Spinne, sei so gut und lasse mich auch vorbei!

SPINNE Klar, schönen Tag noch, ihr beiden!

TRÜFFEL Kommen Sie, Prinz Torte,
vor der Köchin hab ich keine Angst.
Es gibt schlimmere Arten zu sterben
als zwischen zwei Riesenbrüsten.

PRINZ TORTE Wenn du es sagst,
ein bißchen fürchte ich mich schon.

TRÜFFEL Hier, eins, zwei, drei, vier, fünf,
die Küche, sieben,
hier muß es sein, wo die Orangen liegen.
Sie gehen rein.
PRINZ TORTE Da sind sie,
mein Herz verglüht vor lauter Liebe –,
die drei süßen, die drei goldenen,
die drei köstlichen Orangen.
TRÜFFEL Psst, die Köchin!
PRINZ TORTE Das Gefühl ist übergroß,
ich muß singen vor Liebe –
O sole mio, o mio sole ...
TRÜFFEL Prinz, Sie Depp, was machen Sie?
Sie verderben alles.
MAMMA MASCARPONE Was höre ich da
für schrecklichen Gesang,
wer weckt mich aus meinem Nickerchen?
Schon wieder fremde Helden,
die meine drei süßen Früchtchen stehlen wollen.
Ha, hab ich euch erwischt,
hier kommt ihr nicht mehr raus,
an meine Brust, ihr Helden,
damit ich euch herzen kann.
PRINZ TORTE Geh du zuerst, Trüffel!
Ich sterbe mannhaft nach dir.
TRÜFFEL Die hat ja immense Titten, wow.
Wie sagt das Sprichwort, andere Länder, andere Titten.
MAMMA MASCARPONE Komm nur du zuerst zu mir,
mein süßer Trüffel!
TRÜFFEL Oh, gerne, gleich komme ich,
vernaschenswerte Mamma Mascarpone –
solche Dinger hab ich noch nie gesehen!

MAMMA MASCARPONE Danke dir, allerliebster Fratz,
komm doch noch näher!

TRÜFFEL *zwinkert ihr zu*
Muß sagen, ein enorm wohlgeformter Körper –
und dieses entzückende Gesichtchen
und diese Äuglein, wie sie lustig neckisch schauen
und blinzeln, ach, mir wird ganz warm ums Herz.

MAMMA MASCARPONE Du bist der erste, der so was sagt,
sonst sind sie alle scharf auf die mickrigen Orangen.
Wie schön du Komplimente machst.

TRÜFFEL *zwinkert dem Prinzen zu*
Zeig mir doch mal deine kleine Küche,
steht denn ein Töpfchen auf dem Feuer,
aus dem ich naschen kann!

MAMMA MASCARPONE Wunderbar süße Leckerbissen
hab ich für dich.
Weißt du, allzuoft kommt hier kein Mann vorbei.
Komm nur in meine kleine Küche, Leckermaul.

TRÜFFEL *Sie gehen in die Küche.*

PRINZ TORTE Oh Mann,
daß du dich nicht übernimmst, Trüffel.
Nichts wie raus mit euch,
ihr drei süßen Orangen.
Kichern, Schäkern aus der Küche.

PRINZ TORTE Trüffel, du bist ein wahrhaft treuer Diener!

Er schafft die Orangen raus, kommt zurück, wirft einen Blick in die Küche, pfeift erst durch die Zähne, dann laut durch die Finger.

TRÜFFEL *seine Kleider ordnend*
Schon fertig, Prinz? Seit wann sind Sie so fix?

Nichts wie weg jetzt,
die süße Köchin wird gleich erwachen
aus ihrem Liebestaumel.

Sie machen sich aus dem Staub. Die zerzauste Köchin kommt aus der Küche

MAMMA MASCARPONE Wo gehst du denn hin,
süßes Trüffelschweinchen?
Wo sind die drei Orangen.
Ah, Betrug! Diese Männer!
Spinne, Tor, Kloß, haltet sie!

SPINNE Halt sie doch selber!

TOR Versperr du ihnen doch den Weg, fetter Drachen!

KLOSS Was soll ich machen, Chefin,
ich bin doch jetzt hohl.

MAMMA MASCARPONE Schon wieder verlassen!
Wie schlecht die Männer sind.
Keiner sieht meine Tränen,
ach, Trüffelschweinchen, komm doch wieder.

Lichtwechsel

LANGUSTINE Nein, Unglück, sie haben's geschafft.

MORTADELLA Lotte Langustine,
Sie haben schon wieder versagt.

SUPPE Wär ich doch mit einem Ministerposten zufrieden gewesen! Was tun sie jetzt?

LANGUSTINE Ich seh nichts mehr. Vor lauter Kummer
trübt sich das magische Auge ein.

MORTADELLA Eins sag ich Ihnen,
wenn ich wider Erwarten doch noch Königin werde,
brumm ich Ihnen Steuern auf, die Sie ruinieren.

LANGUSTINE Es gibt noch eine Hoffnung.
Hier habe ich drei magische Kämme.
Sie haben die Kraft, ihren Träger
zu verwandeln in ein Tier.
Wenn die drei kommen, ist dies die letzte
Möglichkeit, unsern Plan noch auszuführen.

Lichtwechsel

Die beiden Helden mit ihrer Beute, den drei goldenen Orangen.

PRINZ TORTE Trüffel, mein allerliebster Diener,
wie kann ich dir danken für deinen Mut,
deine Bereitschaft, dich für mich zu opfern?
TRÜFFEL Zu opfern. Wie kommt er denn darauf?
Prinz, darf ich nur eine Bitte aussprechen?
Gönnen Sie auch Ihrem Diener
das eine oder andere Mal –
es geschieht ja selten genug –
ein winziges Vergnügen, eine kleine Lustbarkeit.
Und wie, zum Teufel, frag ich,
kommen wir jetzt hier weg?
Diese verfluchten Orangen sind schwer wie Blei.
Ich kann mir schon denken, wer sie schleppen muß.
PRINZ TORTE Gut, mein lieber Trüffel,
gönnen wir uns eine kleine Pause,
bevor wir uns auf den Heimweg machen.
Ein Schläfchen kann uns nicht schaden,
mein brennendes Herz wird langsam müde,

nachdem es die begehrten Früchte besitzt.
Pock, pock, schlägt es, pock, pock ...

Torte schläft ein.

TRÜFFEL Jetzt schläft er, natürlich. Und ich sitze hier mit meinem Hunger und meinem Durst. Aber Gott sei Dank hab ich noch den ... Wo ist denn jetzt der Speck? Verflucht, den hat die Spinne gefressen. Das ist der Lohn für meinen Heldenmut, für meine gewitzten Streiche, hungrig und durstig schlaf ich ein.
Wer redet denn von Schlafen. Was will denn der Prinz mit drei Orangen? Zwei sind doch bei weitem genug. Wenn ich die eine schäle, ein wenig Fruchtfleisch, ein wenig Saft, da hätten wir die Belohnung, die ich mir verdient hab.
Eine schäl ich, was soll denn schon passieren.

Er schält die erste Orange. Darin sitzt ein schönes Mädchen.

1. ORANGENMÄDCHEN Wer weckt mich
aus meinem hundertjährigen Schlaf?
Wie grell die Sonne sticht.
Diener, gebt mir einen Schluck Wasser,
bedeckt mein zartes weißes Haupt.

TRÜFFEL Was ist das? Ein zartes, schönes Mädchen,
eine Prinzessin, so schön anzusehen!
Wo krieg ich jetzt Wasser her?
Sie verdorrt mir förmlich vor den Augen.
Mädchen, Prinzessin, halte aus,
gleich, gleich geb ich dir Wasser.
Bloß, wo nehm ich's her, hier ist doch Wüste –
nie netzt der Tau den Sand,
weil's immer Tag ist.
Was tu ich? Ich muß die

andere Orange schälen und netze ihr die Lippen mit dem süßen Saft, daß sie nicht stirbt.

1. ORANGENMÄDCHEN Wasser, gebt mir Wasser, ich sterbe ...

TRÜFFEL Es gibt kein Halten mehr, ich muß
sie retten, die schöne Zarte, wenn sie stirbt,
das wird mir
Prinz Torte nie verzeihen.

Er schält die zweite Orange. Auch in ihr sitzt eine Prinzessin, die noch schöner als die erste ist.

TRÜFFEL Oh, auch in dieser ist kein Fleisch, kein Saft,
zumindest nicht von süßen Orangen.

2. ORANGENMÄDCHEN In welche Hitze legt ihr mich!
Wie brennt mir die Sonne auf den Lippen!
Wie sticht mir das Licht in die Augen,
die hundert Jahre Dunkel sahen?
Ach, bedeckt mir die Augen mit Feigenblättern
und netzt mir die Lippen mit Wasser!

TRÜFFEL Was tu ich jetzt?
Soll ich die erste schlachten,
und ihr Blut der zweiten geben?
Die erste ist schon welk, verdorrt und tot.
Himmel, ich hab sie umgebracht, und gleich stirbt die andere.
Hier, trink meine Tränen ...

Er weint, weint lauter, daß der Prinz erwacht

PRINZ TORTE Ach, Trüffel, was lärmst du?
Ich hab so wunderschön geträumt
von meinen allerliebsten Orangen ...
Was ist denn, was sind das für Elfenwesen,
die eine tot, die andere im Sterben,
und du weinst wie ein Schloßhund?

TRÜFFEL Prinz, töten Sie mich auf der Stelle!
Ich bin des Doppelmordes schuldig –
entgegen dem Befehl hab ich die Orangen geöffnet!
PRINZ TORTE Ach, meine Liebe ist vernichtet.
Nur eine ist noch ungeschält.
Brausen in der Luft. Sellerie alias Rösti landet mit seinem Blasebalg.

RÖSTI Trüffel, du Versager, du nichtswürdiger Tropf!
Hab ich dir nicht gesagt, daß du
sie nicht schälen darfst,
wenn kein Quell in der Nähe sprudelt?
Die beiden sind verdorrt, doch es bleibt die dritte.
Mit meiner Hilfe und mit meinem Blasebalg
fliegen wir zum königlichen Palast
ins ferne Königreich Käse.
Haltet euch aneinander fest, und haltet die Orange,
die letzte, die dem Prinzen bleibt.

Die beiden weinenden Helden, die ungeschälte Orange, der Teufel Rösti alias Magicus Sellerie heben ab.

Lichtwechsel

MORTADELLA Was ist los, Langustine,
können Sie wieder was sehen?
LANGUSTINE Ich höre das Rauschen der Flugmaschine,
ich glaube, sie kommen
und das Auge hellt sich auf –
sie kommen.

SUPPE Schleifen Sie ihre magischen Kämme.
Frau Langustine, Sie müssen sich bewähren.
LANGUSTINE Oh, die Kämme sind gewetzt,
die Wut glüht immer noch.
MORTADELLA Ich höre auch ein unheimliches Geräusch,
das aus der Luft sich nähert.
Mein Täubchen, Suppe, jetzt wird's ernst.

Die Helden, die Orange und der als Teufel getarnte Zauberer landen im königlichen Palast.

PRINZ TORTE Wir landen da unten beim Brunnen,
Herr Rösti, sorgen Sie dafür,
daß es nicht noch eine Katastrophe gibt.
TRÜFFEL Wenn wir gelandet sind, bestellen Sie
auf der Stelle den Henker, der
mir den blöden Kopf abhaut.
RÖSTI Nur die Ruhe, Trüffel, es wird schon wieder.
Wir landen hier, direkt beim Brunnen.
Sie setzen auf.
PRINZ TORTE Nichts hält mich mehr,
die geliebte Orange jetzt zu schälen.
TRÜFFEL Ich geh gleich in den Kerker
und wart auf meinen Henker.
RÖSTI Ich geh zum sterbenstraurigen König,
um ihn zu wecken und ihm
die neuen Lebensgeister einzuhauchen.
Torte schält die Orange.
PRINZ TORTE Wunderschönes Mädchen, wer bist du,
wo kommst du her?

ORANGENMÄDCHEN III. LIMONE
Wie sich die Sonne in den grünen Blättern bricht,
und wie ganz nah ein Brunnen flüstert,
wie's kühl ist hier! Wer sind Sie,
der mich so freundlich anblickt?
PRINZ TORTE Ich bin Prinz Torte,
Erbe des Königreichs Käse,
ein junger Prinz, der nur auf Sie gewartet hat,
um zu neuem Leben zu erblühen.
LIMONE Oh, ich hab hundert Jahre gewartet,
um aus dieser Frucht zu steigen,
und gleich sehe ich
einen jungen Mann wie Sie.
Geben Sie mir nur einen Schluck Wasser,
und ich werde Ihnen sagen, wer ich bin.
PRINZ TORTE Hier, nehmen Sie einen Schluck
von unserem köstlichen Wasser,
das Königreich Käse ist berühmt dafür.
Nur ich hab kein rechtes Trinkgefäß, ach, trinken Sie
aus meinem eisernen Schuh, später dann trinken Sie
aus goldenen Bechern.
LIMONE Wenn's auch etwas streng schmeckt,
es erquickt mich,
das Wasser des Königreichs Käse.
PRINZ TORTE Erlauben Sie, daß ich mich entferne,
um Ihnen Kleidung zu bringen,
denn gleich kommt mein schwermütiger Vater,
um Sie zu begrüßen.
LIMONE Sie wissen immer noch nicht, wer ich bin.
PRINZ TORTE Ich hoffe, ich darf ihm sagen
dies ist meine Braut.
LIMONE Wie können Sie um eine Fremde werben?

PRINZ TORTE Was macht es, wer Sie sind,
ich liebe Sie, und das genügt.
Ich gehe und hole Kleider,
in denen ich Sie dem Vater präsentieren kann.

Torte ab.

In Aktion tritt Langustine.

LANGUSTINE Welch herrliches Wesen hat der Wüstenwind
hierher geblasen?
Schöne Gestalt, kluges Gesicht, bezaubernde Augen!
LIMONE Ach, ihr alle seid so gut zu mir,
ohne mich zu kennen.
LANGUSTINE Wenn ich in diese Augen schaue,
weiß ich alles über Sie.
LIMONE Diese freundliche Aufnahme
in einem fremden Land.
Wie hab ich das verdient?
LANGUSTINE Wie schön Sie sind,
nur um Ihrer Schönheit willen
haben Sie alle Liebesdienste verdient.
Erlauben Sie nur,
daß ich Sie ein wenig schminke
und Ihr Haar ein wenig kämme,
sehen Sie diesen wunderschönen Kamm,
ich werde Sie nur schöner machen...
Piff, paff, Meeraal, Seestern, Quallentier,
verdorben ist die Schönheit, ein Taubentier
bist du von nun an, bis dich einer erlöst...

Limone verwandelt sich in eine Taube, Langustine zieht ihre Kleider an.

KÖNIG KÄSE Wer hat mich denn wie in einem Traum
aus meiner Melancholie erweckt?
Wer sagte mir, daß mein Sohn zurück sei,
daß er eine wunderschöne Braut gebracht,
daß er die Frische des Lebens selbst sei?
Wer sitzt dort, an meinem Brunnen, eine Fremde?
Soll das die Braut sein, von der ich träumt?
Naja.
Seien Sie gegrüßt, schöne Fremde –
einen Zug von Bosheit trägt sie im Gesicht.

LIMONE (alias HEXE LANGUSTINE) Seien Sie gegrüßt,
edler König Käse.

KÖNIG KÄSE Sie kennt meinen Namen,
obwohl ich sie noch nie gesehen hab.
Na, mein Sohn wird schon wissen, was er tut.

FALSCHE LIMONE Darf ich Sie Schwiegervater nennen.
Ihr Sohn bringt mir gleich das Brautkleid.

PRINZ TORTE Hier bin ich, meine süßeBraut
und bringe Ihnen das versprochene Kleid.
Vater, drehe dich beiseite,
damit sie sich umziehen kann.

KÖNIG KÄSE Was glaubst du, Junge, wieviele Bräute ich
sich umziehen sah, ich geh und laß die
Hochzeitsglocken läuten, macht die Küchenfeuer heiß
damit die Hochzeitsbraten schmoren können.
König Käse ab

PRINZ TORTE Komm, süße Braut,
wir gehen in meine Gemächer,

und vorher sag ich Trüffel,
daß er von jetzt an in der Küche dienen soll
und die Hochzeitsbraten braten.
Wir werden vierzig Tage
und vierzig Nächte feiern, was meinst du dazu?

FALSCHE LIMONE Wenn's so sein soll, soll's so sein.
Werd ich eben Königin.
Warum denn nicht?
Beide ab.

Auf treten Suppe und Mortadella

SUPPE Das hat Langustine doch noch hingekriegt.
Und ich dachte schon, es geht alles schief.

MORTADELLA Ich weiß nicht, was sie plant,
doch ist sie am Ende
schlechter, als ich dachte.
Denn wenn sie ihn heiratet,
diesen Trottel, der nichts merkt,
ist sie doch Königin, nicht ich.

TRÜFFEL *Mit einem Bratenspieß*
Entschuldigung, ich muß hier Feuer machen,
ich bin als Koch hier engagiert.
Dies soll ein Hochzeitsbraten werden.

SUPPE Dann ziehen wir uns zurück
und warten, was passiert.

MORTADELLA Uns fällt mit Sicherheit
eine schreckliche böse List ein,
falls was schiefgeht.
Beide ab

TRÜFFEL Er ist schon wieder verliebt, der Prinz,
wie ich's prophezeit hab,
ist er mit einer Frucht zufrieden,
was wollte er denn mit dreien.
Trotzdem bin ich traurig,
obwohl er mir verziehen hat,
weil zwei schöne Mädchen starben
wegen meiner Dummheit.
Ach, wenn ich traurig bin,
werde ich immer müde.
Den Braten hier wend ich im Schlaf.
Andererseits bin ich so traurig,
daß ich nicht schlafen kann.

LIMONE *als Taube*
Trüffel, warum schläfst du nicht,
du hast dir Schlaf verdient
nach deinen Heldentaten.
Schließ die Augen und schlaf ein!
Der Braten brät auch ohne dich.

TRÜFFEL Ach Täubchen, wenn du's sagst... *schläft ein.*

Man hört schon Hochzeitsmusik und lachende Gäste, Champagnerkorken. Trüffel schläft, der Braten verbrennt.

TRÜFFEL Ach, süße füllige Köchin, angenehme Gestalt,
brätst du mir einen fetten Braten,
den hab ich mir verdient!
Paß auf, Köchin! Es riecht schon angebrannt,
geh schnell in die Küche...
Wacht schnuppernd auf
Ah verflixt, der schöne Braten,
schon wieder hab ich versagt.

Hoffentlich ist noch genug Zeit,
einen zweiten Braten aufzutreiben,
irgendwo wird man doch einen finden.

Sucht einen Braten, man hört ein Schweinchen quieken, Huhn gackern. Trüffel jagt mit einem großen Messer über die Bühne, geht ab, kommt wieder mit einem Braten.

TRÜFFEL Schön gewürzt mit Senf und Pfeffer,
dieses Mal versage ich nicht,
wenn ich auch schon wieder schläfrig bin –
ich bleibe eisern wach
und dreh den Braten.

DIE TAUBE *gurrend*
Trüffel, willst du dich nicht ein wenig schonen?
Tiefe Ringe zeichnen deine Augen,
nur halb hältst du deine Lider offen;
schließ sie doch ganz!
Was soll es schaden, kurz zu schlummern?

TRÜFFEL *einschlafend*
Was soll es schaden, ganz kurz zu schlummern ...

SUPPE *tritt auf*
Trüffel, alle Welt wartet auf den Braten,
wie lange brauchst du noch?
Die Antipasti, die Pastasciutta, die venezianische
Leber und die eingelegten Sardinen sind längst gegessen.
Auch das schwarze Risotto, gekocht in der Tinte des
vielfüßigen Tintenfischs, ist aufgegessen.
Wie riecht's denn hier, so angebrannt?
Trüffel, wo steckst du? Ah, der Lümmel –
schläft, und der Braten verkohlt, Trüffel, auf der Stelle
wache auf!

TRÜFFEL *fährt hoch*
Bin schon wach,
der Braten ist schön durch,
schön knusprig,
mit Senf und Pfeffer ...
KÖNIG KÄSE *tritt auf*
Suppe, was ist denn mit dem Braten?
Das Essen ist das einzige an dieser Hochzeit,
das mich freut, ich bin hungrig.
Was ist denn hier für Rauch im Raum?
Wie riecht es angebrannt?
SUPPE Trüffel hat den Braten verbrennen lassen.
KÖNIG KÄSE Dann laß ihn einen Kopf kürzer machen,
wenn er nicht auf der Stelle einen neuen Braten brät.
TRÜFFEL Natürlich, selbstverständlich,
einen neuen Braten.
Wo nehm ich den jetzt her?
Keine Meerschweinchen, Hunde, Katzen im Palast.
Einen Braten, kein Problem.
Was kann man hier denn braten?

Sucht einen Braten. Die Hochzeitsgesellschaft kommt rein.

LANGUSTINE Kammerherr, Koch,
was ist denn mit dem Braten?
Die Gäste warten und sind hungrig.
PRINZ TORTE Nun, Trüffel, was ist denn mit dem Braten?
Er müßte doch längst gar sein.
MORTADELLA Was gibt es denn für einen Braten,
für unsere neue Königin?
TRÜFFEL Es gibt einen Braten aus ... *Schaut sich verzweifelt um* Es gibt ein köstlich zartes Täubchen.

HOCHZEITSGESELLSCHAFT Ahhh, ein Täubchen, mmmhm!

Trüffel jagt mit seinem Messer das Täubchen und erwischt es.

TRÜFFEL Tut mir leid, mein süßes Täubchen,
lieber mach ich dich einen Kopf kürzer,
als meinen geschundenen Kopf einzubüßen.
Keine Angst, ich mach's ganz kurz und schmerzlos.
Aua, was hast du denn da?
Einen scharfen Kamm im Taubenköpfchen,
das ist ja komisch.

Er zieht den Kamm raus. Die Taube verwandelt sich in Limone.

HOCHZEITSGESELLSCHAFT Ahhh, eine Prinzessin, mmhm.
PRINZ TORTE Das ist ja mein Orangenmädchen.
Und wer bist dann du, falsche Braut?
LANGUSTINE Was heißt hier falsche Braut?
Ich bin jetzt die Königin.
SUPPE Formaljuristisch ist es ein Problem,
das nicht leicht zu lösen ist.
Ist der eheliche Beischlaf schon vollzogen,
ist die Ehe rechtmäßig gültig ...
Während Suppe den verblüfften Gästen Vorträge hält, nimmt Mortadella den magischen Kamm.
MORTADELLA Dir fehlt noch eines, Königin –
man hat dich noch nicht gekrönt.
Das tu jetzt ich mit diesem Kamm,
den du gut kennst, Seehexe Lotte Langustine.

LANGUSTINE Nein, was tun Sie!

Piff, Langustine verwandelt sich in einen Goldfisch.

KÖNIG KÄSE Was hat das hier zu bedeuten,
wer ist denn nun die Braut?
Was ist jetzt mit dem Braten, Trüffel?
PRINZ TORTE Dies ist meine Braut.
KÖNIG KÄSE Na, stell sie vor,
wie heißt sie, woher kommt sie.
Hat sie Vermögen, Erbkrankheiten?
LIMONE Das tu ich am besten selbst.
Denn Ihr Sohn versäumte in der Eile,
mich danach zu fragen.
Ich bin Prinzessin Limone,
eine von drei Schwestern, von denen zwei
leider schon verstorben sind.
Ich bin jetzt die einzige Tochter
des Königs Jaffa, Erbin des Königreichs Agrumen.
Vor hundert Jahren hat mich
die böse fette Köchin Mamma Mascarpone
in eine Orange verwandelt.
Und der tapfere Prinz hat mich befreit.
TRÜFFEL Ich immerhin auch ein bißchen.
KÖNIG KÄSE Königreich Agrumen, Alleinerbin,
wunderbar. Was ist mit dem Braten, Trüffel?
SUPPE Und was ist denn mit dem versprochenen
Ministeramt, edler König Käse?
Immerhin hab ich ja Theo Trüffel engagiert,
um den Prinzen zu heilen, und das mit Erfolg.
KÖNIG KÄSE Muß mein Sohn entscheiden, ich geh in Rente.
PRINZ TORTE Gut gut, soll er Minister werden.

MORTADELLA Ungerechtigkeit, soll denn dieser Schuft
für seine Schlechtigkeit auch noch belohnt …

Suppe steckt ihr den zweiten magischen Kamm ins Haar. Sie verwandelt sich in einen Raben.

PRINZ TORTE Was hast du denn mit ihr gemacht?
Auf der Stelle erhöhe ich deine Diäten. Minister Suppe.
SUPPE Nach der ersten Amtshandlung
werd ich schon befördert.
Das nenn ich Karriere.
PRINZ TORTE Und Trüffel,
dich mach ich zum Kammerherrn.
TRÜFFEL Kammerherr, o nein,
das ist nichts für mich.
Lieber betreib ich mein altes Geschäft.
Possen und Zähne reißen,
Rasierklingen etcetera, etcetera.

Alphornblasen, Kuhglocken, Jodler, die Erkennungsmelodie des Bankiers Stützli, der erscheint.

STÜTZLI Grüezi mitenand, die Härrschafte!
Ich hoffe, ich störe nicht bei der Hochzeit.
Ich komme von der Kantonalbank Züri,
um Herrn Suppe die Jahresprämie auszuhändigen
in Form einer Tafel Schwyzer Schokolade.
Bitte, Herr Suppe, und uf Wiederluege mitenand.

Er gibt ihm die Schokolade, die Suppe gleich öffnet und ißt, aber auf der Stelle fängt er an zu schreien.

SUPPE Oh, mein Zahn, das schmerzt so fürchterlich,
zu Hilfe, gebt mir Nelkenöl.
STÜTZLI Da ist ein Zahn, den man ihm noch reißen muß.
Der Zahn der Lüge, Bosheit, Schlächtigkeit.
Das kann ja Trüffel machen.
Hier bitte, Herr Trüffel, eine Zange.
Das schaue ich mir doch noch an.
TRÜFFEL Lassen Sie mal sehen, Minister,
wo ist denn der böse Zahn,
den kriegen wir schon!

Furchtbare Schmerzensschreie Suppes.

TRÜFFEL Man weiß, wie gut ich Zähne reiße,
wie schmerzlos schnell und sicher,
doch dieser hier sitzt allzu fest.
Aber hier ist er mit seiner ellenlangen
Wurzel.
SUPPE Aaah! Das ist mein Zahn?
Der tat mir so weh?
Halb vermiß ich ihn,
halb bin ich froh, daß dort jetzt
eine Lücke ist statt Schmerz.
TRÜFFEL Schlimm ist es nicht.
Du hast noch viele andere,
und die sind nicht viel besser.
Viel schwarz und faul.
Das beste ist, ich zieh sie gleich.
PRINZ TORTE Ja, zieh sie ihm!
KÖNIG KÄSE Während meiner Zeit gab's selten
solchen Spaß.
LIMONE Ein kurzer Schmerz,

dann ist's für immer gut.
Laß sie dir ziehen, Suppe.

SUPPE Nein, das verbiete ich als Minister.
Minister, der von jetzt an Minestrone heißt.
Suppe ist tot, es lebe
Minestrone, Minestrone, Minestrone.

LIMONE Na gut, wenn er nicht will,
dann laßt uns tanzen.

KÖNIG KÄSE Saufereien, Ausschweifungen
und Belustigungen aller Art. Endlich!

PRINZ TORTE Musik, Musik, Musik!

SUPPE/MINESTRONE Trüffel, hab ich noch genügend Biß?

TRÜFFEL Mehr als genug.

SUPPE/MINESTRONE Gut, dann ernenn ich mich zum ...
General.

TRÜFFEL General?

SUPPE/MINESTRONE Zum General. Und das erste,
was ich brauche,
ist eine kleine Armee.
Ein paar Soldätchen, ein paar Pänzerchen,
ein paar Raketchen.
Herr Stützli, ein Kreditchen!
Ein paar Intrigchen, ein kleiner Sturm
auf den Palast,
ein Pütschchen.
Der Exkönig exiliert, der debile König liquidiert,
die Königin penetriert und schon heißt der neue König
Minestrone, Minestrone, Minestrone.

TRÜFFEL Und dazu gleich das Krönchen.

Er steckt ihm den dritten Kamm vom Täubchen ins Haar. Er beginnt, zu gackern und benimmt sich ganz suppenhühnchenhaft.

TRÜFFEL Ganz hat's nicht funktioniert, Herr Stützli.
STÜTZLI Gebrauchtwaren soll man nicht trauen.
Aber ist er nicht ein wunderbarer Minister?
Jetzt ist das Ende magisch gut und schlecht zugleich,
kommen Sie, Trüffel, wir gehn tanzen!

Ende

Editorische Notiz

Viehjud Levi wurde am 19. November 1982 am Theater der Altstadt, Stuttgart, uraufgeführt.

Polenweiher wurde am 15. Januar 1984 am Stadttheater Konstanz uraufgeführt.

Kaiserwalzer wurde am 16. Juni 1986 an den Bühnen der Stadt Bielefeld uraufgeführt.

Brach wurde am 30. November 1983 am Theater der Altstadt, Stuttgart, uraufgeführt.

Untertier wurde am 19. Januar 1991 an den Vereinigten Bühnen Graz uraufgeführt, danach am Thalia Theater, Hamburg, gespielt.

Irrlichter – Schrittmacher wurde 1991 geschrieben, die Uraufführung ist für 1992 geplant.

Die Liebe zu den drei Orangen (frei nach Gozzi) wurde in Groningen, Niederlande, am 11. Dezember 1987 uraufgeführt, die deutsche Erstaufführung fand am 3. Dezember 1988 am Volkstheater, München, statt.

Thomas Strittmatter
Raabe Baikal

Roman. detebe 22507

»Mit irvingscher Fabulierkunst erzählt Strittmatter die grotesken und dennoch in einer durchaus realen Welt angesiedelten Erlebnisse des Raaben Baikal. Sei es im Internat mit weiteren schrägen Vögeln, in der Lehre beim wortkargen, wodkasaufenden Steinmetz oder auf seiner modernen Odyssee in die feindliche Stadt, Raabe hat immer wieder das unverschämte Glück, dem bösen Schicksal einen kleinen Schritt vorauszusein.«
Annabelle, Zürich

»Strittmatter hat einen Roman geschrieben, in dem sich auf eigenwillige Weise realistisches Erzählen mit phantastischen und skurrilen Elementen verbindet.«
Der Spiegel, Hamburg

»Ein schreibender Jim Jarmusch.« *Basta, Wien*

»Ein fesselnder und kraftvoller Roman, in einer vitalen, bildreichen Sprache geschrieben. In seinen exzentrischen Beschreibungen zeigen sich eine große Fabulierkunst und Erzählkraft.«
Deutsche Welle, Köln

»Ein zeitgenössischer, zeitüberschreitender Roman.«
Stuttgarter Zeitung

»Es ist ein eigenwilliges, schockierend-realistisches und zugleich phantastisches Prosastück, daß einem beinahe die Spucke wegbleibt.« *tz, München*

»Strittmatter besitzt eine geradezu berauschende Fähigkeit zum sinnlichen Erzählen.«
Kölnische Rundschau

»Extrem lesenswert.«
Harry Rowohlt / Die Zeit, Hamburg

Anton Čechov im Diogenes Verlag

● Das dramatische Werk

Neuübersetzung und -edition von Peter Urban: jeder Band bringt den unzensurierten, integralen, neutranskribierten Text und einen Anhang mit allen Lesarten und Textvarianten, mit Auszügen aus Čechovs Notizbüchern, Anmerkungen und einem editorischen Bericht.

Die Möwe
Komödie in vier Akten. detebe 20091

Der Waldschrat
Komödie in vier Akten. detebe 20084

Der Kirschgarten
Komödie in vier Akten. detebe 20083

Onkel Vanja
Szenen aus dem Landleben in vier Akten. detebe 20093

Ivanov
Drama in vier Akten. detebe 20102

Drei Schwestern
Drama in vier Akten. detebe 20103

Platonov
Das ›Stück ohne Titel‹ in vier Akten und fünf Bildern. detebe 20104

Sämtliche Einakter
detebe 20801

● Das erzählende Werk

Übersetzungen von Gerhard Dick, Wolf Düwel, Ada Knipper, Hertha von Schulz, Michael Pfeiffer, Georg Schwarz und Peter Urban. Neutranskribiert, mit Anmerkungen und Nachweis der Erstveröffentlichungen von Peter Urban.

Ein unbedeutender Mensch
Erzählungen 1883–1885. detebe 20261

Gespräch eines Betrunkenen mit einem nüchternen Teufel
Erzählungen 1886. detebe 20262

Die Steppe
Erzählungen 1887–1888. detebe 20263

Flattergeist
Erzählungen 1888–1892. detebe 20264

Rothschilds Geige
Erzählungen 1893–1896. detebe 20265

Die Dame mit dem Hündchen
Erzählungen 1897–1903. detebe 20266

Eine langweilige Geschichte
Das Duell
Kleine Romane I. detebe 20267

Krankenzimmer Nr. 6
Erzählung eines Unbekannten
Kleine Romane II. detebe 20268

Drei Jahre · Mein Leben
Kleine Romane III. detebe 20269

Die Insel Sachalin
Ein Reisebericht. detebe 20270

Das Drama auf der Jagd
Eine wahre Begebenheit. detebe 21379

Meistererzählungen
Ausgewählt von Franz Sutter. Deutsch von Ada Knipper, Herta von Schulz und Gerhard Dick. detebe 21702

● Briefe

in 5 Bänden. Die größte nicht-russische Briefausgabe in der Neuübersetzung und -edition von Peter Urban. Jeder Band enthält Faksimiles, einen umfangreichen Anhang mit editorischem Bericht, Anmerkungen und einer Chronik; im letzten Band zusätzlich ein Personen- und Werkregister. Leinen
Auch als detebe 21064-21068

● Tagebücher Notizbücher

Herausgegeben und vollständig neu übersetzt von Peter Urban. Mit Vorwort, editorischem Bericht, ausführlichen Anmerkungen und Personenregister. Leinen

● Čechov-Chronik
Daten zu Leben und Werk, zusammengestellt von Peter Urban. Mit Nachwort, ausführlicher Bibliographie und Register
Leinen

● Anton Čechov
Sein Leben in Bildern
Herausgegeben von Peter Urban. Über 700 Abbildungen, mit einem Anhang, einer Zeittafel und einem Personenregister
Leinen

● Freiheit von Gewalt und Lüge
Gedanken über Aufklärung, Fortschritt, Kunst, Liebe, Müßiggang und Politik. Zusammengestellt von Peter Urban
detebe 22437

● Das Čechov Lesebuch
Herausgegeben, kommentiert und mit einem Vorwort von Peter Urban. detebe 21245

● Über Čechov
Herausgegeben von Peter Urban
detebe 21244

August Strindberg im Diogenes Verlag

Dramen in 3 Bänden
Herausgegeben von Arthur Bethke
Aus dem Schwedischen von
Arthur Bethke und Anne Storm
detebe 21790

Fräulein Julie
und fünf andere Dramen
detebe 21777

Nach Damaskus
und drei andere Dramen
detebe 21778

Gespenstersonate
und sechs andere Dramen. Mit einem Essay von
Ernst Wendt. detebe 21779

Die gesammelten Erzählungen in 3 Bänden
Herausgegeben von Klaus Möllmann
Deutsch von Dietlind und Günter Gentsch,
Hans-Jürgen Hube und Klaus Möllmann
detebe 22410

Abschied von Illusionen
Ausgewählte Erzählungen
detebe 22411

Spannungsfeld der Geschlechter
Ausgewählte Erzählungen
detebe 22412

Welt der Schären
Ausgewählte Erzählungen
Mit einem Nachwort von Klaus Möllmann
detebe 22413

außerdem liegt vor:
Ludwig Marcuse
Strindberg
Das Leben der tragischen Seele
detebe 21780

Hartmut Lange im Diogenes Verlag

Die Ermüdung

detebe 21842

»Gewiss, es ist auf den ersten Blick ein höchst altmodisches Buch, es ist aber auch sehr sympathisch, wie Lange sich fern hält von den Wühltischen billiger, greller Gefühle. *Die Ermüdung* ist eine kleine Kostbarkeit in einem von Lärm nicht gerade verschonten Gewerbe.« *Die Weltwoche, Zürich*

»Lange hält sich an die Gebote und Verbote der großen Erzähler. Er will wie Čechov, wie Conrad, wie Fontane weder kommentieren noch analysieren, auch nicht urteilen. Seine Sprache verzieht keine Miene. Sie ist streng, lakonisch, gläsern. Sie erzeugt Atmosphäre, Spannung, Wohlgefallen.« *Kultur-Chronik, Bonn*

Die Wattwanderung

detebe 22495

Hartmut Lange erzählt von Völlenklee, einem Buchhändler aus Berlin, von dessen hartnäckigem Versuch, seine Idee, eine Wattwanderung zu unternehmen, in die Tat umzusetzen.

»Hartmut Lange hat einen festen Platz in der deutschen Literatur der Gegenwart. Dieser Platz ist nicht bei den Lauten, den Grellen, den Geschwätzigen, sondern bei den Nachdenklichen, bei denen, die Themen und Mittel sorgfältig wählen.« *Kieler Nachrichten*

Die Reise nach Triest

Novelle. Leinen

Die Reise nach Triest ist nach *Die Ermüdung* und *Die Wattwanderung* der Schlußpunkt der Berliner Novellen-Trilogie von Hartmut Lange.

Aufgenommen wurde in diesen Band noch die kurze Erzählung *Das Riemeisterfenn*, in der Hartmut Lange von einem Menschen berichtet, der wünscht, »es gäbe ein Loch aus der Welt«.

»Die Spannung, von der Langes Bücher leben, ist keine vordergründige, die sich auf einer bestimmten Abfolge von spektakulären inneren oder äußeren Ereignissen gründen würde. Sie entsteht vielmehr durch Langes Meisterschaft, vieles auszusparen und dadurch unmerklich Erwartungen zu erzeugen.«
Die Presse, Wien

»Harmut Lange hat eine Novelle geschrieben, die ganz den klassischen Regeln entspricht.« *ORF, Wien*

»*Die Reise nach Triest* ist ein spannendes Buch mit großer psychologischer Intuition, erzählt in einer knappen, fast lakonischen Sprache, die ohne jedes Pathos auskommt.« *Rheinische Post, Düsseldorf*

Das Konzert

Novelle. detebe 21645

»Der Leser erfährt bereits im ersten Satz des Buches, daß es unter den Toten Berlins spielt. Alle Gäste des Salons Altenschul sind ermordete Juden, denen der Autor für die Dauer seiner Novelle ihre frühere Existenz zurückgegeben hat. Hartmut Lange hat durch seine stilistische Zurückhaltung alle Einwände, daß ein Buch mit einem solchen Thema nur mißlingen kann, überzeugend widerlegt.« *Frankfurter Allgemeine*

Die Waldsteinsonate

Fünf Novellen. detebe 21492

Novellen, die vom Zustand jener Unglücklichen erzählen, denen das Bewußtsein ein besonderes Verhängnis war. Novellen über Friedrich Nietzsche, die Goebbels-Kinder, Heinrich von Kleist und Henriette Vogel, den

Nihilisten Alfred Seidel und über eine Jüdin und einen SS-Mann, ihren Mörder.

»Die Novellen dieses Bandes zählen ohne Zweifel zu den wenigen Höhepunkten der deutschen Literatur nach 1945. Gerade die extremen Stoffe zeigen, daß der Staub der Zeit abgestreift sein muß, wenn das Wagnis des Vollkommenen gelingen soll.«
Deutsche Monatshefte, München

Die Selbstverbrennung

Roman. detebe 21213

»Selten fällt es in einer Prosaarbeit so leicht, sich die Menschen in ihren Aktionen und Reaktionen leibhaftig vorzugstellen. Doch dies erhöht eher die Leselust, die Lange durch schön konstruierte Satzperioden von kleistscher Architektur noch erhöht. Durch sie gewinnen die Figuren Plastik und lebendige Kontur.« *Stuttgarter Zeitung*

Tagebuch eines Melancholikers

detebe 21454

»Langes Buch wirkt wie ein End- und Spätzeitprodukt, ein Buch des Abschiedes, in dem sich noch einmal ein Denken kristallisiert, das durch die europäische Denktraditionen zugleich befähigt wie beschränkt ist. Und die daraus herrührende Ambivalenz schafft beim Lesen just jenes Moment der Anregung zum Widerspruch, das ein notwendiges und empfehlenswertes Buch auszeichnet.« *Die Zeit, Hamburg*

Vom Werden der Vernunft

und andere Stücke fürs Theater. detebe 21676

Die Dramen dokumentieren einen doppelten Abschied: Ausgehend vom Hegelschen Rationalismus und Karl Marx' Sozialutopie, enden sie in der Melancholie über das Verschwinden jeder Vernunft und beschwören die Erinnerung an jene Gesellschaft, deren erklärter Gegner Lange war: an den märkischen Adel und an das Spätbürgertum.

»Lange ist fähig, Gedanken zu kritisieren, ohne dabei den Menschen, der sie äußert, zu verurteilen – es ist die kostbare Fähigkeit der Komödienschreiber.«
Frankfurter Allgemeine Zeitung

Erich Hackl im Diogenes Verlag

Auroras Anlaß

Erzählung. detebe 21731

»Eines Tages sah sich Aurora Rodríguez veranlaßt, ihre Tochter zu töten.« So beginnt die außergewöhnliche Geschichte der Spanierin Aurora Rodríguez, die auf der Suche nach Selbstverwirklichung an die Schranken gesellschaftlicher Konventionen stößt und ihre Träume von einer besseren Welt von einer anderen, fähigeren Person realisiert sehen möchte: einer Frau, ihrer Tochter Hildegart.

»Souverän und stilsicher erzählt Erich Hackl einen ganz einmaligen Fall; zugleich gibt er einen Einblick in das Spanien der Zeit vor Franco und vor dem Bürgerkrieg. Der Erzähler drängt dem Leser keine politischen Lehren auf, doch er bringt ihn zum Nachdenken. Und vor allem: er unterhält ihn aufs beste mit einem spannenden Buch, das keine Längen hat. Dies ist ein Debüt, das auf Kommendes neugierig macht.«
Der Tagesspiegel, Berlin

»Bewundernswert ist die artistische Sicherheit, mit der Erich Hackl zu Werke geht, ist die Präzision, mit der dieser Schriftsteller Auroras Abenteuer protokolliert – auf eine Weise, die uns, wenn der Aberwitz mit solcher Beiläufigkeit zur Sprache findet, nachhaltig in die größte Spannung versetzt. So daß wir fast nicht glauben mögen, daß sie sich tatsächlich zugetragen hat, diese Geschichte.« *Frankfurter Allgemeine Zeitung*

»Kleistisch erzählt.« *Die Weltwoche, Zürich*

»Ein großartiges Debüt.« *Le Monde, Paris*

Ausgezeichnet mit dem Aspekte-Literaturpreis 1987

Abschied von Sidonie

Erzählung. detebe 22428

Erich Hackl ist – wie schon mit seiner aufsehenerregenden Erzählung *Auroras Anlaß* – einem unerhörten, jahrzehntelang verschwiegenen Fall nachgegangen; in einer knappen, präzisen Sprache erzählt er das bewegende Schicksal des Zigeunermädchens Sidonie Adlersburg, ihr kurzes Glück bei den Pflegeeltern und deren verzweifelte Bemühungen, das Kind vor dem ihm zugedachten Ende zu bewahren.
Abschied von Sidonie ist nicht nur eine Chronik der Gewalt, von ›Trägheit des Herzens‹ und Bestialität des Anstands, sondern auch eine Liebeserklärung an Menschen, die in großen wie in kleinen Zeiten Mitgefühl und Selbstachtung vor falsch verstandene Pflichterfüllung gestellt haben. Zugleich gibt das Buch einen tiefen Einblick in den Zustand eines Landes und seiner Bewohner, zeigt, was möglich war und was wirklich wurde, und was davon geblieben ist.

»Die Fähigkeit Hackls, aus den zur Meldung geschrumpften Fakten wieder die Wirklichkeit der Ereignisse zu entwickeln, die Präzision und zurückgehaltene Kraft der Sprache lassen an Kleist denken. Aber von Abhängigkeit, von Nachahmung gar kann die Rede nicht sein. Hier hat ein junger Autor den Mut, sich in gutgebauten Sätzen zu äußern, sich nicht quasiexperimentell zu geben, nicht um jeden Preis neu zu sein. Schon das ist eine Neuheit.« *Kyra Stromberg / Süddeutsche Zeitung, München*

»Erich Hackl ist eine der großen Hoffnungen der deutschsprachigen Literatur. Er hat eine meisterhafte Erzählung geschrieben.« *Frank Schirrmacher / Frankfurter Allgemeine Zeitung*

Doris Dörrie
Für immer und ewig

Eine Art Reigen
Leinen

Seit sie zusammengezogen sind, Antonia und Johnny, der Mann ihrer Träume, ist ihre Liebe so schlapp geworden wie Kopfsalat am dritten Tag. Beruflich hat Antonia – mittlerweile eine Mode-Karrierefrau – Glück. Aber die Männer, die sie anzieht, nutzen sie nur aus. Wie Antonia ist auch Fanny, ihre Freundin aus der Schulzeit, trotz aller Enttäuschungen immer noch allzeit bereit, sich kompromißlos in einen Mann zu verlieben, denn ohne Mann fühlt sie sich »wie eine Seifenblase kurz vorm Zerplatzen«, und sie registriert besorgt, daß sie und Antonia längst nicht mehr Frischfleisch auf dem Supermarkt der Liebe sind.

»Doris Dörrie erzählt alltägliche Geschichten: von der Liebe und von dem Leid, das sie anrichtet. Todtraurig verlaufen sie und grotesk zugleich, abgrundtief enttäuschend und mit bitterbösen Pointen. Was sie von den landläufigen Liebesgeschichten unterscheidet? Der lässige, fast frivol anmutende Unernst, mit dem Frau Dörrie sie vor dem Leser ausbreitet, und die spielerische Leichtigkeit, mit der sie das Schicksal ihrer Figuren ins Komische wendet.« *Frankfurter Allgemeine Zeitung*

»Doris Dörrie ist als Erzählerin Spezialistin in diffizilen Angelegenheiten der kleinen Rache und gezielten Ohrfeigen zum Zwecke der Unterstützung des eigenen Selbstwertgefühles. In jeder Sparte kann ein Künstler das Beste erreichen, und Doris Dörrie ist eine sehr gute Kurzgeschichten-Schreiberin mit der erforderlichen Prise Selbstironie und mit stilistischer Eleganz.«
Die Zeit, Hamburg